THÉATRE FRANÇAIS.

SEDAINE,
DEMOUSTIER, SÉGUR.

XLIII.

SEDAINE.

THÉATRE FRANÇAIS.

RÉPERTOIRE COMPLET.

SEDAINE,
DEMOUSTIER, SÉGUR.

PARIS.

IMPRIMERIE DE A. BELIN,
rue des Mathurins St.-Jacq., n°. 14.
1822.

THÉATRE

DE

SEDAINE.

Edition Touquet.

PARIS.

Chez L'Éditeur, rue de la Huchette, n°. 18.

1822.

LE PHILOSOPHE

SANS LE SAVOIR,

DRAME

EN CINQ ACTES ET EN PROSE,

DE

SEDAINE,

Représentée, pour la première fois, le 2 décembre 1765.

ACTEURS.

M. VANDERK père.
M. VANDERK fils.
MADAME VANDERK.
MADEMOISELLE SOPHIE VANDERK, fille de
 M. Vanderk.
UNE MARQUISE, sœur de M. Vanderk père.
VICTORINE, fille d'Antoine.
M. DESPARVILLE père, ancien officier.
M. DESPARVILLE fils, officier de cavalerie.
ANTOINE, homme de confiance de M. Vanderk.
Un Président, futur époux de Mademoiselle Vanderk.
Un Domestique de M. Desparville.
Un Domestique de M. Vanderk fils.
Les Domestiques de la maison.
Le Domestique de la Marquise.

La scène est dans une grande ville de France.

LE PHILOSOPHE
SANS LE SAVOIR,
DRAME.

ACTE PREMIER.

Le théâtre représente un grand cabinet éclairé de bougies; un secrétaire sur un des côtés, sur lequel sont des papiers et des cartons.

SCÈNE PREMIÈRE.

ANTOINE, VICTORINE.

ANTOINE.

Quoi! je vous surprends votre mouchoir à la main, l'air embarrassé, et vous essuyant les yeux, et je ne peux pas savoir pourquoi vous pleurez?

VICTORINE.

Bon, mon papa, les jeunes filles pleurent quelquefois pour se désennuyer.

ANTOINE.

Je ne me paie pas de cette raison-là.

VICTORINE.

Je venais vous demander...

ANTOINE.

Me demander? Et moi je vous demande ce que vous avez à pleurer, et je vous prie de me le dire.

VICTORINE.

Vous vous moquerez de moi.

ANTOINE.

Il y aurait assurément un grand danger.

Sedaine. 1

VICTORINE.

Si cependant ce que j'ai à dire était vrai, vous ne vous en moqueriez certainement pas.

ANTOINE.

Cela peut être.

VICTORINE.

Je suis descendue chez le caissier de la part de madame.

ANTOINE.

Eh bien?

VICTORINE.

Il y avait plusieurs messieurs qui attendaient leur tour, et qui causaient ensemble; l'un d'eux a dit : « Ils ont mis l'épée à la main; nous sommes sortis, » et on les a séparés. »

ANTOINE.

Qui?

VICTORINE.

C'est ce que j'ai demandé. « Je ne sais », m'a dit l'un de ces messieurs, « ce sont deux jeunes gens : » l'un est officier dans la cavalerie, et l'autre dans la » marine. » Monsieur, l'avez-vous vu? « Oui : habit » bleu, paremens rouges. » Jeune? « Oui, de vingt à » vingt-deux ans. » Bien fait? ils ont souri; j'ai rougi, et je n'ai osé continuer.

ANTOINE.

Il est vrai que vos questions étaient fort modestes.

VICTORINE.

Mais si c'était le fils de monsieur?...

ANTOINE.

N'y a-t-il que lui d'officier?

VICTORINE.

C'est ce que j'ai pensé.

ANTOINE.

Est-il le seul dans la marine?

VICTORINE.

C'est ce que je me disais.

ANTOINE.

N'y a-t-il que lui de jeune?

VICTORINE.

C'est vrai.

ANTOINE.

Il faut avoir le cœur bien sensible.

VICTORINE.

Ce qui me ferait croire encore que ce n'est pas lui, c'est que ce monsieur a dit que l'officier de marine avait commencé la querelle.

ANTOINE.

Et cependant vous pleuriez.

VICTORINE.

Oui, je pleurais.

ANTOINE.

Il faut bien aimer quelqu'un pour s'alarmer si aisément.

VICTORINE.

Eh! mon papa, après vous, qui voulez-vous donc que j'aime plus? Comment! c'est le fils de la maison; feu ma mère l'a nourri; c'est mon frère de lait; c'est le frère de ma jeune maîtresse; et vous-même vous l'aimez bien.

ANTOINE.

Je ne vous le défends pas; mais soyez raisonnable.

VICTORINE.

Ah! cela me faisait de la peine.

ANTOINE.

Allez, vous êtes folle.

VICTORINE.

Je le souhaite; mais si vous alliez vous informer.

ANTOINE.

Et où dit-on que la querelle a commencé?

VICTORINE.

Dans un café.

ANTOINE.

Il n'y va jamais.

VICTORINE.

Peut-être par hasard. Ah! si j'étais homme, j'irais.

ANTOINE.

Il va rentrer à l'instant. Et comment s'informer dans une grande ville...

SCÈNE II.

ANTOINE, VICTORINE, UN DOMESTIQUE DE
M. DESPARVILLE.

LE DOMESTIQUE.

Monsieur.

ANTOINE.

Que voulez-vous?

LE DOMESTIQUE.

C'est une lettre pour remettre à M. Vanderk.

ANTOINE.

Vous pouvez me la laisser.

LE DOMESTIQUE.

Il faut que je la remette moi-même : mon maître
me l'a ordonné.

ANTOINE.

Monsieur n'est pas ici; et quand il y serait, vous
prenez bien mal votre temps : il est tard.

LE DOMESTIQUE.

Il n'est pas neuf heures.

ANTOINE.

Oui; mais c'est ce soir même les accords de sa
fille. Si ce n'est qu'une lettre d'affaires, je suis son
homme de confiance, et je....

LE DOMESTIQUE.

Il faut que je la remette en main propre.

ANTOINE.

En ce cas, passez au magasin, et attendez : je vous
ferai avertir.

SCÈNE III.

ANTOINE, VICTORINE.

VICTORINE.

Monsieur n'est donc pas rentré?

ANTOINE.

Non; il est retourné chez le notaire.

VICTORINE.

Madame m'envoie vous demander... Ah ! je voudrais que vous vissiez mademoiselle avec ses habits de noces : on vient de les essayer. Les boucles d'oreilles, le collier, la rivière de diamans : ah ! ils sont beaux ; il y en a un gros comme cela ; et mademoiselle, ah ! comme elle est charmante ! Le cher amoureux est en extase : il est là, il la mange des yeux : on lui a mis du rouge, et une mouche ici : vous ne la reconnaîtriez pas.

ANTOINE.

Sitôt qu'elle a une mouche.

VICTORINE.

Madame m'a dit : « Va demander à ton père si » monsieur est revenu, s'il n'est pas en affaire, si on » peut lui parler. » Je vais vous dire ; mais vous n'en parlerez pas : mademoiselle va se faire annoncer comme une dame de condition, sous un autre nom, et je suis sûre que monsieur y sera trompé.

ANTOINE.

Certainement un père ne reconnaîtra pas sa fille.

VICTORINE.

Non, il ne la reconnaîtra pas : j'en suis sûre. Quand il arrivera, vous nous avertirez : il y aura de quoi rire... Cependant il n'a pas coutume de rentrer si tard.

ANTOINE.

Qui ?

VICTORINE.

Son fils.

ANTOINE.

Tu y penses encore ?

VICTORINE.

Je m'en vais : vous nous avertirez. Ah ! voilà monsieur. (*Elle sort.*)

SCÈNE IV.

M. VANDERK, ANTOINE, DEUX HOMMES
portant de l'argent dans des hottes.

M. VANDERK, *se retournant, dit aux porteurs qu'il aperçoit.*

Allez à ma caisse; descendez trois marches, et montez-en cinq, au bout du corridor.

(*Les hotteurs sortent.*)

ANTOINE.

Je vais les y mener.

M. VANDERK.

Non, reste. Les notaires ne finissent point. (*il pose son épée et son chapeau; il ouvre un secrétaire.*) Au reste, ils ont raison; nous ne voyons que le présent, et ils voient l'avenir. Mon fils est-il rentré?

ANTOINE.

Non, monsieur. Voici les rouleaux de vingt-cinq louis que j'ai pris à la caisse.

M. VANDERK.

Gardes-en un. Oh! çà, mon pauvre Antoine, tu vas demain avoir bien de l'embarras.

ANTOINE.

N'en ayez pas plus que moi.

M. VANDERK.

J'en aurai ma part.

ANTOINE.

Pourquoi? Reposez-vous sur moi.

M. VANDERK.

Tu ne peux pas tout faire.

ANTOINE.

Je me charge de tout. Imaginez-vous n'être qu'invité: vous aurez bien assez d'occupation de recevoir votre monde.

M. VANDERK.

Tu auras un nombre de domestiques étrangers: c'est ce qui m'effraie, surtout ceux de ma sœur.

ANTOINE.

Je le sais.

M. VANDERK.

Je ne veux pas de débauche...

ANTOINE.

Il n'y en aura pas.

M. VANDERK.

Que la table des commis soit servie comme la mienne.

ANTOINE.

Oui, monsieur.

M. VANDERK.

J'irai y faire un tour.

ANTOINE.

Je le leur dirai.

M. VANDERK.

J'y veux recevoir leur santé, et boire à la leur.

ANTOINE.

Ils en seront charmés.

M. VANDERK.

La table des domestiques sans profusion du côté du vin.

ANTOINE.

Oui.

M. VANDERK.

Un demi-louis à chacun comme présent de noces ; si tu n'as pas assez, avance-le.

ANTOINE.

Oui.

M. VANDERK.

Je crois que voilà tout.... Les magasins fermés ; que personne n'y entre passé dix heures.... Que quelqu'un reste dans les bureaux, et ferme la porte en dedans.

ANTOINE.

Ma fille y restera.

M. VANDERK.

Non ; il faut que ta fille soit près de sa bonne amie. J'ai entendu parler de quelques fusées, de quelques pétards : mon fils veut brûler ses manchettes.

ANTOINE.

C'est peu de chose.

M. VANDERK.

Aie toujours soin que les réservoirs soient pleins d'eau.

(*Victorine entre et parle à son père à l'oreille.*)

ANTOINE, *à Victorine.*

Oui. (*elle sort.*) (*à M. Vanderk.*) Monsieur, vous croyez-vous capable d'un grand secret ?

M. VANDERK.

Encore quelques fusées , quelques violons.

ANTOINE.

C'est bien autre chose : une demoiselle qui a pour vous la plus grande tendresse.

M. VANDERK.

Ma fille ?

ANTOINE.

Juste : elle vous demande un tête-à-tête.

M. VANDERK.

Sais-tu pourquoi ?

ANTOINE.

Elle vient d'essayer ses diamans , sa robe de noce ; on lui a mis un peu de rouge : madame et elle pensent que vous ne la reconnaîtrez pas. La voici.

SCÈNE V.

M. VANDERK, SOPHIE, ANTOINE,
UN DOMESTIQUE.

LE DOMESTIQUE.

Monsieur , madame la marquise de Vanderville.

M. VANDERK.

Faites entrer. (*On ouvre les deux battans.*)

SOPHIE, *faisant de profondes révérences.*

Mon.... monsieur.

M. VANDERK.

Madame. (*au domestique.*) Avancez un fauteuil.

(*ils s'assèyent.*) (*à Antoine.*) Elle n'est pas mal. (*à Sophie.*) Puis-je savoir de madame ce qui me procure l'honneur de la voir?

SOPHIE, *tremblante.*

C'est que.... mon....monsieur, j'ai.... j'ai un papier à vous remettre.

M. VANDERK.

Si madame veut bien me le confier.

(*Pendant qu'elle cherche, il regarde Antoine.*)

ANTOINE.

Ah! monsieur, qu'elle est belle comme cela !

SOPHIE.

Le voici. (*Le père se lève pour prendre le papier.*)
Ah! monsieur, pourquoi vous déranger ? (*à part.*)
Je suis tout interdite.

M. VANDERK.

Cela suffit ; c'est trente louis : ah! rien de mieux. (*pendant qu'il va à son secrétaire, Sophie fait signe à Antoine de ne rien dire.*) Ce billet est excellent: il vous est venu par la Hollande ?

SOPHIE.

Non... oui.

M. VANDERK.

Vous avez raison , madame.... Voici la somme.

SOPHIE.

Monsieur, je suis votre très-humble et très-obéissante servante.

M. VANDERK.

Madame ne compte pas ?

SOPHIE.

Non. Ah! mon cher monsieur , vous êtes un si honnête homme, que la réputation.... la renommée dont....

SCÈNE VI.

M. VANDERK, MADAME VANDERK, SOPHIE, ANTOINE, UN DOMESTIQUE.

SOPHIE.

Ah! maman , mon cher père s'est moqué de moi.

M. VANDERK.

Comment! c'est vous, ma fille?

SOPHIE.

Ah! vous m'aviez reconnue.

MADAME VANDERK, *à son Mari*.

Comment la trouvez-vous?

M. VANDERK.

Fort bien.

SOPHIE.

Vous ne m'avez seulement pas regardée. Je ne suis pas une trompeuse; et voici votre argent, que vous donnez avec tant de confiance à la première personne.

M. VANDERK.

Garde-le, ma fille. Je ne veux pas que dans toute ta vie tu puisses te reprocher une fausseté, même en badinant : ton billet, je le tiens pour bon; garde les trente louis.

SOPHIE.

Ah! mon cher père....

M. VANDERK.

Vous aurez des présens à faire demain.

SCÈNE VII.

M. VANDERK père, MADAME VANDERK, SOPHIE, LE GENDRE FUTUR, ANTOINE, UN DOMESTIQUE.

M. VANDERK.

Vous allez, monsieur, épouser une jolie personne : se faire annoncer sous un faux nom, se servir d'un faux seing pour tromper son père, tout cela n'est qu'un badinage pour elle.

LE GENDRE.

Ah! monsieur, vous avez à punir deux coupables; je suis complice, et voici la main qui a signé.

M. VANDERK, *prenant la main de sa fille et celle de son futur.*

Voilà comme je la punis.

LE GENDRE.

Comment récompensez-vous donc?

MADAME VANDERK.

(*Madame Vanderk fait un signe à sa fille.*)
Ma fille...

SOPHIE, *au Futur.*

Permettez-moi, monsieur, de vous prier...

LE GENDRE.

Commandez.

SOPHIE.

Devinez ce que je veux dire.

MADAME VANDERK, *à son Mari.*

Votre fille est dans un grand embarras.

M. VANDERK.

Quel est-il?

LE GENDRE, *à Sophie.*

Je voudrais bien vous deviner.... Ah! c'est de vous laisser?

SOPHIE.

Oui.

SCÈNE VIII.

M. VANDERK, MADAME VANDERK, SOPHIE.

MADAME VANDERK.

Votre fille se marie demain, elle nous quitte; et le voudrait vous demander....

M. VANDERK.

Ah! madame!

MADAME VANDERK, *à sa Fille.*

Ma fille...

SOPHIE.

Ma mère!.... Ah! mon cher père, je.... (*se disposant à se mettre à genoux, son père la retient.*)

M. VANDERK.

Ma fille, épargne à ta mère et à moi l'attendrissement d'un pareil moment : toutes nos actions jusqu'à présent ne tendent qu'à attirer sur toi et sur ton frère toutes les faveurs du ciel. Ne perds jamais de vue, ma fille, que la bonne conduite des père et mère est la bénédiction des enfans.

SOPHIE.

Ah ! si jamais je l'oublie !

SCÈNE IX.

M. VANDERK, MADAME VANDERK,
SOPHIE, VICTORINE.

VICTORINE.

Le voilà, le voilà !

MADAME VANDERK.

Qui ? qui donc ?

VICTORINE.

Monsieur votre fils.

MADAME VANDERK.

Je vous assure, Victorine, que plus vous avancez en âge, et plus vous extravaguez.

VICTORINE.

Madame ?

MADAME VANDERK.

Premièrement vous entrez ici sans qu'on vous appelle.

VICTORINE.

Mais, madame....

MADAME VANDERK.

A-t-on coutume d'annoncer mon fils ?

SOPHIE.

En vérité, ma bonne amie, vous êtes bien folle.

VICTORINE.

C'est que le voilà.

SCÈNE X.

M. VANDERK, MADAME VANDERK, SO-
PHIE, VICTORINE, M. VANDERK FILS, *et
peu après* LE GENDRE.

SOPHIE.

Ah ! nous allons voir. (*M. Vanderk fils fait de grandes révérences à sa sœur, qu'il ne reconnaît pas.*) Ah ! mon frère ne me reconnaît pas.

M. VANDERK FILS.

Eh ! c'est ma sœur ! Oh ! elle est charmante !

MADAME VANDERK.

Tu la trouves donc bien?

M. VANDERK FILS.

Oui, ma mère.

LE GENDRE, *bas à Sophie.*

M'est-il permis d'approcher? Les notaires.... (*au père.*) Les notaires sont arrivés. (*il veut donner la main à Sophie; elle indique sa mère en souriant. Il s'aperçoit de sa méprise.*) Ah!

SCÈNE XI.

M. VANDERK fils, SOPHIE, VICTORINE.

SOPHIE.

Vous me trouvez donc bien?

M. VANDERK FILS.

Très-bien.

SOPHIE.

Et moi, mon frère, je trouve fort mal de ce qu'un jour comme celui-ci vous êtes revenu si tard : demandez à Victorine.

M. VANDERK FILS.

Mais quelle heure est-il donc?

SOPHIE, *lui présentant une montre.*

Tenez, regardez.

M. VANDERK FILS, *en considérant la montre.*

Il est vrai qu'il est un peu tard; je crois qu'elle avance. Elle est jolie. (*Il veut la rendre.*)

SOPHIE.

Non, mon frère, je veux que vous la gardiez comme un reproche éternel de ce que vous vous êtes fait attendre.

M. VANDERK FILS.

Et moi, je l'accepte de bon cœur; puissé-je, à chaque fois que j'y regarderai, me féliciter de vous savoir heureuse!

SCÈNE XII.

M. VANDERK FILS, SOPHIE, VICTORINE, UN
DOMESTIQUE.

LE DOMESTIQUE, *à Sophie.*
Mademoiselle, on vous attend.

SOPHIE.
Ne venez-vous pas, mon frère?

M. VANDERK FILS.
Oui. j'y vais.... tout-à-l'heure ; je vous suis.

SCÈNE XIII.

M. VANDERK FILS, VICTORINE.

VICTORINE.
Vous m'avez bien inquiétée. Une dispute dans un
café...

M. VANDERK FILS.
Est-ce que mon père sait cela ?

VICTORINE.
Est-ce que cela est vrai ?

M. VANDERK FILS.
Non, non, Victorine.
(Il entre dans le salon.)

VICTORINE, *en s'en allant d'un autre côté.*
Ah, que cela m'inquiète !

FIN DU PREMIER ACTE.

ACTE II.

SCÈNE PREMIÈRE.

ANTOINE, LE DOMESTIQUE DE M. DESPARVILLE.

ANTOINE.
Où diable étiez-vous donc ?

LE DOMESTIQUE.

J'étais dans le magasin.

ANTOINE.

Qui vous y avait envoyé?

LE DOMESTIQUE.

Vous.

ANTOINE.

Eh! que faisiez-vous là?

LE DOMESTIQUE.

Je dormais.

ANTOINE.

Vous dormiez! il faut qu'il y ait plus de trois heures.

LE DOMESTIQUE.

Je n'en sais rien. Eh bien! votre maître est-il rentré?

ANTOINE.

Bon! on a soupé depuis.

LE DOMESTIQUE.

Enfin, puis-je lui remettre ma lettre?

ANTOINE.

Attendez.

LE DOMESTIQUE, *voyant entrer M. Vanderk fils.*
N'est-ce pas là lui?

ANTOINE.

Non, non, restez. Parbleu, vous êtes un drôle d'homme de rester dans ce magasin pendant trois heures.

LE DOMESTIQUE.

Ma foi, j'y aurais passé la nuit si la faim ne m'avait pas réveillé.

ANTOINE.

Venez, venez.

(Ils sortent.)

SCÈNE II.

M. VANDERK fils.

Quelle fatalité! je ne voulais pas sortir; il semblait que j'avais un pressentiment : n'importe... Un com-

merçant... un commerçant... C'est l'état de mon père,
au fait, et je ne souffrirai jamais qu'on l'humilie ;
j'aurai tort tant qu'on voudra ; mais... Ah ! mon
père !... mon père !... un jour de noce... Je vois toutes
ses inquiétudes, toute sa douleur, le désespoir de ma
mère, ma sœur, cette pauvre Victorine, Antoine,
toute une famille. Ah ! dieux !... que ne donnerais-je
pas pour reculer d'un jour ! Reculer !... (*le père entre
et le regarde*) non, certes, je ne reculerai pas. Ah
dieux !

(Il aperçoit son père, il prend un air gai.)

SCÈNE III.

M. VANDERK, M. VANDERK fils.

M. VANDERK.

Eh ! mais, mon fils, quelle pétulance ! quels mouvemens ! que signifie ?...

M. VANDERK FILS.

Je déclamais, je faisais le héros.

M. VANDERK.

Vous ne représenteriez pas demain quelque pièce
de théâtre, une tragédie ?

M. VANDERK FILS.

Non, non, mon père.

M. VANDERK.

Faites, si cela vous amuse ; mais il faudrait quelques précautions : dites-le moi ; et s'il ne faut pas que
je le sache, je ne le saurai pas.

M. VANDERK FILS.

Je vous suis obligé, mon père ; je vous le dirais.

M. VANDERK.

Si vous me trompez, prenez-y garde ; je ferai ca-
bale.

M. VANDERK FILS.

Je ne crains pas cela. Mais, mon père, on vient de
lire le contrat de mariage de ma sœur : nous l'avons
tous signé. Quel nom avez-vous donc pris ? et quel
nom m'avez-vous fait prendre ?

M. VANDERK.

Le vôtre.

M. VANDERK FILS.

Le mien! est-ce que celui que je porte ?...

M. VANDERK.

Ce n'est qu'un surnom.

M. VANDERK FILS.

Vous vous êtes titré de chevalier, d'ancien baron de Savières, de Clavières, de...

M. VANDERK.

Je le suis.

M. VANDERK FILS.

Vous êtes donc gentilhomme?

M. VANDERK.

Oui.

M. VANDERK FILS.

Oui ?

M. VANDERK.

Vous doutez de ce que je dis.

M. VANDERK FILS.

Non, mon père ; mais est-il possible ?...

M. VANDERK.

Il n'est pas possible que je sois gentilhomme?

M. VANDERK FILS.

Je ne dis pas cela; mais est-il possible, fussiez-vous le plus pauvre des nobles, que vous ayez pris un état ?...

M. VANDERK.

Mon fils, lorsqu'un homme entre dans le monde, il est le jouet des circonstances.

M. VANDERK FILS.

En est-il d'assez fortes pour nous faire descendre du rang le plus distingué au rang...

M. VANDERK.

Achevez : au rang le plus bas.

M. VANDERK FILS.

Je ne voulais pas dire cela.

M. VANDERK.

Écoutez : le compte le plus rigide qu'un père doive

à son fils est celui de l'honneur qu'il a reçu de ses ancêtres. Asséyez-vous. (*il s'assied; le fils prend un siége et ne s'assied pas.*) J'ai été élevé par votre bisaïeul: mon père fut tué fort jeune à la tête de son régiment. Si vous étiez moins raisonnable, je ne vous confierais pas l'histoire de ma jeunesse; et la voici : Votre mère, fille d'un gentilhomme voisin, a été ma seule et unique passion. Dans l'âge où on ne choisit pas, j'ai eu le bonheur de bien choisir. Un jeune officier, venu en quartier d'hiver dans la province, trouva mauvais qu'un enfant de seize ans (c'était mon âge) attirât les attentions d'une autre enfant. Votre mère n'avait pas douze ans; il me traita avec hauteur; je ne le supportai pas : nous nous battîmes.

M. VANDERK FILS.

Vous vous battîtes !

M. VANDERK.

Oui, mon fils.

M. VANDERK FILS.

Au pistolet ?

M. VANDERK.

Non, à l'épée. Je fus forcé de quitter la province : votre mère me jura une constance qu'elle a eue toute sa vie; je m'embarquai. Un bon Hollandais, propriétaire du bâtiment sur lequel j'étais, me prit en affection. Nous fûmes attaqués, et je lui fus utile (c'est là que j'ai connu Antoine). Le bon marchand m'associa à son commerce; il m'offrit sa nièce et sa fortune. Je lui dis mes engagemens : il m'approuve, il part; il obtient le consentement des parens de votre mère, il me l'amène avec sa nourrice (c'est cette bonne vieille qui est ici). Nous nous marions. Le bon Hollandais mourut dans mes bras : je pris, à sa prière, et son nom et son commerce. Le ciel a béni ma fortune; je ne peux pas être plus heureux, je suis estimé : voici votre sœur bien établie; votre beau-frère remplit avec honneur une des premières places dans la robe. Pour vous, mon fils, vous serez digne de moi et de vos aïeux : j'ai déja remis dans notre famille tous les biens que la nécessité de servir le prince avait fait sortir des mains de nos ancêtres : ils seront à vous ces biens ; et si vous pensez que j'aie fait par le commerce une tache à leur nom, c'est à vous de l'effacer ; mais, dans un siècle aussi éclairé que celui-ci, ce qui peut procurer la noblesse n'est pas capable de l'ôter.

M. VANDERK FILS.

Ah ! mon père, je ne le pense pas ; mais le préjugé est malheureusement si fort.

M. VANDERK.

Un préjugé ! un tel préjugé n'est rien aux yeux de la raison.

M. VANDERK FILS.

Cela n'empêche pas que le commerce ne soit vu comme un état....

M. VANDERK.

Quel état, mon fils, que celui d'un homme qui d'un trait de plume se fait obéir d'un bout de l'univers à l'autre ! Son nom, son seing n'a pas besoin, comme la monnaie d'un souverain, que la valeur du métal serve de caution à l'empreinte ; sa personne a tout fait ; il a signé, cela suffit.

M. VANDERK FILS.

J'en conviens ; mais....

M. VANDERK.

Ce n'est pas un peuple, ce n'est pas une seule nation qu'il sert ; il les sert toutes, et en est servi : c'est l'homme de l'univers.

M. VANDERK FILS.

Cela peut être vrai ; mais enfin, en lui-même, qu'a-t-il de respectable ?

M. VANDERK.

De respectable ! ce qui légitime dans un gentilhomme les droits de la naissance, ce qui fait la base de ses titres, la droiture, l'honneur, la probité.

M. VANDERK FILS.

Votre seule conduite, mon père....

M. VANDERK.

Quelques particuliers audacieux font armer les

rois, la guerre s'allume, tout s'embrase, l'Europe est divisée ; mais ce négociant, anglais, hollandais, russe ou chinois, n'en est pas moins l'ami de mon cœur : nous sommes sur la superficie de la terre autant de fils de soie qui lient ensemble les nations, et les ramènent à la paix par la nécessité du commerce. Voilà, mon fils, ce qu'est un honnête négociant.

M. VANDERK FILS.

Et le gentilhomme donc, et le militaire ?

M. VANDERK.

Je ne connais que deux états au-dessus du commerçant (en supposant qu'il y ait des différences entre ceux qui font le mieux qu'ils peuvent dans le rang où le ciel les a placés) ; je ne connais que deux états : le magistrat qui fait parler les lois, et le guerrier qui défend la patrie.

M. VANDERK FILS.

Je suis donc gentilhomme ?

M. VANDERK.

Oui, mon fils ; il est peu de bonnes maisons auxquelles vous ne teniez, et qui ne tiennent à vous.

M. VANDERK FILS.

Pourquoi donc me l'avoir caché ?

M. VANDERK.

Par une prudence peut-être inutile : j'ai craint que l'orgueil d'un grand nom ne devînt le germe de vos vertus ; j'ai désiré que vous les tinssiez de vous-même. Je vous ai épargné jusqu'à cet instant les réflexions que vous venez de faire, réflexions qui, dans un âge moins avancé, se seraient produites avec plus d'amertume.

M. VANDERK FILS.

Je ne crois pas que jamais....

SCÈNE IV.

M. VANDERK, M. VANDERK FILS, ANTOINE,
LE DOMESTIQUE DE M. DESPARVILLE.

M. VANDERK.

Qu'est-ce ?

ANTOINE.

Il y a, monsieur, plus de trois heures qu'il est là :
c'est un domestique.

M. VANDERK.

Pourquoi faire attendre? Pourquoi ne pas faire parler? Son temps peut être précieux; son maître peut
avoir besoin de lui.

ANTOINE.

Je l'ai oublié, on a soupé, il s'est endormi.

LE DOMESTIQUE.

Je me suis endormi : ma foi, on est las, las..... Où
diable est-elle à présent? Cette chienne de lettre me
fera damner aujourd'hui.

M. VANDERK.

Donnez-vous patience.

LE DOMESTIQUE.

Ah! la voilà. (*Pendant que le père lit, le domestique bâille, et le fils rêve.*)

M. VANDERK.

Vous direz à votre maître.... Qu'est-il votre maître?

LE DOMESTIQUE.

Monsieur Desparville.

M. VANDERK.

J'entends; mais quel est son état?

LE DOMESTIQUE.

Il n'y a pas long-temps que je suis à lui; mais il a
servi.

M. VANDERK.

Servi?

LE DOMESTIQUE.

Oui, c'est un ancien officier... un officier distingué
même....

M. VANDERK.

Dites à votre maître, dites à M. Desparville que
demain, entre trois et quatre heures après midi, je
l'attends ici.

LE DOMESTIQUE.

Oui.

Sedaine.   3

M. VANDERK.

Dites, je vous prie, que je suis bien fâché de ne pouvoir lui donner une heure plus prompte, que je suis dans l'embarras.

LE DOMESTIQUE.

Oh! je sais, je sais.... la noce de mademoiselle votre fille.... Oh! je sais, je sais. (*Il tourne du côté du magasin.*)

ANTOINE.

Eh bien! où allez-vous? Encore dormir?

SCÈNE V.

M. VANDERK, M. VANDERK fils.

M. VANDERK FILS.

Mon père, je vous prie de pardonner à mes réflexions.

M. VANDERK.

Il vaut mieux les dire que les taire.

M. VANDERK FILS.

Peut-être avec trop de vivacité?

M. VANDERK.

C'est de votre âge. Vous allez voir ici une femme qui a bien plus de vivacité que vous sur cet article : quiconque n'est pas militaire n'est rien.

M. VANDERK FILS.

Qui donc?

M. VANDERK.

Votre tante, ma propre sœur ; elle devrait être arrivée. C'est en vain que je l'ai établie honorablement : elle est veuve à présent et sans enfans ; elle jouit de tous les revenus des biens que je vous ai achetés ; je l'ai comblée de tout ce que j'ai cru devoir satisfaire ses vœux : cependant elle ne me pardonnera jamais l'état que j'ai pris ; et lorsque mes dons ne profanent pas ses mains, le nom de frère profanerait ses lèvres ; elle est cependant la meilleure de toutes les femmes : mais voilà comme un honneur de préjugé étouffe les sentimens de la nature et de la reconnaissance.

M. VANDERK FILS.

Moi, mon père, à votre place je ne lui pardonne-
rais jamais.

M. VANDERK.

Pourquoi? Elle est ainsi, mon fils : c'est une faiblesse en elle ; c'est de l'honneur mal entendu, mais
c'est toujours de l'honneur.

M. VANDERK FILS.

Vous ne m'aviez jamais parlé de cette tante.

M. VANDERK.

Ce silence entrait dans mon système à votre égard.
Elle vit dans le fond du Berri : elle n'y soutient qu'a-
vec trop de hauteur le nom de nos ancêtres ; et l'idée
de noblesse est si forte en elle, que je ne lui aurais
pas persuadé de venir au mariage de votre sœur, si je
ne lui avais écrit qu'elle épouse un homme de qualité;
encore a-t-elle mis des conditions singulières.

M. VANDERK FILS.

Des conditions?

M. VANDERK.

« Mon cher frère, m'écrit-elle, j'irai ; mais ne se-
» rait-il pas mieux, ne serait-il pas plus convenable
» que je ne passasse que pour une parente éloignée de
» votre femme, pour une protectrice de la famille ? »
Elle appuie cela de tous les mauvais raisonnemens
qui.... J'entends une voiture.

M. VANDERK FILS.

Je vais voir.

SCÈNE VI.

**M. VANDERK, M. VANDERK fils, MADAME
VANDERK, SOPHIE, LE GENDRE, VIC-
TORINE.**

MADAME VANDERK.

Voici, je crois, ma belle-sœur.

M. VANDERK.

Il faut voir.

SOPHIE.

Voici ma tante.

M. VANDERK.

Restez ici, je vais au-devant d'elle.

LE GENDRE.

Vous accompagnerai-je ?

M. VANDERK.

Non, restez. Victorine, éclairez-moi. (*Victorine prend un flambeau et passe devant.*)

SCÈNE VII.

MADAME VANDERK , M. VANDERK fils, SOPHIE, LE GENDRE.

LE GENDRE.

Eh bien ! mon cher frère, vous avez aujourd'hui un petit air sérieux.

M. VANDERK FILS.

Non, je vous assure.

LE GENDRE.

Pensez-vous que votre chère sœur ne sera pas heureuse avec moi ?

M. VANDERK FILS.

Je ne doute pas qu'elle ne le soit.

SOPHIE, *à sa mère.*

L'appellerai-je ma tante ?

MADAME VANDERK.

Gardez-vous-en bien ; laissez-moi parler.

SCÈNE VIII.

M. VANDERK, M. VANDERK fils, MADAME VANDERK , SOPHIE , LE GENDRE, VICTORINE, LA TANTE, un laquais de la tante, *en veste , une ceinture de soie , botté , un fouet sur l'épaule , portant la queue de sa maîtresse.*

LA TANTE.

Ah ! j'ai les yeux éblouis : écartez ces flambeaux. Point d'ordre sur les routes ; je devrais être ici il y a deux heures : soyez de condition, n'en soyez pas, une duchesse, une financière, c'est égal. Des chevaux ter-

ribles. Mes femmes ont eu des peurs... (*à son laquais.*)
Laissez ma robe, vous. Ah! c'est madame Vanderk!

MADAME VANDERK *avance, la salue, et met de la hauteur.*

Madame, voici ma fille que j'ai l'honneur de vous présenter.

LA TANTE *fait une révérence protégeante, et n'embrasse pas.*

Quel est ce monsieur noir, et ce jeune homme?

M. VANDERK.

C'est mon gendre futur.

LA TANTE, *en regardant le fils.*

Il ne faut que des yeux pour juger qu'il est d'un sang noble.

M. VANDERK.

Ne trouvez-vous pas qu'il a quelque chose du grand-père?

LA TANTE.

Mais.... oui.... le front: il est sans doute avancé dans le service?

M. VANDERK.

Non, il est trop jeune.

LA TANTE.

Il a sans doute un régiment?

M. VANDERK.

Non.

LA TANTE.

Pourquoi donc?

M. VANDERK.

Lorsque par ses services il aura mérité la faveur de la cour, je suis tout prêt.

LA TANTE.

Vous avez eu vos raisons Il est fort bien... Votre fille l'aime sans doute?

M. VANDERK.

Oui, ils s'aiment beaucoup.

LA TANTE.

Mais je me serais très-peu embarrassée de cet amour-là, et j'aurais voulu que mon gendre eût eu un rang avant de lui donner ma fille.

M. VANDERK.

Il est président.

LA TANTE.

Président! Pourquoi porte-t-il l'épée?

M. VANDERK.

Qui? Voici mon gendre futur.

LA TANTE.

Cela! monsieur est donc de robe?

LE GENDRE.

Oui, madame, et je m'en fais honneur.

LA TANTE.

Monsieur, il y a dans la robe des personnes qui tiennent à ce qu'il y a de mieux.

LE GENDRE.

Et qui le sont, madame.

LA TANTE, *à son frère.*

Vous ne m'aviez pas écrit que c'était un homme de robe. *(au gendre.)* Je vous fais, monsieur, mon compliment, je suis charmée de vous voir uni à une famille....

LE GENDRE.

Madame.

LA TANTE.

A une famille à laquelle je prends le plus vif intérêt.

LE GENDRE.

Madame.

LA TANTE.

Mademoiselle a dans toute sa personne un air, une grâce, une modestie, un sérieux : elle sera dignement madame la présidente. *(regardant le fils.)* Et ce jeune monsieur?

M. VANDERK.

C'est mon fils.

LA TANTE.

Votre fils! votre fils! vous ne me le dites pas.... vous ne me le dites pas; c'est mon neveu : ah! il est charmant, il est charmant : embrassez-moi, mon cher enfant. Ah! vous avez raison; c'est tout le portrait du grand-père : il m'a saisie; ses yeux, son front, l'air noble; ah! mon frère, ah! monsieur, je veux l'emmener, je veux le faire connaître dans la province, je le présenterai; ah! il est charmant.

MADAME VANDERK.

Madame, voulez-vous passer dans votre appartement?

M. VANDERK.

On va vous servir.

LA TANTE.

Ah! mon lit, mon lit et un bouillon. Ah! il est charmant: je le retiens demain pour me donner la main. Bonsoir, mon cher neveu, bonsoir.

M. VANDERK FILS.

Ma chère tante, je vous souhaite....

SCÈNE IX.

M. VANDERK fils, VICTORINE.

M. VANDERK FILS.

Ma chère tante est assez folle.

VICTORINE.

C'est madame votre tante?

M. VANDERK FILS.

Oui, sœur de mon père.

VICTORINE.

Ses domestiques font un train; elle en a quatre, cinq, sans compter les femmes; ils sont d'une arrogance... Madame la marquise par-ci, madame la marquise par-là; elle veut ceci, elle entend ça; il semble que tout soit à eux.

M. VANDERK FILS.

Je m'en doute bien.

VICTORINE.

Vous ne la suivez pas, votre chère tante?

M. VANDERK FILS.

J'y vais. Bonsoir, Victorine.

VICTORINE.

Attendez donc.

M. VANDERK FILS.

Que veux-tu?

VICTORINE.

Voyons donc votre nouvelle montre.

M. VANDERK FILS.

Tu ne l'as pas vue?

VICTORINE.

Que je la voie encore!... Ah! elle est belle.... des diamans.... à répétition... il est onze heures 7.... 8.... 9.... 10 minutes, onze heures dix minutes. Demain, à pareille heure.... Voulez-vous que je vous dise tout ce que vous ferez demain?

M. VANDERK FILS.

Ce que je ferai?

VICTORINE.

Oui.... vous vous leverez à sept, disons à huit heures; vous descendrez à dix; vous donnerez la main à la mariée : on reviendra à deux heures; on dînera, on jouera; ensuite votre feu d'artifice : pourvu encore que vous ne soyez pas blessé.

M. VANDERK FILS.

Blessé! qu'importe?

VICTORINE.

Il ne faut pas l'être.

M. VANDERK FILS.

Bon!

VICTORINE.

Je parie que voilà tout ce que vous ferez demain.

M. VANDERK FILS.

Tu serais bien étonnée si je ne faisais rien de tout cela.

VICTORINE.

Que ferez-vous donc?

M. VANDERK FILS.

Au reste, tu peux avoir raison.

VICTORINE.

C'est joli, une montre à répétition; lorsqu'on se réveille, on sonne l'heure : je crois que je me réveillerais tout exprès.

M. VANDERK FILS.

Eh bien! je veux qu'elle passe la nuit dans ta chambre, pour savoir si tu te réveilleras.

VICTORINE.

Oh ! non.

M. VANDERK FILS.

Je t'en prie.

VICTORINE.

Si on le savait, on se moquerait de moi.

M. VANDERK FILS.

Qui le dira ? Tu me la rendras demain au matin.

VICTORINE.

Vous en pouvez être sûr ; mais.... et vous ?

M. VANDERK FILS.

N'ai-je pas ma pendule ? Et tu me la rendras.

VICTORINE.

Sans doute.

M. VANDERK FILS.

Qu'à moi.

VICTORINE.

A qui donc ?

M. VANDERK FILS.

Qu'à moi.

VICTORINE.

Eh ! mais, sans doute.

M. VANDERK FILS.

Bonsoir, Victorine... adieu... bonsoir. Qu'à moi,
qu'à moi.

SCÈNE X.

VICTORINE, *et peu après* ANTOINE.

VICTORINE.

Qu'à moi, qu'à moi ! que veut-il dire ? Il a quelque chose d'extraordinaire aujourd'hui ; ce n'est pas
sa gaîté, ce n'est pas son air franc : il rêvait. Si c'é-
tait... non.

ANTOINE, *à sa fille.*

On vous appelle, on vous sonne depuis une heure.

(*Victorine sort.*)

SCÈNE XI.

ANTOINE.

Quatre ou cinq misérables laquais de condition
donnent plus de peine qu'une maison de quarante

personnes. Nous verrons demain... Ce sera un beau bruit... Je n'oublie rien : non. (*il souffle les bougies et ferme les volets..*) Je vais me coucher.

SCÈNE XII.

ANTOINE, UN DOMESTIQUE DE M. VANDERK.

ANTOINE.

Quoi ?

LE DOMESTIQUE.

Monsieur Antoine, monsieur dit qu'avant de vous coucher vous montiez chez lui par le petit escalier.

ANTOINE.

Oui, j'y vais.

LE DOMESTIQUE.

Bonsoir, monsieur Antoine.

ANTOINE.

Bonsoir, bonsoir.

FIN DU SECOND ACTE.

ACTE III.

SCÈNE PREMIÈRE.

M. VANDERK FILS ET SON DOMESTIQUE.

(*Ils entrent en tâtonnant avec précaution : M. Vanderk fils fait ouvrir le volet fermé le soir par Antoine, pour faire voir qu'il est un peu jour ; il regarde partout. Ce jeune homme doit être en redingote et en bottines.*)

M. VANDERK FILS.

CHAMPAGNE, va ouvrir le volet... Eh bien ! les clefs ?

LE DOMESTIQUE.

J'ai cherché partout, sur la fenêtre, derrière la

porte ; j'ai tâté le long de la barre de fer, je n'ai rien
trouvé ; enfin, j'ai réveillé le portier.

M. VANDERK FILS.

Eh bien ?

LE DOMESTIQUE.

Il dit que M. Antoine les a.

M. VANDERK FILS.

Et pourquoi Antoine a-t-il pris ces clefs ?

LE DOMESTIQUE.

Je n'en sais rien.

M. VANDERK FILS.

A-t-il coutume de les prendre ?

LE DOMESTIQUE.

Je ne l'ai pas demandé : voulez-vous que j'y aille ?

M. VANDERK FILS.

Non. Et nos chevaux ?

LE DOMESTIQUE.

Ils sont dans la cour.

M. VANDERK FILS.

Tiens, mets ces pistolets à l'arçon, et n'y touche pas.
As-tu entendu du bruit dans la maison ?

LE DOMESTIQUE.

Non ; tout le monde dort : j'ai cependant vu de la
lumière.

M. VANDERK FILS.

Où ?

LE DOMESTIQUE.

Au troisième.

M. VANDERK FILS.

Au troisième ?

LE DOMESTIQUE.

Ah ! c'est dans la chambre de mademoiselle Victorine ; mais c'est sa lampe.

M. VANDERK FILS.

Victorine... Va-t'en.

LE DOMESTIQUE.

Où irai-je ?

M. VANDERK FILS.

Descends dans la cour ; écoute : cache les chevaux

sous la remise à gauche près du carrosse de ma mère :
point de bruit surtout ; il ne faut réveiller personne.

SCÈNE II.

M. VANDERK FILS.

Pourquoi Antoine a-t-il pris ces clefs ? Que vais-je
faire ? C'est de le réveiller. Je lui dirai... je veux sortir... j'ai des emplettes ; j'ai quelques affaires... Frap-
pons. Antoine !... Je n'entends rien... Antoine !
(*prêt à frapper, il suspend le coup.*) Il va me faire
cent questions : Vous sortez de bonne heure, quelle
affaire avez-vous donc ? Vous sortez à cheval ; attendez le jour. Je ne veux pas attendre, moi... Donnez-
moi les clefs. (*il frappe.*) Antoine !

SCÈNE III.

M. VANDERK FILS, ANTOINE, *d'abord en dehors.*

ANTOINE.

Qui est là ?

M. VANDERK FILS.

Il a répondu. Antoine !

ANTOINE.

Qui peut frapper si matin ?

M. VANDERK FILS.

Moi.

ANTOINE.

Ah ! monsieur, j'y vais.

M. VANDERK FILS.

Il se lève... Rien de moins extraordinaire ; j'ai affaire, moi, je sors ; je vais à deux pas : quand j'irais
plus loin ! Mais vous êtes en bottines ; mais ce cheval,
mais ce domestique. Eh bien ! je vais à deux lieues
d'ici ; mon père m'a dit de lui faire une commission.
Comme l'esprit va chercher bien loin les raisons les
plus simples ! Ah ! je ne sais pas mentir.

ANTOINE, *son col à la main.*

Comment ! monsieur, c'est vous ?

M. VANDERK FILS.

Oui, donne-moi vîte les clefs de la porte cochère.

ANTOINE.

Les clefs ?

M. VANDERK FILS.

Oui.

ANTOINE.

Les clefs ? mais le portier doit les avoir.

M. VANDERK FILS.

Il dit que vous les avez.

ANTOINE.

Ah ! c'est vrai ; hier au soir : je ne m'en ressouvenais pas. Mais à propos, monsieur votre père les a.

M. VANDERK FILS.

Mon père ! Eh ! pourquoi les a-t-il ?

ANTOINE.

Demandez-le-lui, je n'en sais rien.

M. VANDERK FILS.

Il ne les a pas ordinairement.

ANTOINE.

Mais vous sortez de bonne heure.

M. VANDERK FILS.

Il faut qu'il ait eu quelques raisons pour prendre les clefs.

ANTOINE.

Peut-être quelques domestiques, ce mariage... Il a appréhendé l'embarras des fêtes, des aubades... Il veut se lever le premier ; enfin, que sais-je ?

M. VANDERK FILS.

Eh bien ! mon pauvre Antoine, rends-moi le plus grand... rends-moi un petit service : entre tout doucement, je t'en prie, dans l'appartement de mon père : il aura mis les clefs sur quelque table, sur quelque chaise ; apporte-les-moi. Prends garde de le réveiller ; je serais au désespoir si j'étais la cause que son sommeil eût été troublé.

ANTOINE.

Que n'y allez-vous ?

M. VANDERK FILS.

S'il t'entend, tu lui donneras mieux une raison que moi.

ANTOINE.

J'y vais ; ne sortez pas, ne sortez pas.

SCÈNE IV.

M. VANDERK FILS.

Où veux-tu que j'aille ?.... J'aurais bien cru qu'il m'aurait fait plus de questions. Antoine est un bon homme.... il se sera bien imaginé.... Ah ! mon père, mon père !.... il dort.... il ne sait pas.... Ce cabinet.... cette maison, tout ce qui frappe mes yeux m'est plus cher : quitter cela pour toujours, ou pour long-temps, cela fait une peine qui..... Ah ! le voilà..... Ciel ! c'est mon père.

SCÈNE V.

M. VANDERK, *en robe de chambre*, M. VANDERK FILS.

M. VANDERK FILS.

Ah ! mon père, ah ! que je suis fâché ! C'est la faute d'Antoine : je le lui avais dit ; mais il aura fait du bruit, il vous aura réveillé.

M. VANDERK.

Non, je l'étais.

M. VANDERK FILS.

Vous l'étiez ! et sans doute que...

M. VANDERK.

Vous ne me dites pas bonjour.

M. VANDERK FILS.

Mon père, je vous demande pardon, je vous souhaite bien le bonjour; comment avez-vous passé la nuit? Votre santé...

M. VANDERK.

Vous sortez de bonne heure.

M. VANDERK FILS.

Oui, je voulais...

M. VANDERK.

Il y a des chevaux dans la cour.

M. VANDERK FILS.

C'est pour moi ; c'est le mien et celui de mon domestique.

M. VANDERK.

Eh ! où allez-vous si matin ?

M. VANDERK FILS.

Une fantaisie d'exercice : je voulais faire le tour des remparts ; une idée.... un caprice qui m'a pris tout d'un coup ce matin.

M. VANDERK.

Dès hier au soir vous aviez dit qu'on tînt vos chevaux prêts ; Victorine l'a su de quelqu'un, d'un homme de l'écurie, et vous aviez l'idée de sortir.

M. VANDERK FILS.

Non pas absolument.

M. VANDERK.

Non ! Mon fils, vous avez quelque dessein ?

M. VANDERK FILS.

Quel dessein voudriez-vous que j'eusse ?

M. VANDERK.

C'est moi qui vous le demande.

M. VANDERK FILS.

Je vous assure, mon père....

M. VANDERK.

Mon fils, jusqu'à cet instant je n'ai connu en vous ni détours, ni mensonges : si ce que vous me dites est vrai, répétez-le-moi, et je vous croirai.... si ce sont quelques raisons, quelques folies de votre âge, de ces niaiseries qu'un père peut soupçonner, mais ne doit jamais savoir ; quelque peine que cela me fasse, je n'exige pas une confidence dont nous rougirions l'un et l'autre : voici les clefs, sortez. (*le fils tend la main, et les prend.*) Mais, mon fils, si cela pouvait intéresser votre repos et le mien, et celui de votre mère ?

M. VANDERK FILS.

Ah ! mon père.

M. VANDERK.

Il n'est pas possible qu'il n'y ait rien de déshonorant dans ce que vous allez faire ?

M. VANDERK FILS.

Ah ! bien plutôt....

M. VANDERK.

Achevez.

M. VANDERK FILS.

Que me demandez-vous ? Ah ! mon père, vous me l'avez dit hier : vous avez été insulté, vous étiez jeune, vous vous êtes battu ; vous le feriez encore.... Ah ! que je suis malheureux ! je sens que je vais faire le malheur de votre vie. Non.... jamais.... quelle leçon !.... Vous pouvez m'en croire.... si la fatalité....

M. VANDERK.

Insulté.... battu... le malheur de ma vie. Mon fils, causons ensemble, et ne voyez en moi qu'un ami.

M. VANDERK FILS.

S'il était possible que j'exigeasse de vous un serment.... promettez-moi que, quelque chose que je vous dise, votre bonté ne me détournera pas de ce que je dois faire.

M. VANDERK.

Si cela est juste.

M. VANDERK FILS.

Juste ou non.

M. VANDERK.

Juste ou non !

M. VANDERK FILS.

Ne vous alarmez pas. Hier au soir, j'ai eu quelque altercation, une dispute avec un officier de cavalerie : nous sommes sortis , on nous a séparés.... Parole aujourd'hui.

M. VANDERK, *en s'appuyant sur le dos d'une chaise.*
Ah ! mon fils !

M. VANDERK FILS.

Mon père, voilà ce que je craignais.

M. VANDERK.

Et puis-je savoir de vous un détail plus étendu de votre querelle, et de ce qui l'a causée, enfin, de tout ce qui s'est passé?

M. VANDERK FILS.

Ah! comme j'ai fait ce que j'ai pu pour éviter votre présence!

M. VANDERK.

Vous fait-elle du chagrin?

M. VANDERK FILS.

Ah! jamais, jamais je n'ai eu tant besoin d'un ami, et surtout de vous!

M. VANDERK.

Enfin, vous avez eu dispute.

M. VANDERK FILS.

L'histoire n'est pas longue : la pluie qui est survenue hier m'a forcé d'entrer dans un café. Je jouais une partie d'échecs : j'entends à quelques pas de moi quelqu'un qui parlait avec chaleur; il racontait je ne sais quoi de son père, d'un marchand, d'un escompte de billets; mais je suis sûr d'avoir entendu très-distinctement : « Oui... tous ces négocians, tous » ces commerçans sont des fripons, sont des misé- » rables. » Je me suis retourné, je l'ai regardé; lui, sans nul égard, sans nulle attention, a répété le même discours. Je me suis levé, je lui ai dit à l'oreille qu'il n'y avait qu'un malhonnête homme qui pût tenir de pareils propos. Nous sommes sortis, on nous a séparés.

M. VANDERK.

Vous me permettrez de vous dire....

M. VANDERK FILS.

Ah! je sais, mon père, tous les reproches que vous pouvez me faire : cet officier pouvait être dans un instant d'humeur; ce qu'il disait pouvait ne pas me regarder : lorsqu'on dit tout le monde, on ne dit personne; peut-être même ne faisait-il que raconter ce qu'on lui avait dit; et voilà mon chagrin, voilà mon tourment. Mon retour sur moi-même a fait mon supplice; il faut que je cherche à égorger un homme qui peut n'avoir pas tort : je crois cependant qu'il l'a dit parce que j'étais présent.

M. VANDERK.

Vous le désirez; vous connaît-il ?

M. VANDERK FILS.

Je ne le connais pas.

M. VANDERK.

Et vous cherchez querelle ! Ah ! mon fils, pourquoi n'avez-vous pas pensé que vous aviez votre père ? je pense si souvent que j'ai un fils.

M. VANDERK FILS.

C'est parce que j'y pensais.

M. VANDERK.

Eh ! dans quelle incertitude, dans quelle peine alliez-vous jeter aujourd'hui votre mère et moi !

M. VANDERK FILS.

J'y avais pourvu.

M. VANDERK.

Comment ?

M. VANDERK FILS.

J'avais laissé sur ma table une lettre adressée à vous ; Victorine vous l'aurait donnée.

M. VANDERK.

Est-ce que vous vous êtes confié à Victorine ?

M. VANDERK FILS.

Non ; mais elle devait reporter quelque chose sur ma table, et elle l'aurait vue.

M. VANDERK.

Eh ! quelles précautions aviez-vous prises contre la juste rigueur des lois ?

M. VANDERK FILS.

La juste rigueur !

M. VANDERK.

Oui, elles sont justes ces lois.... Un peuple.... je ne sais lequel.... les Romains, je crois, accordaient des récompenses à qui conservait la vie d'un ci- toyen ; quelle punition ne mérite pas un Français qui médite d'en égorger un autre, qui projette un assassinat ?

M. VANDERK FILS.

Un assassinat?

M. VANDERK.

Oui, mon fils, un assassinat; la confiance que l'agresseur a dans ses propres forces fait presque toujours sa témérité.

M. VANDERK FILS.

Et vous-même, mon père, lorsqu'autrefois....

M. VANDERK.

Le ciel est juste; il m'en punit en vous. Enfin, quelles précautions aviez-vous prises contre la juste rigueur des lois?

M. VANDERK FILS.

La fuite.

M. VANDERK.

Eh! quelle était votre marche, le lieu, l'instant?

M. VANDERK FILS.

Sur les trois heures après-midi, derrière les petits remparts.

M. VANDERK.

Eh! pourquoi donc sortez-vous sitôt?

M. VANDERK FILS.

Pour ne pas manquer à ma parole. J'ai redouté l'embarras de cette noce, de ma tante, et de me trouver engagé de façon à ne pouvoir m'échapper. Ah! comme j'aurais voulu retarder d'un jour!

M. VANDERK.

Et d'ici à trois heures ne pourriez-vous rester?

M. VANDERK FILS.

Ah! mon père, imaginez....

M. VANDERK.

Vous aviez raison; mais cette raison ne subsiste plus. Faites rentrer vos chevaux; remontez chez vous: je vais réfléchir aux moyens qui peuvent vous sauver et l'honneur et la vie.

M. VANDERK FILS.

(*A part.*) Me sauver l'honneur!... Mon père, mon malheur mérite plus de pitié que d'indignation.

M. VANDERK.

Je n'en ai aucune.

M. VANDERK FILS.

Prouvez-le-moi donc, mon père, en permettant que je vous embrasse.

M. VANDERK.

Non, monsieur ; remontez chez vous.

M. VANDERK FILS.

J'y vais, mon père.

(Il se retire précipitamment.)

SCÈNE VI.

M. VANDERK.

Infortuné ! comme on doit peu compter sur le bonheur présent ! Je me suis couché le plus tranquille, le plus heureux des pères ; et me voilà ! Antoine?... je ne peux avoir trop de confiance... Si son sang coulait pour son roi et pour sa patrie !... mais...

SCÈNE VII.

M. VANDERK, ANTOINE.

ANTOINE.

Que voulez-vous ?

M. VANDERK.

Ce que je veux ? Ah ! qu'il vive.

ANTOINE.

Monsieur.

M. VANDERK.

Je ne t'ai pas entendu entrer.

ANTOINE.

Vous m'avez appelé.

M. VANDERK.

Je t'ai appelé !... Antoine, je connais ta discrétion, ton amitié pour moi et pour mon fils : il sortait pour se battre.

ANTOINE.

Contre qui ? Je vais...

M. VANDERK.

Cela est inutile.

ANTOINE.

Tout le quartier va le défendre : je vais réveiller....

M. VANDERK.

Non, ce n'est pas...

ANTOINE.

Vous me tueriez plutôt que de...

M. VANDERK.

Tais-toi, il est ici : cours à son appartement ; dis-lui, dis-lui que je le prie de m'envoyer la lettre dont il vient de me parler : ne dis pas autre chose ; ne fais voir aucun intérêt sur ce qui le regarde...Remarque... va ; qu'il te donne cette lettre, et qu'il m'attende : je vais le voir.

SCÈNE VIII.

M. VANDERK.

Ah ! ciel ! fouler aux pieds la raison, la nature et les lois ! Préjugé funeste ! abus cruel du point d'honneur ! tu ne pouvais avoir pris naissance que dans les temps les plus barbares ; tu ne pouvais subsister qu'au milieu d'une nation vaine et pleine d'elle-même, qu'au milieu d'un peuple dont chaque particulier compte sa personne pour tout, et sa patrie et sa famille pour rien. Et vous, lois sages, vous avez désiré mettre un frein à l'honneur ; vous avez ennobli l'échafaud : votre sévérité a servi à froisser le cœur d'un honnête homme entre l'infamie et le supplice. Ah ! mon fils !

SCÈNE IX.

M. VANDERK, ANTOINE.

ANTOINE.

Monsieur, vous l'avez laissé partir.

M. VANDERK.

Il est parti ! ô ciel ! arrêtez...

ANTOINE.

Ah ! monsieur, il est déjà bien loin. Je traversais la cour ; il a mis ses pistolets à l'arçon.

M. VANDERK.

Ses pistolets !

ANTOINE.

Il m'a crié : Antoine, je te recommande mon père, et il a mis son cheval au galop.

M. VANDERK.

Il est parti ! ah dieux ! (*il rêve profondément ; il reprend sa fermeté, et dit :*) Que rien ne transpire ici. Viens, suis-moi ; je vais m'habiller.

FIN DU TROISIÈME ACTE.

ACTE IV.

SCÈNE PREMIÈRE.

VICTORINE.

Je le cherche partout : qu'est-il devenu ? Cela me passe, il ne sera jamais prêt ; il n'est pas habillé. Ah ! que je suis fâchée de m'être embarrassée de sa montre ! Je l'ai vu toute la nuit qui me disait : « Qu'à moi, qu'à moi, qu'à moi. » Il est sorti de bien bonne heure et à cheval ; mais si c'était cette dispute, et s'il était vrai qu'il fût allé... Ah ! j'ai un pressentiment : mais, que risqué-je d'en parler? J'en vais parler à monsieur. Je parierais que c'est ce domestique qui s'est endormi hier au soir : il avait une mauvaise physionomie : il lui aura donné un rendez-vous. Ah !

SCÈNE II.

M. VANDERK, VICTORINE.

VICTORINE.

Monsieur, on est bien inquiet. Madame la mar-

quise dit : « Mon neveu est-il habillé ? Qu'on l'aver-
» tisse : est-il prêt ? Pourquoi ne l'ai-je pas vu ? Pour-
» quoi ne vient-il pas ? »

M. VANDERK.

Mon fils ?

VICTORINE.

Oui. Je l'ai demandé ; je l'ai fait chercher : je ne
sais s'il est sorti , ou s'il n'est pas sorti, mais je ne l'ai
pas trouvé.

M. VANDERK.

Il est sorti.

VICTORINE.

Vous savez donc, monsieur, qu'il est dehors ?

M. VANDERK.

Oui , je le sais. Voyez si tout le monde est prêt ;
pour moi , je le suis. Où est votre père ?

VICTORINE fait un pas, et revient.

Avez-vous vu , monsieur , hier un domestique qui
voulait parler à vous ou à monsieur votre fils ?

M. VANDERK.

Un domestique ? C'était à moi : j'ai donné parole à
son maître aujourd'hui; vous faites bien de m'en faire
ressouvenir.

VICTORINE , à part.

Il faut que ce ne soit pas cela ; tant mieux, puisque
monsieur sait où il est.

M. VANDERK.

Voyez donc où est votre père.

VICTORINE.

J'y cours.

SCÈNE III.

M. VANDERK.

Au milieu de la joie la plus légitime... Antoine ne
vient point... Je voyais devant moi toutes les misères
humaines, je m'y tenais préparé ; la mort même....
mais ceci.... Eh ! que dire !... Ah ! ciel !

SCÈNE IV.

M. VANDERK, LA TANTE.

M. VANDERK, *ayant repris un air serein.*

Eh bien! ma sœur, puis-je enfin me livrer au plaisir de vous revoir?

LA TANTE.

Mon frère, je suis très en colère; vous gronderez après si vous voulez.

M. VANDERK.

J'ai tout lieu d'être fâché contre vous.

LA TANTE.

Et moi, contre votre fils.

M. VANDERK.

J'ai cru que les droits du sang n'admettaient point de ces ménagemens, et qu'un frère...

LA TANTE.

Et moi, qu'une sœur comme moi mérite de certains égards.

M. VANDERK.

Quoi! vous aurait-on manqué en quelque chose?

LA TANTE.

Oui, sans doute.

M. VANDERK.

Qui?

LA TANTE.

Votre fils.

M. VANDERK.

Mon fils! Eh! quand peut-il vous avoir désobligée?

LA TANTE.

A l'instant.

M. VANDERK.

A l'instant!

LA TANTE.

Oui, mon frère, à l'instant; il est bien singulier que mon neveu qui doit me donner la main aujourd'hui, ne soit pas ici, et qu'il sorte.

M. VANDERK.

Il est sorti pour une affaire indispensable.

LA TANTE.

Indispensable, indispensable ; votre sang-froid me tue : il faut me le trouver mort ou vif ; c'est lui qui me donne la main.

M. VANDERK.

Je compte vous la donner, s'il le faut.

LA TANTE.

Vous? Au reste, je le veux bien, vous me ferez honneur. Oh ça, mon frère, parlons raison : il n'y a point de choses que je n'aie imaginées pour mon neveu, quoiqu'il soit malhonnête à lui d'être sorti. Il y a près de mon château, ou plutôt près du vôtre, et je vous en rends grâce, il y a un certain fief qui a été enlevé à la famille en 1574 ; mais il n'est pas rachetable.

M. VANDERK.

Soit.

LA TANTE.

C'est un abus ; mais c'est fâcheux.

M. VANDERK.

Cela peut être. Allons rejoindre...

LA TANTE.

Nous avons le temps. Il faut repeindre les vitraux de la chapelle : cela vous étonne.

M. VANDERK.

Nous parlerons de cela.

LA TANTE.

C'est que les armoiries sont écartelées d'Arragon, et que le lambel...

M. VANDERK.

Ma sœur, vous ne partez pas aujourd'hui.

LA TANTE.

Non, je vous assure.

M. VANDERK.

Eh bien nous en parlerons demain.

LA TANTE.

C'est que cette nuit j'ai arrangé pour votre fils, j'ai arrangé des choses étonnantes il est aimable il est aimable Nous avons dans la province la plus riche héritière ; c'est une Gramont Ballière de la Tour d'A-

Sedaine. 5

gon : vous savez ce que c'est; elle est même parente de votre femme; votre fils l'épouse; j'en fais mon affaire : vous ne paraîtrez pas, vous; je le propose, je le marie : il ira à l'armée; et moi je reste avec sa femme, avec ma nièce, et j'élève ses enfans.

M. VANDERK.

Eh ! ma sœur !

LA TANTE.

Ce sont les vôtres , mon frère.

M. VANDERK.

Entrons dans le salon ; sans doute on nous y attend. (*à Antoine qui entre.*) Antoine , reste ici.

LA TANTE , *en s'en allant.*

Je vois qu'il est heureux, mais très-heureux pour mon neveu que je sois venue ici. Vous, mon frère , vous avez perdu toute idée de noblesse et de grandeur : le commerce rétrécit l'ame , mon frère. Ce cher enfant ! ce cher enfant ! mais c'est que je l'aime de tout mon cœur.

SCÈNE V.

ANTOINE, *seul d'abord*, VICTORINE.

ANTOINE.

Oui, ma résolution est prise. Comment ! peut-être un misérable, un drôle... (*à Victorine qui entre.*) Qu'est-ce que tu demandes ?

VICTORINE.

J'entrais.

ANTOINE.

Je n'aime pas tout cela ; toujours sur mes talons ; c'est bien étonnant, la curiosité , la curiosité. Mademoiselle, voilà peut-être le dernier conseil que je vous donnerai de ma vie ; mais la curiosité dans une jeune personne ne peut que la tourner à mal.

VICTORINE.

Eh! mais je venais vous dire....

ANTOINE.

Va-t'en, va-t'en : écoute , sois sage , et vis toujours honnêtement, et tu ne pourras manquer.

VICTORINE , à part.

Qu'est-ce que cela veut dire?

SCÈNE VI.

M. VANDERK, ANTOINE, VICTORINE.

M. VANDERK.

Sortez, Victorine, laissez-nous, et fermez la porte.

SCÈNE VII.

M. VANDERK, ANTOINE.

M. VANDERK.

Avez-vous dit au chirurgien de ne pas s'éloigner?

ANTOINE.

Non.

M. VANDERK.

Non!

ANTOINE.

Non, non...

M. VANDERK.

Pourquoi?

ANTOINE.

Pourquoi? C'est que monsieur votre fils ne se battra pas.

M. VANDERK.

Qu'est-ce que cela veut dire?

ANTOINE.

Monsieur, monsieur, un gentilhomme, un militaire, un diable, fût-ce un capitaine de vaisseau de roi, c'est ce qu'on voudra ; mais il ne se battra pas, vous dis-je : ce ne peut être qu'un assassin ; il lui a cherché querelle : il croit le tuer ; il ne le tuera pas.

M. VANDERK.

Antoine.

ANTOINE.

Non, monsieur, il ne le tuera pas ; j'y ai regardé... Je sais par où il doit venir, je l'attendrai, je l'attaquerai; il m'attaquera, je le tuerai ou il me tuera; s'il me tue, il sera plus embarrassé que moi; si je le tue, monsieur, je vous recommande ma fille : au reste, je n'ai pas besoin de vous la recommander.

M. VANDERK.

Antoine, ce que vous dites est inutile, et jamais...

ANTOINE.

Vos pistolets, vos pistolets : vous m'avez vu, vous m'avez vu sur ce vaisseau, il y a long-temps. Qu'importe? Morbleu! en fait de valeur, il ne faut qu'être homme, et des armes.

M. VANDERK.

Eh! mais, Antoine.

ANTOINE.

Monsieur... Ah! mon cher maître, un jeune homme d'une aussi belle espérance. Ma fille me l'avait dit; et l'embarras d'aujourd'hui, et la noce, et tout ce monde: à l'instant même.... Les clefs du magasin : je les emportais. (*il remet les clefs à M. Vanderk.*) Ah! j'en deviendrai fou! Ah! dieux!

M. VANDERK.

Il me brise le cœur. Écoutez-moi, Antoine; je vous dis de m'écouter.

ANTOINE.

Monsieur.

M. VANDERK.

Antoine, croyez-vous que je n'aime pas mon fils plus que vous ne l'aimez?

ANTOINE.

Et c'est à cause de cela : vous en mourrez.

M. VANDERK.

Non.

ANTOINE.

Ah! ciel!

M. VANDERK.

Antoine, vous manquez de raison ; je ne vous conçois pas aujourd'hui : écoutez-moi.

ANTOINE.

Monsieur.

M. VANDERK.

Écoutez-moi, vous dis-je; rappelez toute votre pré-

sence d'esprit, j'en ai besoin ; écoutez avec attention
ce que je vais vous confier : on peut venir à l'instant,
et je ne pourrais plus vous parler.... Crois-tu, mon
pauvre Antoine, crois-tu, mon vieux camarade, que
je sois insensible ? N'est-ce pas mon fils ? N'est-ce pas
lui qui fonde dans l'avenir tout le bonheur de ma
vieillesse ? Et ma femme.... Ah ! quel chagrin ! sa
santé faible.... mais c'est sans remède ; le préjugé qui
afflige notre nation rend son malheur inévitable.

ANTOINE.

Eh ! ne pouviez-vous accommoder cette affaire ?

M. VANDERK.

L'accommoder ! Tu ne connais pas toutes les entra-
ves de l'honneur : où trouver son adversaire ? Où le
rencontrer à présent ? Est-ce sur le champ de bataille
que de pareilles affaires s'accommodent ? Eh ! n'est-il
pas et contre les mœurs et contre les lois, que je pa-
raisse en être instruit ?.... Et si mon fils eût hésité,
s'il eût molli, si cette cruelle affaire s'était accommo-
dée, combien s'en préparait-il dans l'avenir ! il n'est
point de demi-brave, il n'est point de petit homme
qui ne cherchât à le tâter ; il lui faudrait dix affaires
heureuses pour faire oublier celle-ci. Elle est affreuse
dans tous ses points ; car il a tort.

ANTOINE.

Il a tort !

M. VANDERK.

Une étourderie.

ANTOINE.

Une étourderie !

M. VANDERK.

Oui ; mais ne perdons pas le temps en vaines dis-
cussions. Antoine.

ANTOINE.

Monsieur.

M. VANDERK.

Exécutez de point en point ce que je vais vous
dire.

ANTOINE.

Oui, monsieur.

M. VANDERK.

Ne passez pas mes ordres en aucune manière ; songez qu'il y va de l'honneur de mon fils et du mien : c'est vous dire tout.

ANTOINE.

Ah! ciel!

M. VANDERK.

Je ne peux me confier qu'à vous, et je me fie à votre âge, à votre expérience, et je peux dire à votre amitié. Rendez-vous au lieu où ils doivent se rencontrer ; déguisez-vous de façon à n'être pas reconnu ; tenez-vous-en le plus loin que vous pourrez; ne soyez, s'il est possible, reconnu en aucune manière. Si mon fils a le bonheur cruel de tuer son adversaire, montrez-vous alors; il sera agité, il sera égaré, il verra mal : voyez pour lui, portez sur lui toute votre attention ; veillez à sa fuite, donnez-lui votre cheval, faites ce qu'il vous dira, faites ce que la prudence vous conseillera. Lui parti, portez sur le champ tous vos soins à son adversaire, s'il respire encore; emparez-vous de ses derniers momens; donnez-lui tous les secours qu'exige l'humanité ; expiez, autant qu'il est en vous, le crime auquel je participe, puisque.... puisque.... Cruel honneur!... Mais, Antoine, si le ciel me punit autant que je dois l'être, s'il dispose de mon fils.... je suis père, et je crains mes premiers mouvemens; je suis père...., et cette fête, cette noce.... ma femme.... sa santé, moi-même : alors tu accourras ; mais comme ta présence m'en dirait trop, aie cette attention, écoute bien, aie-la pour moi, je t'en supplie : tu frapperas trois coups à la porte de la basse-cour, trois coups distinctement; et tu te rendras ici, ici dedans, dans ce cabinet : tu ne parleras à personne; mes chevaux seront mis, nous y courrons.

ANTOINE.

Mais, monsieur....

M. VANDERK.

Voici quelqu'un, et c'est sa mère.

SCÈNE VIII.

M. ET MADAME VANDERK, ANTOINE.

MADAME VANDERK.

Ah! mon cher ami, tout le monde est prêt : voici vos gants. Antoine, eh! comme te voilà fait! tu aurais bien dû te mettre en noir, te faire beau le jour du mariage de ma fille ; je ne te pardonne pas cela.

ANTOINE.

C'est que... madame... je vais en affaire, oui, oui... madame.

M. VANDERK.

Allez, allez, Antoine ; faites ce que je vous ai dit.

ANTOINE.

Oui, monsieur.

M. VANDERK.

N'oubliez rien.

ANTOINE.

Oui, monsieur.

MADAME VANDERK.

Antoine.

ANTOINE.

Madame.

MADAME VANDERK.

Ah! si tu trouves mon fils, je t'en prie, dis-lui qu'il ne tarde point.

M. VANDERK.

Allez, Antoine, allez. (*Antoine et M. Vanderk se regardent. Antoine sort.*)

SCÈNE XI.

M. ET MADAME VANDERK.

MADAME VANDERK.

Antoine a l'air bien effarouché.

M. VANDERK.

Tout ceci l'échauffe et le dérange.

MADAME VANDERK.

Ah! mon ami, faites-moi compliment; il y a plus de deux ans que je ne me suis si bien portée... Ma fille.... mon gendre, toute cette famille est si respectable, si honnête; la bonne robe est sage comme les lois; mais, mon ami, j'ai un reproche à vous faire, et votre sœur a raison : vous donnez aujourd'hui de l'occupation à votre fils, vous l'envoyez je ne sais en quel endroit; au reste, vous le savez· il faut cependant que ce soit très-loin, car je suis sûre qu'il ne s'est point amusé; et lorsqu'il va revenir, il ne pourra nous rejoindre. Victorine a dit à ma fille qu'il n'était pas habillé, et qu'il était monté à cheval.

M. VANDERK, *lui prenant la main affectueusement.*

Laissez-moi respirer, et permettez-moi de ne penser qu'à votre satisfaction. Votre santé me fait le plus grand plaisir : nous avons tellement besoin de nos forces; l'adversité est si près de nous; la plus grande félicité est si peu stable, si peu.... Ne faisons point attendre; on doit nous trouver de moins dans la compagnie. La voici.

SCÈNE X.

M. VANDERK, MADAME VANDERK, SOPHIE, LA TANTE, LE GENDRE, *la Compagnie composée d'hommes et de femmes, plus d'hommes de robe que d'autres.*

M. VANDERK.

Allons, belle jeunesse : madame, nous avons été ainsi. Puissiez-vous, mes enfans, voir un pareil jour, (*à part.*) et plus beau que celui-ci.

FIN DU QUATRIÈME ACTE.

ACTE V.

SCÈNE PREMIÈRE.

VICTORINE, *se retournant vers la coulisse d'où elle sort.*

Monsieur Antoine, monsieur Antoine, monsieur Antoine!.... Le maître-d'hôtel, les gens, les commis, tout le monde demande monsieur Antoine. Il faut que j'aie la peine de tout. Mon père est bien étonnant; je le cherche partout, je ne le trouve nulle part. Jamais ici il n'y a eu tant de monde, et jamais... Eh?... Quoi?.... Hein?.... Antoine, Antoine! Eh bien! qu'ils appellent. Cette cérémonie que je croyais si gaie, grands dieux! comme elle est triste.... Mais lui, ne s'être pas trouvé au mariage de sa sœur! et d'un autre côté aussi mon père avec ses raisons: « Sois sage, » sois sage, et tu ne pourras manquer.... » Où est-il allé? Je....

SCÈNE II.

M. DESPARVILLE, VICTORINE.

M. DESPARVILLE.
Mademoiselle, puis-je entrer ?
VICTORINE.
Monsieur, vous êtes sans doute de la noce; entrez dans le salon.

M. DESPARVILLE.
Je n'en suis pas, mademoiselle, je n'en suis pas.
VICTORINE.
Ah! monsieur, si vous n'en êtes pas, pour quelle raison?....

DESPARVILLE.
Je viens pour parler à monsieur Vanderk.

VICTORINE.

Lequel ?

M. DESPARVILLE.

Mais le négociant. Est-ce qu'il y a deux négocians de ce nom-là ? c'est celui qui demeure ici.

VICTORINE.

Ah ! monsieur, quel embarras ! je vous assure que je ne sais comment monsieur pourra vous parler au milieu de tout ceci ; et même on serait à table si on n'attendait pas quelqu'un qui se fait bien attendre.

M. DESPARVILLE.

Mademoiselle, monsieur Vanderk m'a donné parole ici aujourd'hui à cette heure.

VICTORINE.

Il ne savait donc pas l'embarras....

M. DESPARVILLE.

Il ne savait pas, il ne savait pas ; c'est hier au soir qu'il me l'a fait dire.

VICTORINE.

J'y vais donc, si je peux l'aborder, car il répond à l'un, il répond à l'autre. Je dirai.... qu'est-ce que je dirai ?

M. DESPARVILLE.

Dites que c'est quelqu'un qui voudrait lui parler ; que c'est quelqu'un à qui il a donné parole à cette heure-ci sur une lettre qu'il en a reçue.... Ajoutez que... Non.... dites-lui seulement cela.

VICTORINE.

J'y vais.... Quelqu'un.... Mais, monsieur, permettez-moi de vous demander votre nom.

M. DESPARVILLE.

Il le sait bien peu ; dites, au reste, que c'est monsieur Desparville, que c'est le maître d'un domestique...

VICTORINE.

Ah ! je sais : un homme qui avait un visage.... qui avait un air.... hier au soir.... J'y vais, j'y vais.

SCÈNE III.

M. DESPARVILLE.

Que de raisons ! Parbleu ces choses-là sont bien faites pour moi ! il faut que cet homme marie justement sa fille aujourd'hui, le jour, le même jour que j'ai à lui parler ; c'est fait exprès, oui, c'est fait exprès pour moi, pour moi ; ces choses-là n'arrivent qu'à moi. Peste soit des enfans ! Je ne veux plus m'embarrasser de rien ; je vais me retirer dans ma province. Mais mon père.... mon père ; mais mon fils, va te promener : j'ai fait mon temps, fais le tien. Ah ! c'est apparemment notre homme ; encore un refus que je vais essuyer.

SCÈNE IV.

M. VANDERK, M. DESPARVILLE,
UN DOMESTIQUE.

M. DESPARVILLE.

Monsieur, monsieur, je suis fâché de vous déranger. Je sais tout ce qui vous arrive ; vous mariez votre fille aujourd'hui ; vous êtes à l'instant en compagnie : mais un mot, un seul mot.

M. VANDERK.

Et moi, monsieur, je suis fâché de ne vous avoir pas donné une heure plus prompte. On vous a peut-être fait attendre : j'avais dit à quatre heures, et il est trois heures seize minutes. Monsieur, asseyez-vous.

M. DESPARVILLE.

Non, parlons debout : j'aurai bientôt dit. Monsieur, je crois que le diable est après moi. J'ai depuis quelques jours besoin d'argent, et encore plus depuis hier, pour la circonstance la plus pressante, et que je ne peux pas dire... J'ai une lettre de change, bonne, excellente : c'est, comme disent vos marchands, c'est de l'or en barre ; mais elle sera payée quand ? quand ? Je n'en sais rien : ils ont des usages, des usances, des termes que je ne comprends pas. J'ai été chez plusieurs de vos confrères ; mais tous ceux que j'ai vus jusqu'à présent sont des Arabes, des Juifs ; pardonnez-moi le terme, oui, des Juifs : les uns m'ont demandé des remises considérables, parce qu'ils voient que j'en ai besoin ; d'autres m'ont refusé tout net. Mais que je ne vous retarde point : pouvez-vous m'avancer le paiement de ma lettre de change, ou ne le pouvez-vous pas ?

M. VANDERK.

Puis-je la voir ?

M. DESPARVILLE.

La voilà.... (*pendant que M. Vanderk lit.*) Je payerai tout ce qu'il faudra : je sais qu'il y a des droits. Faut-il le quart ? Fa t-il.... J'ai besoin d'argent.

M. VANDERK, *en sonnant.*

Monsieur, je vais vous la payer.

M. DESPARVILLE.

A l'instant ?

M. VANDERK.

Oui, monsieur.

M. DESPARVILLE.

A l'instant ! Prenez, prenez, monsieur. Ah ! quel service vous me rendez ! prenez, prenez, monsieur.

M. VANDERK, *au domestique qu'i! a sonné.*

Allez à ma caisse, apportez le montant de cette lettre, 2,400 livres.

M. DESPARVILLE.

Monsieur, au service que vous me rendez pourriez-vous en ajouter un second, celui de me faire donner de l'or ?

M. VANDERK.

Volontiers, monsieur. (*au domestique.*) Apportez la somme en or.

M. DESPARVILLE, *au domestique qui sort.*

Faites retenir, monsieur, l'escompte, l'à-compte.

M. VANDERK.

Non, monsieur, je ne prends point d'escompte, ce n'est pas mon commerce ; et je vous l'avoue avec plaisir, ce service ne me coûte rien. Votre lettre vient de Cadix; elle est pour moi une rescription, elle devient pour moi de l'argent comptant.

M. DESPARVILLE.

Monsieur, monsieur, voilà de l'honnêteté, voilà de l'honnêteté: vous ne savez pas toute l'obligation que je vous ai, toute l'étendue du service que vous me rendez.

M. VANDERK.

Je souhaite qu'il soit considérable.

M. DESPARVILLE.

Ah! monsieur, monsieur, ah! que vous êtes heureux! vous n'avez qu'une fille, vous?

M. VANDERK.

J'espère que j'ai un fils.

M. DESPARVILLE.

Un fils! mais il est apparemment dans le commerce, dans un état tranquille; mais le mien, le mien est dans le service; à l'instant que je vous parle, n'est-il pas occupé à se battre.

M. VANDERK.

A se battre!

M. DESPARVILLE.

Oui, monsieur, à se battre · un autre jeune homme, dans un café, un petit étourdi lui a cherché querelle, je ne sais pas pourquoi, je ne sais comment, il ne le sait pas lui-même.

M. VANDERK.

Que je vous plains! et qu'il est à craindre...

M. DESPARVILLE.

A craindre! Je ne crains rien: mon fils est brave; il tient de moi; est adroit, adroit, à vingt pas il couperait une balle en deux sur une lame de couteau: mais il faut qu'il s'enfuie, c'est le diable; vous entendez bien, vous entendez bien; je me fie à vous, vous m'avez gagné l'ame.

M. VANDERK.

Monsieur, je suis flatté de votre... (*on frappe à la porte un coup.*) Je suis flatté de ce que... (*un second coup.*)

M. DESPARVILLE.

Ce n'est rien, c'est qu'on frappe chez vous. (*un troisième coup.*)

(*M. Vanderk tombe sur un siége.*)

M. DESPARVILLE.

Monsieur, vous ne vous trouvez pas indisposé?

M. VANDERK.

Ah! monsieur, tous les pères ne sont pas malheureux! (*le domestique entre, il tient des rouleaux de louis.*) Voilà votre somme : partez, monsieur, vous n'avez pas de temps à perdre.

M. DESPARVILLE.

Que je vous suis obligé, monsieur!

M. VANDERK.

Permettez-moi de ne pas vous reconduire.

M. DESPARVILLE.

Ah! vous avez affaire. Ah! le brave homme! Ah! l'honnête homme! Monsieur, mon sang est à vous ; restez, restez, restez, je vous en prie.

SCÈNE V.

M. VANDERK.

Mon fils est mort... Je l'ai vu là... et je ne l'ai pas embrassé!... Ah! ciel... que de peine sa naissance me préparait! Que de chagrin sa mère!...

SCÈNE VI.

M. VANDERK, ANTOINE.

M. VANDERK.

Eh bien?

ANTOINE.

Ah! mon maître! Tous deux; j'étais très-loin, mais j'ai vu, j'ai vu... Ah! monsieur!

M. VANDERK.

Mon fils!

ANTOINE.

Oui, ils se sont approchés à bride abattue ; l'offi-

cier a tiré , votre fils ensuite ; l'officier est tombé d'a-
bord , il est tombé le premier : après cela , monsieur,
ah ! mon cher maître ! les chevaux se sont séparés...
Je suis couru... Je... je...

M. VANDERK.

Voyez si mes chevaux sont mis : faites approcher
par la porte de derrière ; venez m'avertir; courons-y;
peut-être n'est-il que blessé.

ANTOINE.

Mort , mort ; j'ai vu sauter son chapeau ; mort.

SCÈNE VII.

M. VANDERK , ANTOINE, VICTORINE.

VICTORINE.

Mort ! eh ! qui donc ? qui donc ?

M. VANDERK.

Que demandez-vous ?

ANTOINE.

Qu'est-ce que tu demandes ? Sors d'ici tout à
l'heure.

M. VANDERK.

Laissez-la. Allez, Antoine; faites ce que je vous dis

SCÈNE VIII.

M. VANDERK , VICTORINE.

M. VANDERK.

Que voulez-vous, Victorine?

VICTORINE.

Je venais demander si on doit faire servir ; et j'ai
rencontré un monsieur qui m'a dit que vous vous
trouviez mal.

M. VANDERK.

Non , je ne me trouve pas mal. Où est la compagnie ?

VICTORINE.

On va servir.

M. VANDERK.

Tâchez de parler à madame en particulier ; vous lui direz que je suis à l'instant forcé de sortir, que je la prie de ne pas s'inquiéter ; mais qu'elle fasse en sorte qu'on ne s'aperçoive pas de mon absence; je serai peut-être... Mais vous pleurez, Victorine.

VICTORINE.

Mort ! Eh ! qui donc ? Monsieur votre fils ?

M. VANDERK.

Victorine.

VICTORINE.

J'y vais, monsieur, j'y vais; non, je ne pleurerai pas, je ne pleurerai pas.

M. VANDERK.

Non ; restez, je vous l'ordonne, vos pleurs vous trahiraient. Je vous défends de sortir d'ici que je ne sois rentré.

VICTORINE, *apercevant M. Vanderk fils.*

Ah ! monsieur !

M. VANDERK.

Mon fils.

SCÈNE IX.

M. VANDERK, M. VANDERK fils, M. DES-PARVILLE, M. DESPARVILLE fils, VIC-TORINE.

M. VANDERK FILS.

Mon père !

M. VANDERK.

Mon fils !... je t'embrasse... je te revois sans doute honnête homme.

M. DESPARVILLE.

Oui, morbleu, il l'est.

M. VANDERK FILS.

Je vous présente messieurs Desparville.

M. VANDERK.

Messieurs.

M. DESPARVILLE.

Monsieur, je vous présente mon fils. N'était-ce pas

mon fils, n'était-ce pas lui justement qui était son adversaire ?

M. VANDERK.

Comment est-il possible que cette affaire...

M. DESPARVILLE.

Bien ! bien ! morbleu, bien ! Je vais vous raconter.

M. DESPARVILLE FILS.

Mon père, permettez-moi de parler.

M. VANDERK FILS.

Qu'allez-vous dire ?

M. DESPARVILLE FILS.

Souffrez de moi cette vengeance.

M. VANDERK. FILS.

Vengez-vous donc.

M. DESPARVILLE FILS.

Le récit serait trop court si vous le faisiez, monsieur; et à présent votre honneur est le mien. (*à M. Vanderk père.*) Il me paraît, monsieur, que vous étiez aussi instruit que mon père l'était. Mais voici ce que vous ne savez pas. Nous nous sommes rencontrés; j'ai couru sur lui, j'ai tiré; il a foncé sur moi; il m'a dit. Je tire en l'air, et il l'a fait. Écoutez, m'a-t-il dit en me serrant la botte, j'ai cru hier que vous insultiez mon père en parlant des négocians ; je vous ai insulté : j'ai senti que j'avais tort, je vous en fais excuse; n'êtes-vous pas content ? Éloignez-vous, et recommençons. Je ne peux, monsieur, vous exprimer ce qui s'est passé en moi : je me suis précipité de mon cheval ; il en a fait autant, et nous nous sommes embrassés. J'ai rencontré mon père, lui à qui, pendant ce temps-là, lui à qui vous rendiez service. Ah ! monsieur !

M. DESPARVILLE.

Eh ! vous le saviez, morbleu ! et je parie que ces trois coups frappés à la porte... Quel homme êtes-vous ! et vous m'obligiez pendant ce temps-là ! Moi je suis ferme, je suis honnête; mais en pareille occasion, à votre place, j'aurais envoyé le baron Desparville à tous les diables.

Sedaine.   6

M. VANDERK.

Ah ! messieurs, qu'il est difficile de passer d'un grand chagrin à une grande joie ! Messieurs, j'entends du bruit ; nous allions nous mettre à table : faites-moi l'honneur d'être de la noce. Que rien ne transpire ici : cela troublerait la fête. (*à M. Desparville fils.*) Après ce qui s'est passé, monsieur, vous ne pouvez être que le plus grand ennemi ou le plus grand ami de mon fils, et vous n'avez pas la liberté du choix.

M. DESPARVILLE FILS, *en baisant la main de M. Vanderk père.*

Ah ! monsieur !

M. DESPARVILLE, *à son fils.*

Mon fils, ce que vous faites là est bien.

VICTORINE, *à M. Vanderk fils.*

Qu'à moi, qu'à moi ! Ah ! cruel !

M. VANDERK FILS, *à Victorine.*

Que je suis aise de te revoir !

M. VANDERK.

Victorine, taisez-vous.

SCÈNE X.

M. VANDERK, MADAME VANDERK, M. VANDERK FILS, M. DESPARVILLE, M. DESPARVILLE FILS, VICTORINE, SOPHIE, LE GENDRE.

MADAME VANDERK.

Ah ! te voilà, mon fils ! (*à M. Vanderk père.*) Mon cher ami, peut-on faire servir ? il est tard.

M. VANDERK.

Ces messieurs veulent bien rester. (*à messieurs Desparville.*) Voici, messieurs, ma femme, mon gendre et ma fille que je vous présente.

M. DESPARVILLE.

Quel bonheur mérite une telle famille !

SCÈNE XI.

M. VANDERK, MADAME VANDERK, M. VAN-
DERK fils, M. DESPARVILLE, M. DESPAR-
VILLE fils, SOPHIE, LE GENDRE, LA
TANTE, VICTORINE.

LA TANTE.

On dit que mon neveu est arrivé. Eh! te voilà, mon
cher enfant! Je n'ai eu qu'un cri après toi ; je t'ai demandé, je t'ai désiré. Ah! ton père est singulier,
mais très-singulier : te donner une commission le jour
du mariage de ta sœur.

M. VANDERK.

Madame, vous demandiez des militaires, en voici ;
aidez-moi à les retenir.

LA TANTE.

Eh ! c'est le vieux baron Desparville !

M. DESPARVILLE.

Eh ! c'est vous, madame la marquise ! Je vous
croyais en Berri.

LA TANTE.

Que faites-vous ici ?

M. DESPARVILLE.

Vous êtes, madame, chez le plus brave homme, le
plus, le plus...

M. VANDERK.

Monsieur, monsieur, passons dans le salon, vous
y renouerez connaissance. Ah ! messieurs ! Ah ! mes
enfans, je suis dans l'ivresse de la plus grande joie.
(*à sa femme.*) Madame, voilà notre fils.

(*Il embrasse son fils, le fils embrasse sa mère.*)

SCÈNE XII.

M. VANDERK, MADAME VANDERK, M. VAN-
DERK FILS, M. DESPARVILLE, M. DESPAR-
VILLE FILS, SOPHIE, LE GENDRE, LA
TANTE, ANTOINE, VICTORINE.

ANTOINE.

Le carrosse est avancé, monsieur, et... Ah ! ciel !...
ah ! dieux !... ah ! monsieur !

M. VANDERK.

Eh bien ! eh bien ! Antoine : eh ! mais la tête lui
tourne aujourd'hui.

LA TANTE.

Cet homme est fou ; il faut le faire enfermer. (*Victorine court à son père, lui met la main sur la bouche,
et l'embrasse.*)

M. VANDERK.

Paix, Antoine. Voyez à nous faire servir. (*La compagnie se retire, et cependant Antoine dit :*)

ANTOINE.

Je ne sais si c'est un rêve. Ah ! quel bonheur ! il fallait que je fusse aveugle... Ah ! jeunes gens, jeunes
gens, ne penserez-vous jamais que l'étourderie, même
la plus pardonnable, peut faire le malheur de ce qui
vous entoure ?

FIN DU PHILOSOPHE SANS LE SAVOIR.

LA
GAGEURE IMPRÉVUE,

COMÉDIE

EN UN ACTE ET EN PROSE,

DE

SEDAINE,

Représentée, pour la première fois, le 27 mai 1768.

ACTEURS.

LE MARQUIS DE CLAINVILLE.
LA MARQUISE DE CLAINVILLE.
M. DÉTIEULETTE.
MADEMOISELLE ADÉLAIDE.
GOTTE.
DUBOIS, concierge.
LA FLEUR, domestique.
BRÉVAUT, piqueur.
LA GOUVERNANTE de mademoiselle Adélaïde.
UN MAITRE-D'HÔTEL.

La scène est au château du Marquis.

LA
GAGEURE IMPRÉVUE,
COMÉDIE.

SCÈNE PREMIÈRE.

GOTTE.

Nous nous plaignons, nous autres domestiques, et nous avons tort. Il est vrai que nous avons à souffrir des caprices, des humeurs, des brusqueries, souvent des querelles dont nous ne devinons pas la cause; mais au moins si cela fâche, cela désennuie. Eh! l'ennui!... l'ennui!... Ah! c'est une terrible chose que l'ennui. Si cela dure encore deux heures, ma maîtresse en mourra; oui, elle en mourra. Mais pour une femme d'esprit, n'avoir pas l'esprit de s'amuser, cela m'étonne. C'est peut-être que plus on a d'esprit, moins on a de ressources pour se désennuyer. Vivent les sots pour s'amuser de tout! Ah! la voilà qui quitte enfin son balcon.

SCÈNE II.

LA MARQUISE, GOTTE.

GOTTE.

Madame a-t-elle vu passer bien du monde?

LA MARQUISE.

Oui, des gens bien mouillés, des voituriers, de pauvres gens qui font pitié. Voilà une journée d'une tristesse... La pluie est encore augmentée.

GOTTE.

Je ne sais si madame s'ennuie, mais je vous assure

que moi... De ce temps-là on est toute je ne sais
comment.

LA MARQUISE.

Il m'est venu l'idée la plus folle... S'il était passé
sur le grand chemin quelqu'un qui eût eu figure
humaine, je l'aurais fait appeler pour me tenir
compagnie.

GOTTE.

Il n'est point de cavalier qui n'en eût été bien aise.
Mais, madame, monsieur le marquis n'aura pas lieu
d'être satisfait de sa chasse ?

LA MARQUISE.

Je n'en suis pas fâchée.

GOTTE.

Hier au soir vous lui avez conseillé d'y aller.

LA MARQUISE.

Il en mourait d'envie, et j'attendais des visites. La
comtesse de Wordacle...

GOTTE.

Quoi! cette dame si laide ?

LA MARQUISE.

Je ne hais point les femmes laides.

GOTTE.

Ah! madame pourrait même aimer les jolies.

LA MARQUISE.

Je badine : je ne hais personne. Donnez-moi ce
livre. (*elle prend le livre.*) Ah! de la morale! je
ne lirai pas. Si mon clavecin... Je vous avais dit de
faire arranger mon clavecin; mais vous ne songez
à rien : s'il était accordé, j'en toucherais.

GOTTE.

Il l'est, madame : le facteur est venu ce matin.

LA MARQUISE.

J'en jouerai ce soir; cela amusera monsieur de
Clainville... Je vais broder... Non; approchez une
table, je veux écrire. Ah! dieux!

GOTTE *approche une table.*

La voilà.

LA MARQUISE *se met à table, rêve, regarde des plumes, et les jette.*

Ah ! pas une seule plume en état d'écrire.

GOTTE.

En voici de toutes neuves.

LA MARQUISE.

Pensez-vous que je ne les vois pas ?... Faites donc fermer cette fenêtre... Non ; je vais m'y remettre, laissez. (*La marquise va se remettre à la fenêtre.*)

GOTTE, *à part.*

Ah ! de l'humeur ! c'est un peu trop. Voilà donc de la morale : de la morale ! il faut que je lise cela pour savoir ce que c'est que de la morale. (*elle lit.*) Essai sur l'homme. Voilà une singulière morale ; il faut que je lise cela. (*Elle remet le livre.*)

LA MARQUISE.

Gotte, Gotte !

GOTTE.

Madame.

LA MARQUISE.

Sonnez quelqu'un. Cela sera plaisant... Ah ! c'est un peu... Il faut que ma réputation soit aussi bien établie qu'elle l'est, pour risquer cette plaisanterie.

SCÈNE III.

LA MARQUISE, GOTTE, UN DOMESTIQUE.

LA MARQUISE, *au domestique.*

Allez vîte à la petite porte du parc. Vous verrez passer un officier qui a un surtout bleu, un chapeau bordé d'argent. Vous lui direz : Monsieur, une dame que vous venez de saluer vous prie de vouloir bien vous arrêter un instant. Vous le ferez entrer par les basses-cours. S'il vous demande mon nom, vous lui direz que c'est madame la comtesse de Wordacle.

LE DOMESTIQUE.

Madame la comtesse de Wordacle ?

LA MARQUISE.

Oui ; courez vîte.

Sedaine.   7

SCÈNE IV.

LA MARQUISE, GOTTE.

GOTTE.

Madame la comtesse de Wordacle ?

LA MARQUISE.

Oui.

GOTTE.

Cette comtesse si vieille, si laide, si bossue ?

LA MARQUISE.

Oui, cela sera très-singulier. Partout où mon officier en fera le portrait, on se moquera de lui.

GOTTE.

Connaissez-vous cet officier ?

LA MARQUISE.

Non.

GOTTE.

Eh ! madame, s'il vous connaît ?

LA MARQUISE.

En ce cas, le domestique n'avait pas le sens commun : il aura dit un nom pour un autre.

GOTTE.

Mais, madame, avez-vous pensé ?...

LA MARQUISE.

J'ai pensé à tout : je ne dînerai pas seule. En fait de compagnie à la campagne, on prend ce qu'on trouve.

GOTTE.

Mais si c'était quelqu'un qui ne convînt pas à madame ?

LA MARQUISE.

Ne vais-je pas voir quel homme c'est ? Faites fermer les fenêtres. (*Gotte sonne.*)

SCÈNE V.

LA MARQUISE, GOTTE, LA FLEUR.

(La Marquise tire son mouchoir de poche ; elle regarde si ses cheveux sont dérangés, si son rouge est bien.)

LA FLEUR, *après avoir fermé la fenêtre, parle à l'oreille de Gotte, et finit en disant :*
Je l'ai vue.

GOTTE.
Ah ! madame, voilà bien de quoi vous désennuyer : il y a une dame enfermée dans l'appartement de monsieur le marquis.

LA MARQUISE.
Qu'est-ce que cela signifie ?

GOTTE.
Parle, parle donc ; conte donc.

LA FLEUR.
Madame.... *(à Gotte.)* Babillarde.

LA MARQUISE.
Je vous écoute.

LA FLEUR.
Madame, parlant par révérence....

LA MARQUISE.
Supprimez vos révérences.

LA FLEUR.
Sauf votre respect, madame....

LA MARQUISE.
Que ces gens-là sont bêtes avec leur respect et leurs révérences ! Ensuite.

LA FLEUR.
J'allais, madame, au bout du corridor, lorsque, par la petite fenêtre qui donne sur la terrasse du cabinet de monsieur, j'ai vu, comme j'ai l'honneur de voir madame la Marquise....

LA MARQUISE.
Voilà de l'honneur à présent. Eh bien! qu'avez-vous vu ?

LA FLEUR.

J'ai vu derrière la croisée du grand cabinet de monsieur le Marquis, j'ai vu remuer un rideau, ensuite une petite main, une main droite ou une main gauche : oui, c'était une main droite, qui a tiré le rideau comme ça. J'ai regardé, j'ai aperçu une jeune demoiselle de seize à dix-huit ans : je n'assurerais pas qu'elle a dix-huit ans, mais elle en a bien seize.

LA MARQUISE.

Et.... Êtes-vous sûr de ce que vous dites ?

LA FLEUR.

Ah ! madame, voudrais-je ?....

LA MARQUISE.

C'est sans doute quelque femme que le concierge aura fait entrer dans l'appartement. Faites venir Dubois. La Fleur, n'en avez-vous parlé à personne ?

LA FLEUR.

Hors à mademoiselle Gotte.

LA MARQUISE.

Si l'un ou l'autre vous en dites un mot, je vous renvoie. Faites venir Dubois.

SCÈNE VI.

LA MARQUISE, GOTTE.

GOTTE, *faisant la pleureuse.*

Je ne crois pas, madame, avoir jamais eu le malheur de manquer envers vous : je n'ai jamais dit aucun secret.

LA MARQUISE.

Je vous permets de dire les miens.

GOTTE.

Madame , est-il possible... que vous puissiez... penser... que...

LA MARQUISE.

Ah ! ah ! vous allez pleurer : je n'aime pas ces petites simagrées ; je vous prie de finir, ou allez dans votre chambre ; cela se passera.

SCÈNE VII.

LA MARQUISE, GOTTE, DUBOIS.

LA MARQUISE.

Monsieur Dubois, qu'est-ce que cette jeune personne qui est dans l'appartement de mon mari?

DUBOIS.

Une jeune personne qui est dans l'appartement do monsieur?

LA MARQUISE.

Je vois que vous cherchez à me mentir : mais je vous prie de songer que ce serait me manquer de respect, et je ne le pardonne pas.

DUBOIS.

Madame, depuis vingt-sept ans que j'ai l'honneur d'être valet-de-chambre à monsieur le Marquis, il n'a jamais eu sujet de penser que je pouvais manquer de respect ; et lorsque les maîtres font tant que de vouloir bien nous interroger... Il y a onze ans, madame...

LA MARQUISE.

Vous cherchez à éluder ma question ; mais je vous prie d'y répondre précisément. Quelle est cette jeune personne qui est dans le cabinet de monsieur de Clainville?

DUBOIS.

Ah ! madame, vous pouvez me perdre ; et si monsieur sait que je vous l'ai dit... Peut-être veut-il en faire un secret.

LA MARQUISE.

Eh bien ! ce secret, vous n'êtes pas venu me trouver pour me le dire. Monsieur de Clainville saura que je vous ai interrogé sur ce que je savais, et que vous n'avez osé ni me mentir, ni me désobéir.

DUBOIS.

Ah! madame, quel tort cela pourrait me faire !

LA MARQUISE.

Aucun. Ceci me regarde; et j'aurai assez de pouvoir sur son esprit....

DUBOIS.

Ah! madame, vous pouvez tout; et si vous interro-
giez monsieur, je suis sûr qu'il vous dirait....

LA MARQUISE.

Revenons à ce que je vous demandais. Sortez,
Gotte.

GOTTE, *à part.*

On ne peut rien savoir avec cette femme-là.

SCÈNE VIII.

LA MARQUISE, DUBOIS.

LA MARQUISE.

Vous ne devez avoir aucun sujet de crainte.

DUBOIS.

Madame, hier au matin monsieur me dit : Dubois,
prends ce papier, et exécute de point en point ce qu'il
renferme.

LA MARQUISE.

Quel papier?

DUBOIS.

Je crois l'avoir encore. Le voici.

LA MARQUISE.

Lisez.

DUBOIS.

C'est de la main de monsieur le Marquis.« Ce jeudi,
» 16 du courant, au matin. Aujourd'hui, à cinq heu-
» res un quart du soir, Dubois dira à sa femme de
» s'habiller, et de mettre une robe. A six heures et
» demie, il partira de chez lui avec sa femme, sous le
» prétexte d'aller promener. A sept heures et demie,
» il se trouvera à la petite porte du parc. A huit heu-
» res sonnées, il confiera à sa femme qu'ils sont là l'un
» et l'autre pour m'attendre. A huit heures et de-
» mie..... »

LA MARQUISE.

Voilà bien du détail. Donnez, donnez. (*elle par-
court le papier des yeux.*) Eh bien?

DUBOIS.

Monsieur est arrivé à dix heures passées. Ma femme mourait de froid : c'est qu'il 'était survenu un accident à la voiture. Monsieur était dans sa diligence ; il en a fait descendre deux femmes, l'une jeune, et l'autre âgée. Il a dit à ma femme : « Conduisez-les dans » mon appartement par votre escalier. » Monsieur est rentré : il n'a dit à la plus jeune que deux mots ; et il nous les a recommandées.

LA MARQUISE.

Eh ! où ont-elles passé la nuit ?

DUBOIS.

Dans la chambre de ma femme, où j'ai dressé un lit.

LA MARQUISE.

Et monsieur n'a pas eu plus d'attention pour elles ?

DUBOIS.

Vous me pardonnerez, madame : il est revenu ce matin avant d'aller à la chasse ; il a fait demander la permission d'entrer : il a fait beaucoup d'amitié à la jeune personne, ah ! beaucoup....

LA MARQUISE.

Voilà ce que je ne vous demande pas. Et vous ne voyez pas à peu près quelles sont ces femmes ?

DUBOIS.

Madame, j'ai exécuté les ordres ; mais ma femme m'a dit que c'est quelqu'un comme il faut.

LA MARQUISE.

Amenez-les-moi.

DUBOIS.

Ah! madame.

LA MARQUISE.

Oui, priez-les, dites-leur que je les prie de vouloir bien passer chez moi.

DUBOIS.

Mais si....

LA MARQUISE.

Faites ce que je vous dis ; n'appréhendez rien. Faites rentrer Gotte. (*Dubois sort.*) Ceci me paraît singulier... Non, je ne peux croire.... Ah ! les hommes sont bien trompeurs.... Au reste, je vais voir.

SCÈNE IX.

LA MARQUISE, GOTTE.

LA MARQUISE.

Je vous prie de garder le silence sur ce que vous
pouvez savoir et ne savoir pas. (*à part.*) Je suis à
présent fâchée de mon étourderie et de mon officier
(*à Gotte.*) Sitôt qu'il paraîtra...

GOTTE.

Qui, madame?

LA MARQUISE.

Cet officier. Vous le ferez entrer dans mon petit cabinet; vous le prierez d'attendre un instant, et vous
reviendrez.

SCÈNE X.

LA MARQUISE, ADÉLAIDE, DUBOIS, LA GOUVERNANTE.

LA MARQUISE.

Mademoiselle, je suis très-fâchée de troubler votre
solitude; mais il faut que monsieur le Marquis ait eu
des raisons bien essentielles pour me cacher que vous
étiez dans son appartement. J'attends de vous la découverte d'un mystère aussi singulier.

LA GOUVERNANTE.

Madame, je vous dirai que....

LA MARQUISE.

Cette femme est à vous?

ADÉLAÏDE.

Oui, madame, c'est ma Gouvernante.

LA MARQUISE.

Permettez-moi de la prier de passer dans mon cabinet.

ADÉLAÏDE.

Madame, depuis mon enfance elle ne m'a point
quittée : permettez-lui de rester.

LA MARQUISE, *à Dubois.*

Avancez un siége, et sortez. (*Dubois avance un*

siége ; la Marquise montre un siége plus loin.) Asseyez-vous, la bonne, asseyez-vous. Mademoiselle,
toute l'honnêteté qui paraît en vous devait ne point
faire hésiter monsieur le Marquis de vous présenter
chez moi.

ADÉLAÏDE.

J'ignore, madame, les raisons qui l'en ont empêché :
j'aurais été la première à lui demander cette grâce, si
je n'apprenais à l'instant que j'avais l'honneur d'être
chez vous.

LA MARQUISE.

Vous ne saviez pas ?...

ADÉLAÏDE.

Non, madame.

LA MARQUISE.

Vous redoublez ma curiosité.

ADÉLAÏDE.

Je n'ai nulle raison pour ne pas la satisfaire : monsieur le Marquis ne m'a jamais recommandé le secret
sur ce qui me concerne.

LA MARQUISE.

Y a-t-il long-temps qu'il a l'honneur de vous connaître ?

ADÉLAÏDE.

Depuis mon enfance, madame. Dans le couvent où
j'ai passé ma vie, je n'ai connu que lui pour tuteur,
pour parent, et pour ami.

LA MARQUISE, *à la Gouvernante.*

Comment se nomme mademoiselle ?

LA GOUVERNANTE.

Mademoiselle Adélaïde.

LA MARQUISE.

Point d'autre nom ?

LA GOUVERNANTE.

Non, madame.

LA MARQUISE, *avec fierté.*

Non... Et vous me direz, mademoiselle, que vous
ignorez les idées de monsieur le Marquis en vous

amenant chez lui , et en vous dérobant à tous les yeux ?

ADÉLAÏDE, *d'un ton un peu sec.*

Lorsqu'on respecte les personnes, on ne les presse pas de questions , madame ; et je respectais trop monsieur le Marquis pour le presser de me dire ce qu'il a voulu me taire.

LA MARQUISE.

On ne peut pas avoir plus de discrétion.

ADÉLAÏDE.

Et j'ai déjà eu l'honneur de vous dire , madame , que j'ignorais que j'étais chez vous.

LA MARQUISE.

Vous me le feriez oublier.

ADÉLAÏDE , *se levant.*

Madame , je me retire.

LA MARQUISE , *levée , d'un ton radouci.*

Mademoiselle , je désire que monsieur le Marquis ne retarde pas le plaisir que j'aurais de vous con- naître.

ADÉLAÏDE.

Je le désire aussi.

LA MARQUISE.

Il a sans doute eu des motifs que je ne crois inju- rieux ni pour vous ni pour moi ; mais convenez que ce mystérieux silence a besoin de tous les sentimens que vous inspirez pour n'être pas mal interprété.

ADÉLAÏDE.

J'en conviens , madame ; et pour vous confirmer dans l'idée que je mérite que l'on prenne de moi, je vous dirai quelle est la mienne sur la conduite de monsieur de Clainville à mon égard. Il y a quelques mois...

LA MARQUISE.

Asseyez vous , je vous en prie.

ADÉLAÏDE *s'assied , ainsi que la Marquise et la Gou- vernante.*

Il y a quelques mois que M. de Clainville vint à mon

couvent : il était accompagné d'un gentilhomme de ses amis; il me le présenta, il me demanda pour lui la permission de paraître à la grille ; je l'accordai. Il y vint... Je l'ai vu.... quelquefois.... souvent même ; et lundi passé, monsieur le Marquis revint me voir : il me dit de me disposer à sortir du couvent. Dans la conversation qu'il eut avec moi, il semhla me prévenir sur un changement d'état. Quelques jours après (c'était hier) il est revenu un peu tard, car la retraite était sonnée. Il m'a fait sortir, non sans quelque chagrin : j'étais dans ce couvent dès l'enfance ; et il m'a conduite ici. Voici madame, toute mon histoire ; et s'il était possible que j'imaginasse quelque sujet de craindre l'homme que je respecte le plus, ce serait près de vous que je me réfugierais.

SCÈNE XI.

LA MARQUISE, ADÉLAIDE, LA GOUVERNANTE, GOTTE.

GOTTE, *à la Marquise.*

Il se nomme monsieur Détieulette.

ADÉLAÏDE.

Monsieur Détieulette !

LA GOUVERNANTE.

Monsieur Détieulette !

LA MARQUISE, *à Gotte.*

Dans mon cabinet. Faites-le ensuite entrer ici... j'y serai dans un moment. (*à Adélaïde.*) Mademoiselle, je ne crois pas que monsieur de Clainville me prive long-temps du plaisir de vous voir. Je ne lui dirai pas que j'ai pris la liberté de l'anticiper ; je vous demanderai, mademoiselle, de vouloir bien ne lui en rien dire.

ADÉLAÏDE.

Madame, j'observerai le même silence.

LA MARQUISE, *à Gotte.*

Faites entrer Dubois. Ah !...

SCÈNE XII.

LA MARQUISE, ADÉLAIDE, LA GOUVER-NANTE, DUBOIS, GOTTE.

LA MARQUISE.

Dubois, ayez pour mademoiselle tous les égards, toutes les attentions dont vous êtes capable. Vous ne direz point à monsieur le Marquis que mademoiselle a bien voulu passer dans mon appartement, à moins qu'il ne vous le demande. Mademoiselle, j'espère que....

ADÉLAÏDE.

Madame.... (*La Marquise reconduit jusqu'à la deuxième porte ; Gotte est restée : elle voit entrer M. Détieulette.*)

GOTTE.

Il n'a pas mauvaise mine ; elle peut le faire rester à dîner.

SCÈNE XIII.

M. DÉTIEULETTE, LA FLEUR.

M. DÉTIEULETTE.

Tu demeures ici ?

LA FLEUR.

Chez le marquis de Clainville.

M. DÉTIEULETTE.

Chez le marquis de Clainville ? On m'a dit la comtesse de Wordacle.

LA FLEUR.

Madame a donné ordre de le dire.

M. DÉTIEULETTE.

Ordre de dire qu'elle se nommait la comtesse de Wordacle ?

LA FLEUR.

Oui, monsieur.

M. DÉTIEULETTE.

Qu'est-ce que cela veut dire ?

LA FLEUR.

Je n'en sais rien.

M. DÉTIEULETTE.

Et où est le Marquis?

LA FLEUR.

On le dit à la chasse.

M. DÉTIEULETTE.

N'est-il pas à Montfort? Je comptais l'y trouver. Revient-il ce soir?

LA FLEUR.

Oui; madame l'attend.

M. DÉTIEULETTE.

Mais avoir fait dire qu'elle se nommait la comtesse de Wordacle! je n'y conçois rien.

LA FLEUR.

Monsieur, avez-vous toujours Champagne à votre service?

M. DÉTIEULETTE.

Oui: je l'ai laissé derrière; son cheval n'a pu me suivre. Mais voilà un singulier hasard; et tu ne sais pas le motif...

LA FLEUR.

Non, monsieur: mais ne dites pas... Ah! voilà madame.

SCÈNE XIV.

LA MARQUISE, M. DÉTIEULETTE, GOTTE,
et peu après UN MAITRE-D'HÔTEL.

LA MARQUISE.

Quoi! monsieur le Baron, vous passez devant mon château sans me faire l'honneur.... Ah! monsieur.... Ah! que j'ai de pardons à vous demander! je vous ai pris pour un des parens de mon mari; et je vous ai fait prier de vous arrêter ici un moment. Je comptais vous faire des reproches, et ce sont des excuses que je vous dois.... Ah! monsieur... Ah! que je suis fâchée de la peine que je vous ai donnée!

M. DÉTIEULETTE.

Madame....

LA MARQUISE.

Que d'excuses j'ai à vous faire !

M. DÉTIEULETTE.

Je rends grâce à votre méprise : elle me procure l'honneur de saluer madame la comtesse de Wordacle.

LA MARQUISE.

Ah ! monsieur, on ne peut être plus confuse que je le suis. Mais, Gotte, mais voyez comme monsieur ressemble au baron .

GOTTE.

Oui, madame, à s'y méprendre.

LA MARQUISE.

Je ne reviens pas de mon étonnement : même taille, même air de tête...

LE MAÎTRE-D'HÔTEL, *entrant.*

Madame est servie.

LA MARQUISE.

Monsieur, restez ; peut-être n'avez-vous pas dîné ? Monsieur, quoique je n'aie pas l'honneur de vous connaître...

M. DÉTIEULETTE.

Madame...

LA MARQUISE, *au Maître-d'hôtel.*

Monsieur reste.

M. DÉTIEULETTE.

Je ne sais, madame la comtesse, si je dois accepter l'honneur...

LA MARQUISE.

Vous devez, monsieur, me donner le temps d'effacer de votre esprit l'opinion d'étourderie que vous devez sans doute m'accorder. (*M. Détieulette donne la main ; ils passent dans la salle à manger.*)

GOTTE.

Ah ! pour celui-là, on ne peut mieux jouer la comédie. Ah ! les femmes ont un talent merveilleux. Elle l'a dit, elle ne dînera pas seule. Je ne reviens pas de sa tranquillité.

SCÈNE XV.

GOTTE, LA FLEUR.

(Gotte lève un coussin de bergère, tire de dessous une manchette qu'elle brode. La Fleur paraît ; elle veut la cacher, et voyant que c'est La Fleur, elle se remet à broder. La Fleur a une serviette a la main, comme un domestique qui sert à table.)

LA FLEUR.

Enfin, on peut causer.

GOTTE.

Ah! te voilà? Je pensais à toi. Tu ne sers pas à table?

LA FLEUR.

Est-ce qu'il faut être douze pour servir deux per-sonnes?

GOTTE.

Et si madame te demande?

LA FLEUR.

Elle a Julien. Je suis cependant fâché de n'être pas resté, j'aurais écouté. *(Il tire le fil de Gotte.)*

GOTTE.

Finis donc.

LA FLEUR.

C'est que je t'aime bien.

GOTTE.

Ah! tu m'aimes; je veux bien le croire : mais il faut avouer que tu es bien simple avec tes niaiseries.

LA FLEUR.

Quoi donc?

GOTTE.

Madame, sur votre respect; madame, révérence parler; madame, j'ai eu l'honneur d'aller au bout du corridor.

LA FLEUR, *riant.*

Ah! ah!

GOTTE.

Eh! de quoi ris-tu?

LA FLEUR.

Comment ! tu es la dupe de tout cela , toi ?

GOTTE.

Quoi ! la dupe ?

LA FLEUR.

Oui , quand je parle comme cela à madame.

GOTTE.

Sans doute.

LA FLEUR.

Et que je fais le nigaud.

GOTTE.

Comment ?

LA FLEUR.

Je le fais exprès.

GOTTE.

Tu le fais exprès ?

LA FLEUR.

Tu ne sais donc pas comme les maîtres sont aises quand nous leur donnons occasion de dire : Ah ! que ces gens-là sont bêtes ! ah ! quelle ineptie ! ah ! quelle sotte espèce ! ils devraient bien manger de l'herbe ; et mille autres propos ; c'est comme s'ils se disaient à eux-mêmes : Ah ! que j'ai d'esprit ! ah ! quelle pénétration ! ah ! comme je suis bien au-dessus de tout ça ! Eh ! pourquoi leur épargner ce plaisir-là ? Moi, je le leur donne toujours , et tant qu'ils veulent ; et je m'en trouve bien. Qu'est ce que cela coûte ?

GOTTE.

Je ne te croyais ni si fin ni si adroit.

LA FLEUR.

J'ai déjà fait cinq conditions : j'ai été renvoyé de chez trois pour avoir fait l'entendu, pour leur avoir prouvé que j'avais plus de bon sens qu'eux. Depuis ce temps-là, j'ai fait tout le contraire, et cela me réussit ; car j'ai déjà devant moi une assez bonne petite somme, que je veux mettre aux pieds de la charmante brodeuse qui veut bien... (*Il veut l'embrasser.*)

GOTTE.

Mais finis donc : tu m'impatientes.

LA FLEUR.

Tiens, Gotte, j'ai lu dans un livre relié que pour
faire fortune, il suffit de n'avoir ni honneur ni humeur.

GOTTE.

A l'humeur près, ta fortune est faite.

LA FLEUR.

Ah ! je ferai fortune !

GOTTE.

Mais tu as lu : est-ce que tu sais lire ?

LA FLEUR.

Oui : quand je suis entré ici , j'ai dit que je ne savais ni lire ni écrire. Cela fait bien, on se méfie moins
de nous, et pourvu qu'on remplisse son devoir,
qu'on fasse bien ses commissions, avec cela l'air un
peu stupide, attaché, secret; voilà tout. Ah ! je
ferai fortune ! Mais avant, ô ma charmante petite
Gotte!...

GOTTE.

Mais finis donc, finis donc, finis donc : tu m'as fait
casser mon fil. Tiens, tes manchettes seront faites
quand elles voudront. (*Elle les jette par terre; La Fleur
les ramasse.*)

LA FLEUR.

Vous respectez joliment mes manchettes. Ah !
c'est bien brodé. Mais les as-tu commencées pour
moi ?

GOTTE.

Donne, donne. Tu as donc peur de faire voir à
madame que tu as de l'esprit ?

LA FLEUR.

Oui, vraiment.

GOTTE.

Vraiment. Mais ne t'y fie pas : madame voit tout
ce qu'on croit lui cacher. Il y a sept ans que je suis à
son service; je l'ai bien observée : c'est un ange pour
la conduite, c'est un démon pour la finesse. Cette
finesse-là l'entraîne souvent plus loin qu'elle ne le
veut, et la jette dans des étourderies ; étourderies

Sedaine.   8

pour tout autre: témoin de celle-ci, mais je ne sais comment elle fait. Ce qui me désolerait, moi, finit toujours par lui faire honneur. Je ne suis pas sotte; eh bien! elle me devine une heure avant que je parle. Pour monsieur le Marquis, qui se croit le plus savant, le plus fin, le plus habile, le premier des hommes, il n'est que l'humble serviteur des volontés de madame; et il jurerait ses grands dieux qu'elle ne pense, n'agit et ne parle que d'après lui. Ainsi, mon pauvre La Fleur, mets-toi à ton aise, ne te gêne pas, déploie tous les rares trésors de ton bel esprit; et près de madame tu ne seras jamais qu'un sot : entends-tu ?

LA FLEUR.

Avec cet esprit-là, elle n'a jamais eu la moindre petite affaire de cœur? là quelque...

GOTTE.

Jamais.

LA FLEUR.

Jamais? On dit cependant monsieur jaloux.

GOTTE.

Ah! comme cela, par saillie. C'est elle bien plutôt qui serait jalouse: pour lui, il a tort, car c'est presque la seule femme de laquelle je jurerais, et de moi, s'entend.

LA FLEUR.

Ah! sûrement. Mais cela doit te faire une assez mauvaise condition.

GOTTE.

Ah! madame est fort généreuse.

LA FLEUR.

Imagine donc ce qu'elle serait s'il y avait quelque amourette en campagne. Avec les maîtres qui vivent bien ensemble, il n'y a ni plaisir, ni profit. Ah! que je voudrais être à la place de Dubois!

GOTTE.

Pourquoi?

LA FLEUR.

Pourquoi? Et cette jolie personne enfermée chez

monsieur, n'est-ce rien? Je parie que c'est la plus charmante petite intrigue. Monsieur va l'envoyer à Paris; il lui louera un appartement, il la mettra dans ses meubles; le valet-de-chambre fera les emplettes : c'est tout gain. Madame se doutera de la chose, ou quelque bonne amie viendra en poste de Paris pour lui en parler sans le faire exprès. Ah! Gotte, si tu as de l'esprit, ta fortune est faite. Tu feras de bons rapports, vrais ou faux; tu attiseras le feu : madame se piquera, prendra de l'humeur, et se vengera. Croirais-tu que je ne l'ai dit à madame que pour la mettre dans le goût de se venger?

GOTTE.

Tu es un dangereux coquin.

LA FLEUR.

Bon! qu'est-ce que cela fait? Il y a sept ans, dis-tu, que tu es à son service : il faut qu'un domestique soit bien sot, lorsqu'au bout de sept ans il ne gouverne pas son maître.

GOTTE.

Il ne faudrait pas s'y jouer avec madame; elle me jeterait là comme une épingle.

LA FLEUR.

Voici, par exemple, pour elle une belle occasion : monsieur Détieulette est aimable.

GOTTE.

Monsieur?....

LA FLEUR.

Monsieur Détieulette, cet officier.

GOTTE.

Est-ce que tu le connais?

LA FLEUR.

Oui; il m'a reconnu d'abord. Je l'ai beaucoup vu chez mon ancien maître : il était étonné de me voir chez le marquis de Clainville.

GOTTE.

Est-ce que tu lui as dit chez qui tu étais?

LA FLEUR.

Oui.

GOTTE.

Chez monsieur de Clainville?

LA FLEUR.

Oui , à madame de Clainville.

GOTTE.

A madame de Clainville? Ah! la bonne chose! C'est bien fait, avec ses détours; j'en suis bien aise : sa finesse a ce qu'elle mérite.

LA FLEUR.

Pourquoi donc?

GOTTE.

Je ne m'étonne plus s'il se tuait de l'appeler madame la comtesse. C'est que, sous le nom de la comtesse de Wordacle.... Quoi ! on a déjà dîné !

LA FLEUR.

Comme le temps passe vîte!

GOTTE *cache les manchettes.*

Ciel! voilà madame.

SCÈNE XVI.

LA MARQUISE, M. DÉTIEULETTE, GOTTE.

LA MARQUISE *jette un regard sévère sur* La Fleur *et sur* Gotte.

Oui, monsieur ; notre sexe trouvera toujours aisément le moyen de gouverner le vôtre. L'autorité que nous prenons marche par une route si fleurie, la pente est si insensible, notre constance dans le même projet a l'air si simple et si naturel, notre patience a si peu d'humeur, que l'empire est pris avant que vous vous en doutiez.

M. DÉTIEULETTE.

Que je m'en doutasse ou non, j'aimerais, madame, à vous le céder.

LA MARQUISE.

Je reçois cela comme un compliment : mais faites une réflexion. Dès l'enfance, on nous ferme la bouche, on nous impose silence jusqu'à notre établissement ; cela tourne au profit de nos yeux et de nos oreilles :

notre coup-d'œil en devient plus fin, notre attention plus soutenue, nos réflexions plus délicates; et la modestie avec laquelle nous nous énonçons donne presque toujours aux hommes une confiance dont nous profiterions aisément, si nous nous abaissions jusqu'à les tromper.

M. DÉTIEULETTE.

Ah! madame, que n'ai-je ici pour second le colonel d'un régiment dans lequel j'ai servi, le marquis de Clainville!

LA MARQUISE.

Le marquis de Clainville! Vous connaissez le marquis de Clainville?

M. DÉTIEULETTE.

Oui, madame. (*Ici Gotte écoute avec attention.*)

LA MARQUISE.

Ne vous trompez-vous pas?

M. DÉTIEULETTE.

Non, madame : c'est un homme qui doit avoir à présent... oui, il doit avoir à présent cinquante à cinquante-deux ans, de moyenne taille, fort bien prise; beau joueur, bon chasseur, grand parieur; savant, se piquant de l'être, même dans les détails; connaissant tous les arts, tous les talens, toutes les sciences, depuis la peinture jusqu'à la serrurerie, depuis l'astronomie jusqu'à la médecine; d'ailleurs, excellent officier, d'un esprit droit, et d'un commerce sûr. (*Ici Gotte sourit.*)

LA MARQUISE.

La serrurerie! Ah! vous le connaissez.

M. DÉTIEULETTE.

Je ne sais s'il n'a pas des terres dans cette province.

LA MARQUISE.

Et monsieur de Clainville vous disait....

M. DÉTIEULETTE.

Vous le connaissez aussi, madame?

LA MARQUISE.

Beaucoup, et il vous disait....

M. DÉTIEULETTE.

On m'a dit qu'il était veuf, et qu'il allait se remarier.

LA MARQUISE.

Non, monsieur, il n'est pas veuf.

M. DÉTIEULETTE.

On le plaignait beaucoup de ce que sa femme...

LA MARQUISE.

Sa femme?...

M. DÉTIEULETTE.

Avait la tête un peu....

LA MARQUISE.

Un peu?

M. DÉTIEULETTE.

Oui, qu'elle avait une maladie... d'esprit... des absences.... jusqu'à ne pas se ressouvenir des choses, les plus simples, jusqu'à oublier son nom.

LA MARQUISE.

Pure calomnie. (*Gotte, pendant ces couplets, rit, et enfin éclate; la Marquise se retourne, et dit à Gotte:*) Qu'est-ce que c'est donc?

GOTTE.

Madame, j'ai un mal de dents affreux.

LA MARQUISE.

Allez plus loin; nous n'avons pas besoin de vos gémissemens. (*à M. Détieulette.*) Enfin, que vous disait monsieur de Clainville sur le chapitre des femmes?

M. DÉTIEULETTE.

Ce qu'il disait était fort simple, et avait l'air assez réfléchi. Les femmes, disait monsieur de Clainville...., vous m'y forcez, madame; je n'oserais jamais....

LA MARQUISE.

Dites, monsieur.

M. DÉTIEULETTE.

Les femmes, disait-il, n'ont d'empire que sur les ames faibles; leur prudence n'est que de la finesse, leur raison n'est souvent que du raisonnement; habiles à saisir la superficie, le jugement en elles est sans profondeur : aussi n'ont-elles que le sang-froid de l'ins-

tant, la présence d'esprit de la minute ; et cet esprit
est souvent peu de chose ; il éblouit sous le coloris des
grâces, il passe avec elles ; il s'évapore avec leur jeunesse, il se dissipe avec leur beauté : elles aiment
mieux... Madame, c'est monsieur de Clainville qui
parle, ce n'est pas moi : je suis loin de penser...

LA MARQUISE.

Continuez, monsieur : elles aiment mieux...

M. DÉTIEULETTE.

Elles aiment mieux réussir par l'intrigue et par la
finesse, que par la droiture et par la simplicité : se-
crètes sur un seul article, mystérieuses sur quelques
autres, dissimulées sur tous, elles ne sont presque
jamais agitées que de deux passions, qui même n'en
font qu'une : l'amour d'un sexe, et la haine de l'autre.
Défendez-vous, ajoutait-il... Mais, madame, je...

LA MARQUISE.

Achevez, monsieur, achevez.

M. DÉTIEULETTE.

Défendez-vous, ajoutait-il, de leur premier coup-
d'œil ; ne croyez jamais leur première phrase, et elles
ne pourront vous tromper. Je ne l'ai jamais été par
elles dans la moindre petite affaire, et je ne le serai
jamais.

LA MARQUISE.

Et monsieur de Clainville vous disait cela ?

M. DÉTIEULETTE.

A moi, madame, et à tous les officiers qui avaient
l'honneur de manger chez lui. Là-dessus, il entrait
dans des détails...

LA MARQUISE.

Je n'en suis pas fort curieuse. Et, sans doute, messieurs, que vous applaudissiez ; car lorsqu'un de vous
s'amuse sur notre chapitre...

M. DÉTIEULETTE.

Je me taisais, madame ; mais si j'avais eu le bonheur
de vous connaître, quel avantage n'aurais-je pas eu
sur lui pour lui prouver que la force de la raison, la
solidité du jugement...

LA MARQUISE, *un peu piquée.*

Monsieur, je ne m'aperçois pas que j'abuse de la complaisance que vous avez eue de vous arrêter ici. Vous m'avez dit qu'il vous restait encore dix lieues à faire ; et la nuit...

SCÈNE XVII.

LA MARQUISE, M. DÉTIEULETTE, GOTTE.

GOTTE.

Madame, voici monsieur le marquis... non, monsieur le comte, qui revient de la chasse.

LA MARQUISE *joue l'embarras.*

Quoi ! déjà !... O ciel ! monsieur... Je ne sais... je suis...

M. DÉTIEULETTE.

Madame, quelque chose paraît altérer votre tranquillité. Serais-je la cause ?...

LA MARQUISE.

J'hésite sur ce que j'ai à vous proposer. Mon mari n'est pas jaloux ; non, il ne l'est pas, et il n'a pas sujet de l'être ; mais il est si délicat sur de certaines choses, et la manière dont je vous ai retenu...

M. DÉTIEULETTE.

Eh bien ! madame ?

LA MARQUISE.

Il va sans doute venir me dire des nouvelles de sa chasse, et il ne restera pas long-temps.

M. DÉTIEULETTE.

Madame, que faut-il faire ?

LA MARQUISE.

Si vous vouliez passer un instant dans ce cabinet ?

M. DÉTIEULETTE.

Avec plaisir.

LA MARQUISE.

Vous n'y serez pas long-temps. Sitôt qu'il sera sorti de mon appartement, vous serez libre. Vous n'aurez pas le temps de vous ennuyer ; vous pourrez de là entendre notre conversation : je serai même charmée que vous nous écoutiez.

SCÈNE XVIII.

LA MARQUISE, GOTTE.

LA MARQUISE.

Ah! monsieur de Clainville, nous ne prenons d'empire que sur les ames faibles... Je suis piquée au vif... Oui... il peut avoir tenu de ces discours-là... je le reconnais. Lui... lui qui, par l'idée qu'il a de son propre mérite, aurait été l'homme le plus aisé... Ah! que je serais charmée si je pouvais me venger.... m'en venger, là, à l'instant, et prouver... Mais comment pourrais-je m'y prendre? Si je lui faisais raconter à lui-même, ou plutôt en lui faisant croire... Nou.. il faut que cela intéresse particuliérement mon officier... je veux qu'il soit en quelque sorte... Si par quelque gageure *(ici elle fixe la porte et la clef en rêvant.)* monsieur de Clainville... Ah! *(elle dit cela en souriant à l'idée qu'elle a trouvée.)* Non, non... Il serait pourtant plaisant.... Mais que risqué-je? *(elle se lève, tire la clef du cabinet avec mystère.)* Il serait bien singulier que cela réussît. *(elle rit de son idée en mettant la clef dans sa poche. Elle s'assied.)* Gotte, donnez-moi mon sac à ouvrage.

GOTTE.

Le voilà.

LA MARQUISE, *rêveuse.*

Donnez-moi donc mon sac à ouvrage.

GOTTE.

Eh! le voilà, madame.

LA MARQUISE.

Ah!

SCÈNE XIX.

LE MARQUIS, LA MARQUISE, GOTTE, BRÉVAUT, *piqueur,* DEUX DOMESTIQUES.

LE MARQUIS, *dans la coulisse.*

Oui, oui, qu'on en ait soin, Brévaut!

BRÉVAUT.

Monsieur le marquis?

Sedaine.

LE MARQUIS.

Écoute : je crois que tu as deux de tes chiens en
assez mauvais état, la Blanche et Briffaut; prends-y
garde.

BRÉVAUT.

Oui, monsieur le marquis.

LE MARQUIS.

Et vous autres, voyez qu'on me serve le plutôt
qu'on pourra; je me meurs de faim. Madame a dîné?
(*Les domestiques sortent.*)

LA MARQUISE.

Oui, monsieur : je n'espérais pas vous voir sitôt.

LE MARQUIS.

Je ne l'espérais pas non plus.

LA MARQUISE.

Eh bien! monsieur, avez-vous été bien mouillé?

LE MARQUIS.

J'aime la pluie. Et vous, madame, avez-vous eu
beaucoup de monde ?

LA MARQUISE.

Qui que ce soit. Votre chasse a sans doute été
heureuse ?

LE MARQUIS.

Ah! madame, des tours perfides! Nous débus-
quions des bois de Salveux, voilà nos chiens en défaut. Je soupçonne une traversée; enfin, nous rame-
nous. Je crie à Brévaut que nous en revoyons : il me
soutient le contraire. Mais je lui dis : vois donc la
sole pleine, les côtés gros, les pinces rondes, et le
talon large; il me soutient que c'est une biche bre-
haigne, cerf dix cors s'il en fût.

LA MARQUISE.

Je suis toujours étonnée, monsieur, de la prodi-
gieuse quantité de mots, de termes que seulement la
chasse sait employer. Les femmes croient savoir la
langue française, et nous sommes bien ignorantes.
Que de termes d'arts, de sciences, de talens, et de ces
arts que vous appelez...

SCÈNE XIX.

LE MARQUIS.

Mécaniques ?

LA MARQUISE.

Mécaniques ? Eh bien ! voilà encore un terme.

LE MARQUIS.

Madame, un homme un peu instruit les sait tous, à peu de choses près.

LA MARQUISE.

Quoi ! de ces arts mécaniques ?

LE MARQUIS.

Oui, madame. Je ne me citerai pas pour exemple, je me suis donné une éducation si singulière ; et, sans avoir un empire à réformer, Pierre-le-Grand n'est pas entré plus que moi dans de plus petits détails. Il y a peu, je ne dis pas de choses servant aux arts, aux sciences et aux talens, mais même aux métiers, dont je n'eusse dit les noms : j'aurais jouté contre un dictionnaire. (*Pendant ce commencement de scène, M. de Clainville peut défaire ses gants, et les donner, ainsi que son couteau de chasse, à un domestique.*)

LA MARQUISE.

Je ne jouterais donc pas contre vous, car, moi, à l'instant je regardais cette porte, et je me disais : chaque petit morceau de fer qui sert à la construire a certainement son nom, et hors la serrure, je n'aurais pas dit le nom d'un seul.

LE MARQUIS.

Eh bien ! moi, madame, je les dirais tous

LA MARQUISE.

Tous ? cela ne se peut pas.

LE MARQUIS.

Je le parierais.

LA MARQUISE.

Ah ! cela est bientôt dit.

LE MARQUIS.

Je le parie, madame, je le parie.

LA MARQUISE.

Vous le pariez ?

GOTTE, *à part.*

Notre prisonnier a bien besoin de tout cela

LE MARQUIS.

Oui, madame, je le parie.

LA MARQUISE.

Soit : aussi bien depuis quelques jours ai-je besoin de vingt louis.

LE MARQUIS.

Que ne vous adressiez-vous à vos amis ?

LA MARQUISE.

Non, monsieur ; je ne veux pas vous devoir un si faible service : je vous réserve pour de plus grandes occasions, et j'aime mieux vous les gagner.

LE MARQUIS.

Vingt louis ?

LA MARQUISE.

Vingt louis... soit.

GOTTE , *à part.*

Cela m'impatiente pour lui. Demandez-moi à quel propos cette gageure ?

LE MARQUIS.

Soit : je le veux bien.

LA MARQUISE.

Et vous me direz le nom de tous les morceaux de fer qui entrent dans la composition d'une porte, d'une porte de chambre, de celle-ci ?

LE MARQUIS.

Oui, madame.

LA MARQUISE.

Mais il faut écrire à mesure que vous les nommerez ; car je ne me souviendrai jamais...

LE MARQUIS.

Sans doute : écrivons. Dubois ! (*à Gotte.*) Mademoiselle, je vous prie de faire venir Dubois. (*à la Marquise.*) Toutes les fois, madame, que je trouverai une occasion de vous prouver que les hommes ont l'avantage de la science, de l'érudition, et d'une sorte de profondeur de jugement.... Il est vrai, madame, que ce talent divin accordé par la nature, ce charme, cet ascendant avec lequel un seul de vos regards...

SCENE XIX.

LA MARQUISE.

Ah! monsieur, songez que je suis votre femme ; et
un compliment n'est rien quand il est déplacé. Revenons à notre gageure : vous voudriez, je crois, me la
faire oublier?

LE MARQUIS.

Non , je vous assure.

SCÈNE XX.

LE MARQUIS, LA MARQUISE , GOTTE , DUBOIS.

LA MARQUISE.

Voici Dubois : nous n'avons pas de temps à perdre
pour prouver ce que j'ai avancé ; et nous avons encore
dix lieues à faire aujourd'hui.

LE MARQUIS.

Que dites-vous, madame, aujourd'hui?

LA MARQUISE.

Je vous expliquerai cela : notre gageure, notre gageure.

LE MARQUIS.

Dubois, prends une plume et de l'encre ; mets-toi
à cette table , et écris ce que je vais te dicter.

LA MARQUISE.

Dubois, mettez en tête : Vous donnerez vingt louis
au porteur du présent, dont je vous tiendrai compte.

LE MARQUIS.

Ils ne sont pas gagnés , madame.

LA MARQUISE.

Voyons, voyons : commencez.

LE MARQUIS.

Madame, ces détails vont vous paraître bien bas ,
bien singuliers, bien ignobles.

LA MARQUISE.

Dites bien brillans : je les trouverai d'or si j'en
obtiens ce que je désire. Je suis cependant si bonne,
que je veux vous aider à me faire perdre : vous n'ou-
blierez pas sans doute la serrure, et les petits clous
qui l'attachent?

LE MARQUIS.

Ce ne sont pas des clous; on appelle cela des vis,
serrées par des écroux. (*à Dubois.*) Mettez la serrure, les vis, les écroux.

DUBOIS, *écrivant.*

Ecroux.

LE MARQUIS.

L'entrée, la pomme, la rosette, les fiches....

LA MARQUISE.

Ah! quelle vivacité, monsieur! Ah! vous m'ef-
frayez.

DUBOIS.

Les fiches.

LE MARQUIS.

Attendez, madame; tout n'est pas dit.

LA MARQUISE.

Ah! j'ai perdu, monsieur, j'ai perdu.

LE MARQUIS.

Madame, un instant. Fiches à vase, fiches de bri-
sure, tiges, équerres, verroux, gâches.

LA MARQUISE.

Ah! monsieur, monsieur, c'est fait de mes vingt
louis.

LE MARQUIS.

Je n'hésite pas, madame, je n'hésite pas, vous
le voyez: un instant, un instant.

DUBOIS.

Gâches.

LA MARQUISE.

Mais, voyez comme en deux mots... monsieur!

LE MARQUIS.

Madame...

LA MARQUISE.

Voulez-vous dix louis de la gageure?

LE MARQUIS.

Non, non, madame. Equerres, verroux, gâches.

DUBOIS.

C'est mis.

LA MARQUISE.

Dix louis, monsieur, dix louis.

LE MARQUIS.

Non, non, madame : ah ! vous voulez parier.

LA MARQUISE.

En voulez-vous quinze louis ?

LE MARQUIS.

Je ne ferai pas grâce d'une obole. J'ai perdu trois paris la semaine passée ; il est juste que j'aie mon tour.

LA MARQUISE.

Je baisse pavillon. Je ne demande pas si vous avez oublié quelque terme.

LE MARQUIS.

Je ne le crois pas. Equerres.... gâches, verroux, serrure.

LA MARQUISE.

Si c'était de ces grandes portes, vous auriez eu plus de peine.

LE MARQUIS.

Je les aurais dits de même. Gâche, verroux.

LA MARQUISE.

Eh bien ! monsieur, avez-vous tout dit ?

LE MARQUIS.

Oui.... oui, madame, à ce que je crois. Equerres... serrure....

LA MARQUISE.

Monsieur, ce qui me jette dans la plus grande surprise, c'est la promptitude, la précision du coup-d'œil avec lequel vous saisissez....

LE MARQUIS.

Cela vous étonne, madame ?

LA MARQUISE.

Cela ne devrait pas me surprendre. Enfin, il ne reste plus rien....

LE MARQUIS.

Que de me payer, madame.

LA MARQUISE.

De vous payer ? Ah ! monsieur, vous êtes un créancier terrible. Si vous avez perdu, je serai plus honnête, et je vous ferai plus crédit.

LE MARQUIS.

Je n'en demande point.

LA MARQUISE.

Dubois, fermez ce papier , et cachetez-le : voici
mon étui.

LE MARQUIS.

Pourquoi donc, madame ? cela est inutile.

LA MARQUISE.

Vous me pardonnerez. J'ai l'attention si paresseuse :
les femmes n'ont que la présence d'esprit de la minute,
et elle est passée cette minute.

LE MARQUIS.

Vous croyez rire ; mais ce que vous dites là, je l'ai
dit cent fois.

LA MARQUISE.

Oh! je vous crois. J'espère, moi, de mon côté,
que vous voudrez bien m'accorder une heure pour
réfléchir , et examiner si vous n'avez rien oublié.

LE MARQUIS.

Deux jours, si vous l'exigez.

LA MARQUISE.

Non ; je ne veux pas plus de temps qu'il ne m'en
faut pour vous raconter l'histoire de ma journée ; et la
voici : Je me suis ennuyée, mais très-ennuyée ; je me
suis mise sur le balcon, la pluie m'en a chassée ; j'ai
voulu lire, j'ai voulu broder, faire de la musique :
l'ennui jetait un voile si noir sur toutes mes idées,
que je me suis remise à regarder le grand chemin. J'ai
vu passer un cavalier qui pressait fort sa monture : il
m'a saluée; il m'a pris fantaisie de ne pas dîner seule. Je
lui ai envoyé dire que madame la comtesse de Wordacle le priait d'entrer chez elle.

LE MARQUIS.

Pourquoi la comtesse de Wordacle ?

LA MARQUISE.

Une idée ; je ne voulais pas qu'il sût que je suis
femme de monsieur de Clainville (*en elevant la voix.*)
de monsieur de Clainville, qui a des terres dans
cette province.

SCENE XX.

LE MARQUIS.

Pourquoi....

LA MARQUISE.

Je vous le dirai : il a accepté ma proposition. J'ai vu un cavalier qui se présente très-bien ; il est de ces hommes dont la physionomie honnête et tranquille inspire la confiance. Il m'a fait le compliment le plus flatteur ; il n'a échappé aucune occasion de me prouver que je lui avais plu, il a même osé me le dire ; et soit que naturellement il soit hardi avec les femmes, ou peut-être, malgré moi, a-t-il vu dans mes yeux tout le plaisir que sa présence me faisait.... Enfin, que vous di ai-je ?... excusez ma sincérité ; mais je connais l'empire que j'ai sur votre ame ; dans l'instant le plus décidé d'une conversation assez vive, vous êtes arrivé, et je n'ai eu que le temps de le faire passer dans ce cabinet, d'où il m'entend, si le récit que je vous fais lui laisse assez d'attention pour nous écouter. Alors vous êtes entré : je vous ai proposé ce pari assez indiscrètement ; je ne supposais pas que vous l'accepteriez ; et j'ai eu tort, fatigué comme vous devez l'être, de vous avoir arrêté... (*Le Marquis, par degrés, prend un air sérieux, froid et sec.*)

LE MARQUIS.

Madame....

LA MARQUISE.

Mais.... monsieur.... je m'aperçois... Le cerf que vous avez couru vous a-t-il mené loin ?

LE MARQUIS.

Non, madame.

LA MARQUISE.

Vous me paraissez avoir quelque chagrin ?

LE MARQUIS.

Non, madame, je n'en ai point. Mais ce monsieur doit s'ennuyer dans ce cabinet.

GOTTE, *à part.*

Ah ! ciel !

LA MARQUISE.

N'en parlons plus : je vois que cela vous a fait quel-

que peine, et j'en suis mortifiée. Je... je... souhaite-
rais être seule. (*Dubois et Gotte se retirent d'un air
embarrassé dans le fond du théâtre. Gotte paraît plus
effrayée.*)

LE MARQUIS.

Je le crois.

LA MARQUISE.

Je désirerais...

LE MARQUIS.

Et moi, je désire entrer dans ce cabinet, et voir
l'homme qui a eu la témérité...

GOTTE.

Ah! quelle imprudence!

LA MARQUISE, *jouant l'embarras.*

Permettez-moi, monsieur, de vous proposer un
accommodement.

LE MARQUIS.

Un accommodement, madame? Je ne vois pas quel
accommodement...

LA MARQUISE.

Si j'ai perdu le pari, donnez-m'en ma revanche.

LE MARQUIS.

Madame, il n'est pas question de plaisanter.

LA MARQUISE.

Je ne plaisante point : je vous demande ma revanche.

LE MARQUIS.

Et moi, madame, je vous demande la clef de ce
cabinet, et je vous prie de me la donner.

LA MARQUISE.

La clef, monsieur?

LE MARQUIS.

Oui , la clef, la clef.

LA MARQUISE.

Et si je ne l'ai pas?

LE MARQUIS.

Il est un moyen d'entrer, c'est de jeter la porte en
dedans.

LA MARQUISE.

Monsieur, point de violence: ce que vous projetez

vous sera aussi facile lorsque vous m'aurez accordé un moment d'audience.

LE MARQUIS.

Je vous écoute, madame.

LA MARQUISE.

Asseyez-vous, monsieur.

LE MARQUIS.

Non, madame.

LA MARQUISE.

Avant de vous porter à des extrémités qui sont indignes de vous et de moi, je vous prie de me faire payer les vingt louis du pari, parce que vous avez perdu.

LE MARQUIS.

Ah! morbleu, madame, c'en est trop.

LA MARQUISE.

Arrêtez, monsieur : dans ce pari vous avez oublié de parler d'une clef, d'une clef, d'une clef; vous ne doutez pas qu'elle ne soit de fer. Vous l'avez bien nommée depuis avec une fureur et un emportement que je n'attendais pas ; mais il n'est plus temps. J'ai voulu faire un badinage de ceci, et vous faire demander à vous-même le morceau de fer que vous aviez oublié ; mais je vois, et trop tard, que je ne devais pas m'exposer à la singularité de vos procédés. Lisez, monsieur. (*elle prend le papier, rompt le cachet, et le lui donne tout ouvert. Il le prend avec dépit, et lit d'un air indécis, distrait et confus.*) Quant à cette clef que vous demandez, tenez, monsieur, la voici cette clef; ouvrez ce cabinet, ouvrez-le vous-même, regardez partout, justifiez vos soupçons, et accordez-moi assez d'esprit pour penser que lorsque j'ai la prudence d'y faire cacher quelqu'un, je ne dois pas avoir la sottise de vous le dire.

LE MARQUIS, *confus.*

Ah! madame.

LA MARQUISE.

Quoi! vous hésitez, monsieur? Que n'entrez-vous dans ce cabinet : je vais l'ouvrir moi-même.

LE MARQUIS.

Ah ! madame, madame; c'est battre un homme à
terre.

LA MARQUISE.

Non, non ; ce que je vous ai dit est sans doute vrai.

LE MARQUIS.

Ah! madame, que je suis coupable !

LA MARQUISE.

Eh ! non, monsieur, vous ne l'êtes point.

LE MARQUIS.

Madame, je tombe à vos genoux.

LA MARQUISE.

Relevez-vous, monsieur.

LE MARQUIS.

Me pardonnez-vous ?

LA MARQUISE.

Oui, monsieur.

LE MARQUIS.

Vous ne le dites pas du profond du cœur.

LA MARQUISE.

Je vous assure que je n'y ai nulle peine.

LE MARQUIS.

Que de bonté !

LA MARQUISE.

Ce n'est pas par bonté, c'est par raison.

LE MARQUIS.

Ah ! madame, qui s'en serait méfié ? (*en regardant
le papier.*) Oui... oui. O ciel ! avec quelle adresse,
avec quelle finesse j'ai été conduit à demander cette
clef, cette maudite clef! (*il lit.*) Oui, oui, voilà bien
la serrure, les vis, les écroux. Diable de clef! maudite
clef ! Mais, Dubois, ne l'ai-je pas dit ?

DUBOIS.

Non, monsieur ; j'ai pensé vous le dire.

LE MARQUIS.

Madame, madame, j'en suis charmé, j'en suis en-
chanté : cela m'apprendra à n'avoir plus de vivacité
avec vous; voici la dernière de ma vie. Je vais vous
envoyer vos vingt louis, et je les paye du meilleur de
mon cœur. Vous me pardonnez, madame ?

LA MARQUISE.

Oui, monsieur; oui, monsieur.

LE MARQUIS, revenant sur ses pas.

Mais admirez combien j'étais simple, avec l'esprit que je vous connais, d'aller penser... d'aller croire... Ah! je suis... je suis... Je vais, madame, je vais faire acquitter ma dette. (*en s'en allant.*) Diable de clef! maudite clef! Mais demandez-moi donc... ah, ah, ah!...

LA MARQUISE le conduit des yeux, et met la clef à la porte du cabinet.

Gotte, voyez si monsieur ne revient pas.

SCÈNE XXI.

LA MARQUISE, M. DÉTIEULETTE, GOTTE.

LA MARQUISE ouvre le cabinet.

Sortez, sortez; eh bien! monsieur, sortez.

M. DÉTIEULETTE.

Madame, je suis étonné, je suis confondu de tout ce que je viens d'entendre.

LA MARQUISE.

Eh bien! monsieur, avez-vous besoin d'autre preuve pour être convaincu de l'avantage que toute femme peut avoir sur son mari? Et si j'étais plus jolie et plus spirituelle...

M. DÉTIEULETTE.

Cela ne se peut pas.

LA MARQUISE.

Encore, monsieur, ne me suis-je servie que de nos moindres ressources. Que serait-ce si j'avais fait jouer tous les mouvemens du dépit, les accens étouffés d'une douleur profonde; si j'avais employé les reproches, les larmes, le désespoir d'une femme qui se dit outragée! Vous ne vous doutez pas, vous n'avez pas d'idée de l'empire d'une femme qui a su mettre une seule fois son mari dans son tort. Je ne suis pas moins honteuse du personnage que j'ai fait; je n'y penserai jamais sans en rougir. Ma petite idée de vengeance m'a conduite plus loin que je ne le voulais. Je suis convaincue que le désir de montrer de l'esprit ne nous mène qu'à dire ou à faire des sottises.

M. DÉTIEULETTE.

Quel nom donnez-vous à une plaisanterie?

LA MARQUISE.

Ah! monsieur, en présence d'un étranger, que j'ai cependant tout sujet de croire un galant homme...

M. DÉTIEULETTE.

Et le plus humble de vos serviteurs.

LA MARQUISE.

J'ai jeté une sorte de ridicule sur mon mari, sur monsieur de Clainville ; car vous savez ma petite finesse à votre égard.

M. DÉTIEULETTE.

Je le savais avant.

LA MARQUISE.

Quoi! monsieur, vous saviez...

M. DÉTIEULETTE.

Que j'avais l'honneur d'être chez madame de Clainville : un de vos domestiques me l'avait dit.

LA MARQUISE.

Comment, monsieur, j'étais votre dupe?

M. DÉTIEULETTE.

Non, madame ; mais je n'étais pas la vôtre.

LA MARQUISE.

Ah! comme cela me confond! Et cette femme qui a des absences, qui oublie son nom? Quoi! monsieur, vous me persiffliez?

M. DÉTIEULETTE.

Madame, je vous en demande pardon.

LA MARQUISE.

Ah! comme cela me confond, et me fortifie dans la pensée d'abjurer toute finesse. (*elle se promène avec dépit.*) Ah! ciel! J'espère, monsieur, que cet hiver, à Paris, vous nous ferez l'honneur de nous voir. Je veux alors, en votre présence, demander à monsieur de Clainville pardon du peu de décence de mon pro-

…cédé. (*à Gotte.*) Gotte, faites passer monsieur par
votre escalier. (*à M. Détieulette.*) Adieu, monsieur.

M. DÉTIEULETTE.

Adieu, madame.

LA MARQUISE.

Je vous souhaite un bon voyage.

SCÈNE XXII.

LA MARQUISE.

Comment ! il le savait ! Ah ! les hommes, les hommes nous valent bien... J'ai bien mal agi... Il a heureusement l'air d'un honnête homme. J'en suis au désespoir... Mon procédé n'est pas bien ; cela est affreux
devant un étranger qui peut aller raconter partout...
Voilà ce qui s'appelle se manquer à soi-même.

SCÈNE XXIII.

LA MARQUISE, GOTTE.

GOTTE.

Ah ! madame, je n'ai pas une goutte de sang dans les
veines : vous m'avez fait trembler.

LA MARQUISE.

Pourquoi donc ?

GOTTE.

Et si monsieur était entré ?

LA MARQUISE.

Eh bien ?

GOTTE.

Et s'il avait vu ce monsieur ?

LA MARQUISE.

Alors je lui aurais demandé si, lorsqu'il tient ca-
chées dans son appartement deux femmes qu'il connaît
depuis quinze ans, il ne m'est pas permis de cacher
dans le mien un homme que je ne connais que depuis
quinze minutes.

GOTTE.

Ah ! c'est vrai : je n'y pensais pas.

LA MARQUISE.

Gotte, vous direz à Dubois de faire demain matin le compte de La Fleur, et de le renvoyer.

GOTTE.

Madame, que peut-il avoir fait? c'est un si bon garçon. Il est vrai qu'il est un peu bête.

LA MARQUISE.

Ce n'est pas cela : je le crois bête et malin. Je n'aime point les domestiques qui reportent chez madame ce qui se passe chez monsieur. Cela peut servir de leçon.

GOTTE, *à part.*

Le voilà bien avancé avec son bel esprit : il a bien l'air de ne pas avoir mes manchettes. (*à la Marquise.*) Madame, j'entends la voix de monsieur.

SCÈNE XXIV.

LE MARQUIS, LA MARQUISE, M. DÉTIEULETTE.

LA MARQUISE.

Ah! ciel!

LE MARQUIS, *à M. Détieulette.*

Madame, madame excusera; vous êtes en bottines, vous descendez de cheval. (*à la Marquise.*) Voici, madame, monsieur Détieulette que je vous présente; bon gentilhomme, brave officier, et mon ami, et qui nous appartiendra bientôt de plus presque par l'amitié. Voici les cinquante louis; j'ai voulu vous les apporter moi-même.

LA MARQUISE.

Cinquante louis? Ce n'est que vingt louis.

LE MARQUIS.

Cinquante, madame : je me suis mis à l'amende. Je vous supplie de les accepter, au désespoir de ma vivacité.

LA MARQUISE.

C'est moi qui suis interdite.

LE MARQUIS.

Je ne m'en ressouviendrai jamais que pour m'en corriger.

LA MARQUISE.

Et moi de même.

LE MARQUIS.

Vous, madame? point du tout; vous badiniez. (*à M. Détieulette.*) Mon cher ami, vous n'êtes pas au fait, mais je vous conterai cela; c'est un tour aussi bien joué... il est charmant, il est délicieux; vous jugerez de l'esprit de madame, et de toute sa bonté. Puisse celle que vous épouserez avoir d'aussi excellentes qualités! Elle les aura, elle les aura, soyez-en sûr.

M. DÉTIEULETTE.

Je crois que j'ai tout sujet de le souhaiter.

LA MARQUISE.

Monsieur...

LE MARQUIS.

Madame, retenez monsieur ici un instant. (*à M. Détieulette.*) Ah! mon ami, quelle satisfaction je me prépare! Je reviens à l'instant.

SCÈNE XXV.

M. DÉTIEULETTE , LA MARQUISE.

LA MARQUISE.

Eh bien! monsieur, tout ne sert-il pas à augmenter ma confusion? Monsieur de Clainville vous a donc rencontré?

M. DÉTIEULETTE.

Non, madame; je me suis fait présenter chez lui: il sortait, il m'a conduit ici. Lorsque j'ai eu l'honneur de vous saluer sur le grand chemin, c'est chez lui que je descendais, c'est chez M. de Clainville que j'avais affaire. Jugez de ma surprise, lorsqu'avec un air de mystère on m'a fait entrer chez vous par la petite porte du parc; ajoutez-y le changement de nom. Je vous l'avouerai; je me suis cru destiné aux grandes aventures.

LA MARQUISE.

Eh! que veut dire M. de Clainville, en disant que vous nous appartiendrez de plus près que par l'amitié?

Sedaine.   10

M. DÉTIEULETTE.

C'est à lui, madame, à vous expliquer cette énigme ; et il me paraît qu'il n'a point dessein de vous faire attendre. Le voici. Ciel ! mademoiselle de Clainville.

SCÈNE XXVI.

M. DÉTIEULETTE, LE MARQUIS, LA MARQUISE, ADÉLAÏDE, LA GOUVERNANTE, GOTTE.

LE MARQUIS.

Oui, la voilà. Est-il rien de plus aimable? Mon ami, recevez l'amour des mains de l'amitié. (*à la Marquise.*) Madame, vous ne saviez pas avoir mademoiselle dans votre château : elle y est depuis hier. Je suis rentré trop tard, et je suis aujourd'hui sorti trop matin pour vous la présenter. Elle nous appartient de très-près : c'est la fille de feu mon frère, ce pauvre chevalier mort dans mes bras à la journée de Laufeld. Son mariage n'était su que de moi ; vous approuverez certainement les raisons qui m'ont forcé de vous le cacher : mon père était si dur, et dans la famille..... Je vous expliquerai cela. (*à Adélaïde.*) Ma chère fille, embrassez votre tante.

LA MARQUISE.

C'est, je vous assure, de tout mon cœur.

ADÉLAÏDE.

Et moi, madame, quelle satisfaction ne dois-je pas avoir !

LE MARQUIS.

Madame, je la marie, et je la donne à monsieur ; je dis je la donne, c'est un vrai présent ; et il ne l'aurait pas si je connaissais un plus honnête homme.

M. DÉTIEULETTE.

Quoi! madame, j'aurai le bonheur d'être votre neveu?

LE MARQUIS.

Oui, mon ami, et avant trois jours. Je cours demain à Paris ; il y a quelques détails dont je veux me mêler.

M. DÉTIEULETTE.

Mademoiselle, consentez-vous à ma félicité?

ADÉLAÏDE.

Monsieur, je ne connaissais pas toute la mienne ; et vous avez à présent à m'obtenir de madame.

M. DÉTIEULETTE.

Madame, puis-je espérer....

LA MARQUISE.

Oui, monsieur, et j'en suis enchantée. Le ciel ne m'a point accordé d'enfant ; et de cet instant - ci je crois avoir une fille et un gendre. Monsieur, je vous l'accorde.

ADÉLAÏDE, *en donnant sa main.*

C'est autant par inclination que par obéissance.

LE MARQUIS.

Cela doit être. (*à la Marquise.*) Ma nièce est charmante !

LA MARQUISE.

Je suis bien trompée si mademoiselle n'a pas beaucoup d'esprit ; et je suis sûre que sans détours, sans finesse, elle n'en fera usage que pour se garantir de la finesse des autres, pour bien régler sa maison, et faire le bonheur de son mari.

M. DÉTIEULETTE.

Si mademoiselle avait besoin d'un modèle, je suis assuré, madame, qu'elle le trouverait en vous.

LA MARQUISE.

Oui, monsieur ; oui, monsieur ; la finesse n'est bonne à rien. Point de finesse, point de finesse ; on en est toujours la dupe.

LE MARQUIS.

Et surtout avec moi.

LA MARQUISE.

Ah ! monsieur de Clainville, ah ! comme j'ai eu tort.

LE MARQUIS.

Quoi ?

LA MARQUISE.

Passons chez vous,

GOTTE *les regarde partir, et dit :*

Ah ! si cette aventure pouvait la guérir de ses finesses ! Que de femmes, que de femmes à qui, pour être corrigées, il en a coûté davantage !

FIN DE LA GAGEURE IMPRÉVUE.

TABLE DES MATIÈRES.

FIN DE SEDAINE.

THÉATRE

DE

BRET.

Edition Touquet

PARIS.

Chez l'Éditeur, rue de la Huchette, n°. 18.

1822.

LA DOUBLE EXTRAVAGANCE,

COMÉDIE

EN TROIS ACTES ET EN VERS,

DE BRET,

Représentée, pour la première fois, le 27 juillet 1750.

Bret.

ACTEURS.

ORGON, père de Dorise.
DORISE, fille d'Orgon.
LÉANDRE PÈRE,
LÉANDRE FILS,   } amoureux de Dorise.
MARINE.
FRONTIN.
CRISPIN.

La scène est à Paris, dans la maison d'Orgon.

LA DOUBLE EXTRAVAGANCE,

COMÉDIE.

ACTE PREMIER.

SCÈNE PREMIÈRE.

FRONTIN.

Je n'ai pu la gagner : morbleu! quelle suivante!
Promesse, argent, prière, enfin rien ne la tente;
Tout est à contre-sens : fille a qui tout est bon,
Père qui pour époux veut qu'elle ait un barbon,
Soubrette incorruptible.

SCÈNE II.

LÉANDRE fils, FRONTIN.

LÉANDRE FILS.
   Ah! Frontin, la verrai-je?
Pour la voir, lui parler, dis-moi comment ferai-je?
FRONTIN.
Modérez-vous, monsieur : moins de vivacité
Conviendrait un peu mieux à l'amour molesté ;
Le vôtre est dans le cas....
LÉANDRE FILS.
  Comment, que veux-tu dire?
FRONTIN.
Ce que je ne dis pas, vous ne sauriez le lire?
Je n'ai pas dans les yeux votre malheur écrit?
Regardez-moi, monsieur....

Bret.   2

LÉANDRE FILS.

Il a perdu l'esprit.

Parle....

FRONTIN.

Plus d'espoir...

LÉANDRE FILS.

Quoi?....

FRONTIN.

Vous êtes jeune, aimable,

Voilà votre malheur...

LÉANDRE FILS.

Comment....

FRONTIN.

Oui, c'est le diable;
Il vaudrait mieux cent fois que vous fussiez voûté,
Ridé, cassé, goutteux, impotent, édenté,
Que d'avoir ce minois et cet air fait pour plaire :
Je vois que vous voulez encore un commentaire.
Silence. On y viendra. Vous autres jeunes gens,
Croyez que tout est dit, lorsqu'on n'a que vingt ans :
De vos feux là-dessus vous fondiez l'édifice,
C'est ce qui le détruit....

LÉANDRE FILS.

Ah ! Frontin, quel supplice !
De cette énigme enfin apprends-moi donc le mot.

FRONTIN.

Ce récit, comme vous, m'avait rendu fort sot :
Je vais vous l'expliquer. Monsieur Orgon le père
Veut un gendre qui soit au moins sexagénaire.
Sa fille a la bonté de vouloir ce qu'il veut ;
Voilà votre congé, ce me semble.

LÉANDRE FILS.

Il se peut
Que Dorise consente à cette extravagance?

FRONTIN.

Bon ! elle épouserait, tant elle a d'indolence,
Un siècle bien complet. Aussi que n'avez-vous
Quelque vingt ans de plus, vous seriez son époux.
Le point essentiel, quand on veut une fille,

C'est de s'accommoder au plan de sa famille ;
Vous avez tort, monsieur. De plus, certain grison
Bientôt pour épouser arrive en la maison :
L'affaire est résolue....

LÉANDRE FILS.

Oh ciel ! quel coup de foudre !
Frontin, à l'oublier ne pouvant me résoudre,
Il faut ou l'arracher des mains de ce rival ,
Ou mourir.

FRONTIN.

Le dessein est tant soit peu brutal ;
Mourir est un parti qu'on ne doit jamais prendre.
Fi donc ! un seul revers doit-il vous faire rendre ?

LÉANDRE FILS, *après avoir rêvé.*

Non , je verrai Dorise et je lui parlerai.
Le dessein en est pris, je l'exécuterai.
Amour, seconde bien ma bizarre entreprise :
Tout me devient permis.

FRONTIN.

Mais sa main est promise.

LÉANDRE FILS.

N'importe ; un téméraire est heureux en amour ;
Suis-moi.

FRONTIN.

Je m'attendais, monsieur, à ce retour ;
Vous êtes, je le vois, un héros de tendresse.
Ce qu'on nomme prudence, à vos yeux est faiblesse.
Vous sortez en secret de votre garnison ,
Pour venir à Paris sans aucune raison :
Vous voyez en passant une fille assez belle ,
Si l'on veut, et d'abord vous soupirez pour elle.
Vous venez vous loger dans la même maison,
Nourrir par conséquent votre amoureux poison :
Vous voulez aussitôt tâter du mariage,
Tenter je ne sais quoi ; mais ces feux de passage
N'ont pas de votre père obtenu l'agrément.
Sa tendresse pour vous en agit librement....

LÉANDRE FILS.

Suis-moi sans répliquer.

SCÈNE III.

FRONTIN, MARINE.

FRONTIN.
Ah ! te voilà, tigresse !
MARINE.
Eh ! c'est toi qui me fuis....
FRONTIN.
Pour affaire qui presse,
J'obéis à mon maître ; il est désespéré :
Je ne sais quel projet dans sa tête est entré,
Il veut que je le suive : adieu, duègne inflexible.

SCÈNE IV.

MARINE.

Il a, ma foi, raison, je suis une insensible.
Avec quelle rigueur j'ai traité cet amant,
Qu'autrefois j'aurais plaint, et servi sûrement !
Je ne me conçois pas : l'hymen le plus bizarre,
Le plus fou, le plus sot, à mes yeux se prépare,
Et je vois de sang-froid que l'on fait le malheur
D'une enfant que j'immole aussi par ma tiédeur.
Je l'aime, et cependant je la vois la victime
D'un père qui s'arroge un droit illégitime.
Non, ne le souffrons pas : osons la garantir
De ce coup qui contre elle est tout prêt à partir ;
Elle a trop de vertu pour n'être pas à plaindre
Dans cet état affreux où l'on veut la contraindre.
Comme je la connais, avec un vieux mari
Elle croirait devoir n'exister que pour lui.
Cependant j'ai laissé trop avancer l'affaire,
Et pour parer le coup je ne sais comment faire.
Mais quelqu'un vient, rentrons.

SCÈNE V.

MARINE, CRISPIN.

CRISPIN.
            La peste, quel minois !
Me voilà pris d'emblée ; avançons toutefois.
Ma belle (car ce nom est le vôtre sans doute),
Vous voyez.... vous voyez mon esprit en déroute ;
Je ne puis m'expliquer, tant je suis interdit.

MARINE.
Que voulez-vous ? Ici qu'est-ce qui vous conduit ?

CRISPIN.
Doucement. Il est vrai que je viens pour un autre ;
Mais en fait d'intérêt, le plus vif est le nôtre.
Mettons de l'ordre à tout, et commençons par moi.
Je suis pétrifié de tout ce que je voi ;
Et pour dire en un mot tout ce qui me transporte,
Je t'aime, mon enfant, ou le diable m'emporte.
Je ne sais d'où tu viens, d'où tu sors, où tu vas ;
Mais dès ce moment-ci je m'attache à tes pas,
Et tu me permettras au moins d'être ton ombre.

MARINE.
Le ton est familier.

CRISPIN.
            Ton accueil un peu sombre.
Idole de mon cœur, adoucis tes regards,
Vois les miens...

MARINE.
            Dis ton nom, ton dessein, ou je pars.

CRISPIN.
Attends, ne sais-tu pas ici certaine fille
Que l'on doit marier ?

MARINE.
Oui.

CRISPIN,
            Fort jeune et gentille ?

MARINE.
Que t'importe ?

CRISPIN.

Beaucoup. Fille d'un commerçant.
Que l'on appelle Orgon ?

MARINE.

Je la sers.

CRISPIN.

Justement ;
Je viens pour t'épouser...

MARINE.

Parle donc, eh ! bélître ,
Je te ferai bientôt finir sur mon chapitre.
On ne m'épouse point.

CRISPIN.

Je suis pourtant ton fait.

MARINE.

Finis... ou...

CRISPIN.

Tu le veux, je suis donc le valet
D'un quidam arrivé pour épouser Dorise.
Ergo, moi je t'épouse... Eh bien ! quelle surprise !

MARINE.

Mais on ne l'attendait au plutôt que demain.

CRISPIN.

L'amour, comme tu sais, abrège le chemin :
C'est lui qui nous amène.

MARINE, *à part.*

Oh ciel ! que dois-je faire ?
Écoute. A tes discours, je vois que tu veux plaire,
Je t'en tiens compte ; mais il me faut un portrait.

CRISPIN.

Je te comprends, il faut peindre mon maître en laid.

MARINE.

Non : fais-le tel qu'il est, c'est tout ce que j'exige.

CRISPIN.

Mais songe, mon enfant, à quoi l'honneur m'oblige.

MARINE.

Et l'amour...

CRISPIN.

Il est vrai, cette dette prévaut ,

Et je vais l'acquitter. D'abord, son grand défaut
Est de s'aimer lui-même autant qu'un petit-maître .
Veillant sans cesse aux soins de conserver son être.
Il se croit en amour encore dangereux ,
Galant, même coquet, quoiqu'il soit assez vieux
Pour devoir renoncer, je pense, au mariage.

MARINE.

Bon !

CRISPIN.

Cachant tant qu'il peut ses rides et son âge .
Se croyant jeune encor, quoiqu'on lui sache un fils
Grand comme père et mère, et qui court le pays :
Dupe le plus souvent pour être trop crédule,
Enfin, comme tu vois, un parfait ridicule.
Mais le voici lui-même.

MARINE , *à part.*

Il me vient un projet
Bien singulier, bien fou, nous en verrons l'effet.

SCÈNE VI.

LÉANDRE père, MARINE, CRISPIN

LÉANDRE PÈRE.

Sait-on mon arrivée ? as-tu vu le beau-père ?

CRISPIN.

Pas encor.

LÉANDRE PÈRE.

Comment donc ?

MARINE.

Monsieur, point de colère
On la saura trop tôt.

LÉANDRE PÈRE.

Et pourquoi s'il vous plaît ?

MARINE.

Ah ! monsieur, tout va-t-il suivant notre souhait?
Du père, je le sais, vous avez la promesse :
Mais si je connais bien l'esprit de ma maîtresse ,
Quoique simple, et n'ayant aucune passion,
Elle aura pour votre âge un peu d'aversion ;

Et je crains qu'en voulant lui faire violence,
On ne pousse son cœur à quelque extravagance.

CRISPIN.

La crainte est de bon sens.

LÉANDRE PÈRE.

Suis-je si fort âgé ?
Je sais cent jeunes gens qui n'ont pas l'air que j'ai.

MARINE.

C'est ce qui me surprend , et me donne une idée,
Bizarre en apparence , et cependant fondée.

LÉANDRE PÈRE.

Quelle est-elle ?

MARINE.

D'abord, elle paraît un jeu ;
Mais à vous dire vrai, j'y compterais un peu :
Ma maîtresse est bien neuve, et par rapport au père,
Il est si bon, ma foi...

CRISPIN , à part.

Quel diantre de mystère !

MARINE.

Plus je vous envisage, et plus j'en suis d'avis.

LÉANDRE PÈRE.

De quoi donc ?

MARINE.

Auriez-vous des enfans ?

LÉANDRE PÈRE.

J'eus un fils ,
Qui, de robin d'abord, devenu militaire,
Aujourd'hui loin de moi ne m'inquiète guère :
Laissons-le, son état excite mon courroux.

MARINE.

Fort bien ; mais sous son nom que ne vous offrez-vous ?
Fait comme vous voilà , frais encore et l'œil tendre,
Je gagerais qu'ici chacun va s'y méprendre.
Sûr de la fille , alors vous ne risqueriez rien.
C'est là l'essentiel : vous concevez fort bien ,
Soit désir du couvent, soit larmes, soit prière,
Qu'une fille à la fin vient à bout de son père.
Monsieur Orgon alors lui remettant ses droits ,

Nous tâcherions sur vous de conduire son choix.
Comme elle n'aime rien, la reussite est sûre :
Voyez si vous voulez risquer cette aventure.

LÉANDRE PÈRE.

Ton projet me plaît fort : je voudrais le tenter.

MARINE.

C'est que vous pourrez plaire et vous faire écouter ;
Au lieu que sous l'habit, la qualité de père,
Vous vous feriez haïr. Pardon, je suis sincère ;
Mais vous connaissez bien l'esprit des jeunes gens :
A leurs yeux prévenus les pères ont cent ans.
C'est le nom qui fait tout ; ne vous faites connaître
Qu'en qualité de fils, vous passerez pour l'être.

LÉANDRE PÈRE.

Tu crois....

MARINE.

　　　Si je le crois ! vous en avez tout l'air.
Par quelques petits soins, il faudra vous aider,
Avoir une coiffure un peu plus élégante,
Un peu plus d'art, et tout passera notre attente.
Est-ce qu'on a l'air jeune aujourd'hui dans Paris ?
Nos tendres Adonis en naissant sont flétris.
La sottise, l'habit, affichent la jeunesse ;
Mais tout, à cela près, annonce la vieillesse.

CRISPIN, *bas.*

La friponne, je crois, veut se moquer de lui.

LÉANDRE PÈRE.

Faisons plus...

MARINE.

　　　Oui, je veux vous servir aujourd'hui.
Souffrez la liberté qu'avec vous j'ose prendre,
Mais je me sens pour vous l'amitié la plus tendre.

LÉANDRE PÈRE.

Tu n'obligeras pas, je t'assure, un ingrat.

MARINE.

Ne jugez pas de moi, monsieur, par mon état.
Je sers sans intérêt.

CRISPIN.

　　　L'honnête conscience !

LÉANDRE PÈRE.

Je dis donc, pour fixer encor la vraisemblance,
Qu'il faudra que j'apporte une lettre...

MARINE.

De vous,
Où vous proposerez votre fils pour époux :
A merveille.

LÉANDRE PÈRE.

Ajoutant que quelque maladie
De me remarier éloigne toute envie :
Orgon d'un pareil tour ne peut se défier,
Voyant mon écriture, à moins d'être sorcier :
Pour autre que mon fils il ne saurait me prendre ;
Sauf à me démasquer quand je serai son gendre.

MARINE.

Que d'esprit ! il n'est rien de mieux imaginé.

LÉANDRE PÈRE.

Oui, je franchis le pas, j'y suis déterminé ;
Mais tu me serviras auprès de ta maîtresse ?

MARINE.

Allez, tout est à vous, mon zèle et mon adresse.

LÉANDRE PÈRE.

Je vais tout préparer, et je reviens à toi.

CRISPIN.

Aussi jeune, aussi frais, aussi galant que moi.

SCENE VII.

MARINE.

Quelle dupe ! ma foi. Pour certaines personnes,
Quand on les veut jouer, toutes ruses sont bonnes.
Je puis déjà compter que l'hymen préparé,
S'il n'est rompu, sera tout au moins différé.
Or, voyons maintenant ce qui nous reste à faire,
Afin qu'à notre Orgon ce sot ne puisse plaire :
Contrarier son choix, et blâmer son projet,
Moyen sûr de venir à ce premier objet ;
Interroger encor le cœur de ma maîtresse,
Peindre du jeune amant les traits et la tendresse.

Les aboucher ensemble en secret un instant :
C'est l'article second et le plus important.
Mais on vient, taisons-nous...

SCÈNE VIII.

ORGON, DORISE, MARINE.

ORGON.

        Oui, c'est dans la vieillesse
Qu'on trouve des douceurs de la plus sage espèce ;
L'époux à qui demain tu dois donner ton cœur,
A tout ce qu'il te faut pour faire ton bonheur.
Je le connus jadis : il doit avoir mon âge ;
Il est par conséquent aussi prudent que sage :
Ses traits de mon esprit sont assez effacés,
Mais il n'était pas mal, et ce doit être assez.
C'est la raison qui met la paix dans un ménage.
Et la raison n'est pas aux époux de ton âge :
Tu n'aurais, en un mot, jamais pu mieux choisir.

DORISE.

Je ne refuse pas, mon père, d'obéir ;
Mais le rapport d'humeurs n'est-il pas nécesssaire ?

ORGON.

Bon ! le rapport d'humeurs, jargon, pure chimère.
Tu prendras, mon enfant, l'humeur de ton époux
Douce comme on te voit...

MARINE.

        Mais, monsieur...

ORGON.

                Taisez-vous

MARINE.

C'est fort bien dit, comptez sur son bon caractère.
Mais, dites-moi, monsieur, quand sa défunte mère
Eut été votre femme un mois ou deux au plus,
Est-ce qu'un peu d'humeur ne prit pas le dessus ?
Vous nous avez conté qu'avant que d'être femme,
Elle semblait avoir d'autres mœurs, une autre ame.
Eh ! ne sait-on pas bien que l'hymen change tout ?
Le moyen qu'un mari nous attache, et surtout

Quand on le prend ainsi sans choix, et sans tendresse!
Y pensez-vous, monsieur, d'immoler ma maîtresse
Au projet le plus fou qui jamais ait été ?
C'est unir, comme on dit, la mort à la santé ;
C'est projeter enfin une action inique,
Et qui mériterait, en bonne politique,
Une correction...

ORGON.

As-tu-dit ?

MARINE.

                  C'est selon :
Oui, si vous vous rendez ; si vous persistez, non.
J'ai cent choses à dire...

ORGON.

               Et moi, rien à répondre,
Qu'un seul mot, qui suffit, je crois, pour te confondre.
La dispute m'ennuie, et d'ailleurs ma santé
Ne veut pas que je parle avec vivacité.
Tu me permettras donc d'être un peu laconique ;
Et sans aller chercher des fleurs de rhétorique,
Disposez-vous, Dorise, à donner votre main
A l'ami que j'attends, peut-être dès demain.

SCÈNE IX.

DORISE, MARINE.

MARINE.

Si je pouvais vous croire assez fine, assez sage
Pour chercher en ceci l'espoir d'un prompt veuvage,
Ou votre liberté, je dirais : c'est bien fait :
Plus l'époux sera vieux, plus il est notre fait ;
On ne peut trop payer un bien de cette espèce.
Mais vous dont la conduite est sans art, sans finesse,
Vous à qui d'être fille ou veuve est fort égal,
Pourquoi laisser conclure un hymen si fatal,
Tandis qu'un cavalier, jeune, galant, aimable,
Vous aime, vous adore ? Un hymen effroyable
Fera votre malheur et le sien à la fois.

DORISE.

Marine, que dis-tu ?

MARINE.
          Je dis ce que je vois.
Je sais de par le monde un homme qui soupire,
Plein d'un amour secret, qui pour vous le déchire ;
Son valet à l'instant vient de m'en informer.
Ah ! c'était là l'époux qui devait vous charmer.
     (à part.)
Son cœur sera-t-il toujours dans l'indolence ?

DORISE.
Va, laisse-moi, Marine, il n'est plus d'espérance
Pour cet homme qui m'aime, et n'a pu s'expliquer.
Je dois tout à mon père, et ne puis lui manquer :
C'en est fait.... L'as-tu vu, cet amant ?

MARINE.
                              Pas encore ,
Je ne l'ai qu'entrevu.

DORISE.
                    D'où sais-tu qu'il m'adore,
Qu'il est jeune, charmant ? Pourquoi donc m'abuser ?
A l'écouter aussi devrais-je m'amuser ?

MARINE.
Eh bien ! donnez les mains à ce beau mariage :
Votre amant en mourra ; mais c'est un badinage
Qui tourne à votre honneur.

DORISE.
                         Vous m'impatientez
Par vos réflexions et par vos faussetés.
D'où peut-elle savoir qu'il mourra ?

MARINE.
                              Je devine.
Il mourra, c'est la règle.

DORISE.
          Ah ! taisez-vous, Marine.

MARINE.
Il est un sûr moyen de conserver ses jours....

DORISE.
Il en est un aussi d'abréger vos discours :
Adieu.

MARINE.

Quel changement! est-ce bien elle-même?
O ciel! quand le péril pour nous devient extrême,
Elle s'avise enfin d'avoir un peu d'humeur;
Serais-je par hasard allé jusqu'à son cœur?
J'ai peine à le penser; mais, quoi qu'il en arrive,
Osons faire pour elle une défense vive.

SCÈNE X.

LÉANDRE père, *en militaire*, MARINE,
CRISPIN.

MARINE.

Comment donc, déja prêt?

LÉANDRE PERE.

Rien n'était plus aisé,
Plus court. Qu'en penses-tu, suis-je bien déguisé?

MARINE.

A ravir : j'ai bien vu des héros en peinture,
Mais aucun d'eux, ma foi, n'avait votre figure;
Vous gagnerez Dorise indubitablement :
Le sexe a pour l'épée un si tendre penchant!
Un cœur auprès de qui vainement on s'épuise,
Est pour un militaire une place conquise.
Paraît-il? l'ennemi fuit d'abord, on le joint,
Il tremble, il capitule, il débat quelque point;
On le presse, et bientôt il se plaît à se rendre;
La plus mince bicoque est moins aisée à prendre.
C'est une vérité sans appel : cependant
Il pourrait arriver que de son sentiment
Le père un peu jaloux vous fût un peu contraire;
Mais, comme nous disions, l'important de l'affaire
Est d'avoir ma maîtresse, et de gagner son cœur.
Ainsi, gardez-vous bien de prendre quelque humeur.
Supposé que le père, ami de la vieillesse,
Aille vous chicaner sur un peu de jeunesse,
Je m'en vais l'avertir qu'on demande à le voir.

LÉANDRE PÈRE.

Va, je fonde sur toi mon plus solide espoir.

SCÈNE XI.

LÉANDRE père, CRISPIN.

LÉANDRE PÈRE.

Cette fille est charmante, et je prendrai soin d'elle
Que de vivacité, que d'esprit et de zèle !

CRISPIN.

Je l'adore, monsieur.

LÉANDRE PÈRE.

Le sot. Souviens-toi bien
De ce que je t'ai dit, et ne l'oublie en rien.

CRISPIN.

Oh ! non : vous êtes vous, et cependant sans l'être

LÉANDRE PÈRE.

Quel galimatias ! je suis fils de ton maître.

CRISPIN.

Et le père à la fois.

LÉANDRE PÈRE.

Le traître ! le butor !
Je suis Léandre fils, te le dirai-je encor ?

CRISPIN.

Dites-le moi cent fois, il faudra que j'en rie.
Je vais bien me donner ici la comédie ;
A cinquante ans et plus, avec des cheveux gri-
Vouloir se dire jeune et passer pour son fils !
Qui diantre le croira ?

LÉANDRE PÈRE.

Tout le monde, j'espère.

CRISPIN.

Des aveugles au plus.

LÉANDRE PÈRE.

Voudrais-tu bien te taire ?

CRISPIN.

Mais si monsieur Orgon, se rappelant vos traits...

LÉANDRE PÈRE.

Cela ne se peut pas.

CRISPIN.

Mais par hasard ?

LÉANDRE PÈRE.

Oh! mais...
Je suis certain que non ; trente bonnes années
Sans que l'on se soit vu, détruisent les idées :
Je ne puis rappeler sa figure à mes yeux :
Veux-tu que de la mienne il se souvienne mieux ?

CRISPIN.

Non ; ce que je voudrais, c'est que dans cette ville
Votre fils eût, monsieur, fixé son domicile,
Qu'il vous vît...

LÉANDRE PÈRE.

Oses-tu nommer ce libertin ?
J'ai trouvé le secret de punir mon coquin ;
Et je vais, me servant de son nom, de son âge,
Faire, pour me venger, ce charmant mariage.

CRISPIN.

Que vous êtes heureux d'être vindicatif !
Mais quelqu'un vient à nous. Quel air rébarbatif !

LÉANDRE PÈRE.

C'est le père, je crois.

CRISPIN.

Allons, ferme, courage.
Oubliez, s'il se peut, tout le poids de votre âge ;
Pour paraître plus jeune, extravaguez plutôt.
Quelle lenteur ! déjà vous êtes en défaut.

SCÈNE XII.

ORGON, LÉANDRE père, CRISPIN.

ORGON.

Qui me demande ici ? Messieurs qui vous amène ?

CRISPIN.

Monsieur, nous descendons du carrosse du Maine.

ORGON.

J'en attends un ami, ne l'auriez-vous pas vu ?
Vient-il, ne vient-il pas ? vous serait-il connu ?
Venez-vous de sa part ?

CRISPIN, *bas.*
                Faites parler la lettre.
LÉANDRE PÈRE.
Voyez ce mot d'écrit que je dois vous remettre ;
Il contient le sujet qui me conduit ici.
                    ORGON.   (*Il lit.*)
Pourquoi donc m'écrit-il ? « Mon vieux et cher ami,
» Tu m'avais proposé ta fille pour épouse ;
» Mais d'un si grand bonheur la fortune jalouse
» De mille maux cruels m'a fait sentir le poids :
» Peut-être je t'écris pour la dernière fois. »
                CRISPIN.
Il ne l'entend pas mal de se dire malade ;
Croyez-le.

                ORGON.
        Qu'a-t-il donc ?
                CRISPIN.
                C'est bien une autre aubade :
A son âge, monsieur, vous le croyez sensé :
Non. Tout à coup un jour son cerveau renversé,
Ses fibres, sa raison perdant leur harmonie,
Il fut saisi d'un mal qu'on appelle folie.
                ORGON.
Comment donc ?

                CRISPIN.
        Oui, monsieur, il est fou, demandez.
J'avais cru quelque temps mes soupçons mal fondés ;
Mais à son dernier trait...
                LÉANDRE PÈRE, *à part.*
                Quand finiras-tu, traître ?
                CRISPIN.
Sur ce plaisant détail interrogez mon maître ;
Il en sait là-dessus plus que moi.
                ORGON.
                Je le plains.
Pauvre ami !
                CRISPIN.
        Poursuivez, vous verrez ses desseins.
Bret.   3

ORGON, *continuant de lire.*

« Conserve-moi l'honneur d'entrer dans ta famille ;
» Mon fils l'officier peut épouser ta fille. »
Je suis son serviteur ; son fils n'est point mon fait :
C'est quelque libertin....

LÉANDRE PÈRE.

Achevez, s'il vous plaît

ORGON.

« Ma lettre par ce fils te doit être remise ;
» Il est digne en tout point de l'aimable Dorise ;
» Économe, prudent, et d'un esprit rassis. »

CRISPIN.

Ce père-là, monsieur, connaît très-bien son fils.

LÉANDRE PÈRE.

Les pères sont suspects en pareille matière.

ORGON.

Vous êtes donc ce fils, ce si beau caractère ?

LÉANDRE PÈRE.

Vous pourrez l'éprouver.

ORGON.

Votre père est un sot

CRISPIN.

Beau début !

ORGON.

Un refus, monsieur, est votre lot.

LÉANDRE PÈRE.

Je comptais mériter de remplacer mon père.

ORGON.

Mais ma fille n'est pas un bien héréditaire ;
Je prétends lui donner un vieillard pour époux.

LÉANDRE PÈRE.

Mais, monsieur, son avis là-dessus l'avez-vous ?

ORGON.

Je saurai l'obtenir ; et, s'il vous plaît, votre âge ?

CRISPIN.

Oh ! l'âge n'y fait rien quand on sait être sage :
Je réponds pour monsieur ; quelque jeune qu'il soit,
Son esprit est tranquille, et son cœur ne conçoit
Ni désir violent, ni transports de jeunesse ;

Il a jusqu'aux vertus de la sage vieillesse :
Par exemple, économe à passer en maint lieu,
Chez de mauvais plaisans, pour un fesse-mathieu.

LÉANDRE PÈRE, *bas.*

Te tairas-tu ?

CRISPIN, *bas.*

Laissez, on sait ce qu'on doit dire.

(*haut.*)

Vous croyez qu'il ira ne s'occuper qu'à rire,
Qu'à chercher des plaisirs frivoles et coûteux ?
Non, c'est un sédentaire, un homme sérieux,
Un vieillard, en un mot, si vous doublez son âge :
Son père n'en sait pas là-dessus davantage,
C'est un autre lui-même.

ORGON.

Il lui ressemble assez.

CRISPIN.

Traits pour traits.

ORGON.

En effet.

CRISPIN.

Vous vous y connaissez :
Qui vous attrapera doit être passé maître :
Allons, en sa faveur vous reviendrez peut-être
Du goût que vous avez pour les maris vieillards.

ORGON.

Point du tout, je serai là-dessus sans égards.
Que ma maison pourtant soit votre domicile
Pendant votre séjour en cette grande ville :
On n'y déteste pas partout les jeunes gens ;
Mais pour gendre, monsieur, je n'en veux point céans.
Je voulais pour ma fille un époux de mon âge,
Et je vais lui donner quelqu'un du voisinage,
A qui je préférais votre père en ami ;
Je vais conclure ailleurs, et c'est tant pis pour lui :
Vous serez de la noce...

SCÈNE XIII.

LÉANDRE père, CRISPIN.

CRISPIN.
Eh bien! qu'allez-vous faire?

LÉANDRE PÈRE.
Loger chez lui d'abord, voir sa fille et lui plaire.

CRISPIN.
C'est le point délicat de cette intrigue-ci.

LÉANDRE PÈRE.
Dorise pour mon fils pourra me prendre aussi.
Tu vois dans le panneau comme a donné le père.

CRISPIN.
La pauvre enfant va donc embrasser la chimère.

FIN DU PREMIER ACTE.

ACTE II.

SCÈNE PREMIÈRE.

LÉANDRE fils, *en vieillard*, FRONTIN.

FRONTIN.

L'AMOUR est un vrai fou! peut-on bien sensément
Se déguiser, monsieur, aussi bizarrement?
Enfin, vous le voulez, et je vous laisse faire.

LÉANDRE FILS.
Je pourrai voir Dorise, et peut-être lui plaire;
Laisse-moi cet espoir.

FRONTIN.
Vous êtes entêté,
Mais je crains bien pour vous quelque fatalité.

SCÈNE II.

LÉANDRE FILS, MARINE, FRONTIN.

MARINE.

Hem... Frontin, avec moi tu lâches bientôt prise :
Quoi ! déjà cet amour...

FRONTIN.

Quel amour ?

MARINE.

Pour Dorise.

Qu'est devenu ton maître ?

FRONTIN.

Il est devenu fou.

MARINE.

Fou ?

FRONTIN.

Mais fou décidé.

MARINE.

Comment donc, et par où ?

FRONTIN.

Tiens, ma chère, c'est lui qu'ici je te présente ;
La mascarade est-elle assez extravagante ?

MARINE.

De cet état cruel pourquoi suis-je témoin ?
Frontin, de son amour je voulais prendre soin,
Et je me reprochais avec toi ma conduite.

LÉANDRE FILS.

Que dites-vous, ô ciel ! quand ma flamme réduite
A ce déguisement inspiré par l'amour,
Quand prêt à me servir d'un bizarre détour,
Je vais montrer aux yeux de Dorise déçue
Les tendres sentimens dont mon ame est émue,
Marine à me servir aurait quelque penchant ?

MARINE.

Mais il ne parle pas comme un extravagant :
Il n'est donc pas si fou ?...

LÉANDRE FILS.

Comment donc ? qu'est-ce à dire ?

FRONTIN.

Il ne l'est pas si mal.

MARINE.

Je vois que tu veux rire.
Monsieur, attendez-vous à tout l'empressement
Que mes pareilles ont pour servir un amant.

LÉANDRE FILS.

En ce cas, pour parler à l'aimable Dorise,
Ton secours me suffit sans que je me déguise.
Je n'avais eu recours à ce hardi moyen
Que pour me procurer une heure d'entretien
Qu'avec tant de rigueur tu m'avais refusée ;
Mais puisqu'en ma faveur je te vois disposée,
Je quitte cet habit, et reviens à l'instant.

MARINE.

Mais... quitter cet habit... attendez un moment ..
Cette ruse est toujours très-bonne pour le père,
C'est lui qu'il faut gagner... oui... plus je considère...
A merveille... Tantôt j'ai cependant pesté
Contre tous les vieillards ; mais sa crédulité,
Mon adresse surtout nous tirera d'affaire.

LÉANDRE FILS.

Quelle reconnaissance !

FRONTIN.

Ah ! quant à son salaire,
Je vous acquitterai ; qu'elle aille son chemin.

MARINE.

Je veux vous présenter comme un vieux médecin.

LÉANDRE FILS.

Mais, Marine, j'ignore à fond la médecine.

MARINE.

Qu'importe ? on dit des mots, et l'auditeur devine.
Croyez l'être vous-même, et chacun le croira.
J'en sais cent qui, pour l'être, ont au plus cet art-là.
Parmi tous les époux promis à ma maîtresse,
Nous n'en avons point eu, je crois, de cette espèce ;
Nouveauté, premier piège. Un second, et le bon,
C'est que depuis un temps notre monsieur Orgon
De sa santé se fait une étude profonde,

Et pour cela cet art nous vient le mieux du monde.
Je veux faire de vous un habile homme ; enfin ,
Ma fable est toute prête, et nous verrons la fin.
Pour Dorise, parlez en amant de votre âge,
Et forcez la nature à percer le nuage.
Comme on ne sait encor ce qu'elle aime, parlez,
Pressez ; que vos regards, vos soupirs redoublés ,
Vos discours, en un mot, aillent chercher son ame.
Y porter l'embarras, et bientôt votre flamme....
Toi, qu'on peut avoir vu , sors vite, allons, dehors.
Tu ne nous sers à rien.

FRONTIN.

Elle a le diable au corps.

MARINE.

J'entends le père, il faut qu'ici je le prévienne :
Cachez-vous ici près, jusqu'à ce que je vienne
Vous dire le moment propice à vous montrer :
Je ne serai pas longue à le bien préparer.
Moi, je conduis la barque, et vogue la galère.

SCÈNE III.

ORGON, MARINE.

ORGON.

Malgré les sentimens qui m'attachent au père,
J'ai très-bien fait d'avoir remercié le fils ;
J'ai parlé comme il faut, et je m'en applaudis.
Il est allé chercher au coche sa valise :
Il pourrait l'y laisser ; il pense que Dorise
Sur son compte sera d'un autre avis que moi.
Je veux m'en divertir. Que fais-tu donc là , toi ?

MARINE.

Je rêve.

ORGON.

A me jouer quelque tour.

MARINE.

Quelle injure !

Moi qui vous aime.

ORGON.

Eh bien ! ma dernière aventure,
Qu'en dis-tu ? tu croyais que, suivant tes avis,
Le père me manquant, j'accepterais le fils.
Non, non, à mon projet je tiendrai, quoi qu'on dise,
Et ce beau jouvenceau n'est point fait pour Dorise :
Je m'embarrasse peu de ton opinion,
Car il est honoré de ta protection :
Les fils auprès de toi valent mieux que les pères.
Tantôt tu m'as si bien établi tes chimères
Devant ma fille même ; heureusement pour moi,
Que sa docilité la retient sous ma loi ;
Tu veux me la gâter.

MARINE.

Qui, moi ? je le confesse,
Je penchais ce matin un peu pour la jeunesse ;
Mais j'ai changé, ma foi, monsieur, du noir au blanc,
Et je lui verrais prendre un vieillard à présent,
Sans vous en dire un mot ; et tenez, au contraire,
Un médecin fameux presque sexagénaire,
Cet illustre étranger que l'on vante si fort...

ORGON.

Ce médecin anglais ?

MARINE.

Oui.

ORGON.

Monsieur de Clinfort,
Cet homme d'un si rare et si parfait mérite,
Que je cherche partout ?

MARINE.

J'ai reçu sa visite ;
De ma jeune maîtresse amoureux à l'excès,
Auprès d'elle il voulait obtenir un accès ;
Et je l'aurais servi du meilleur de mon ame,
Si je n'avais de vous craint quelque nouveau blâme.

ORGON.

Cet homme-là, Marine, est unique en son art ;
Tempérament, humeurs, il voit tout d'un regard.

MARINE.

C'est un aigle en science, et cependant modeste.

ORGON.

On me l'a dit très-riche, et je le crois.

MARINE.

La peste !

Il fait de l'or ; mais chut, il a d'autres secrets
Plus utiles encor, plus rares, plus parfaits :
Avec certaines eaux qu'il compose lui-même,
Il vous fait vivre un homme un siècle, au-delà même :
Il en est bien la preuve : à cinquante et six ans,
On lui voit les couleurs, les yeux des jeunes gens.

ORGON.

Comment donc, et pourquoi ne pas servir sa flamme ?

MARINE.

Fi donc ! d'un médecin ma maîtresse être femme !
Tous ces gens-là, monsieur, à l'intérêt soumis,
Haïssent la santé jusque chez leurs amis :
Elle n'en voudrait point.

ORGON.

Que m'importe Dorise !
Je le prendrai pour moi.

MARINE.

N'est-elle pas promise
A ce sot arrivant ? En vérité, c'est lui
Qui de nos jeunes gens comme vous m'a guéri.

ORGON.

Il n'aura pas ma fille.

MARINE.

En ami de son père,
Vous la lui donnerez, et vous ne pouvez guère...

ORGON.

Je t'assure que non ; et je délibérais
Qui de mes deux amis tantôt je choisirais :
Car je veux au plutôt finir ce mariage.
Ce beau-fils de famille a projeté, je gage,
D'avoir avec Dorise un entretien secret,
Et de gagner son cœur, pour nuire à mon projet :
Mais j'aurai le plaisir, en terminant l'affaire,
De bien berner un fat qui ne saurait me plaire.
D'abord, sur Alcidon j'avais jeté les yeux ;

Bret.   4

Mais, je te l'avouerai, ton parti me plaît mieux,
Marine ; un médecin se préfère à tout autre :
S'il ne revenait plus ?

MARINE.

Quelle erreur est la vôtre ?

Il aime....

ORGON.

Eh bien !

MARINE.

Eh bien ! il reviendra cent fois.

ORGON.

Il faut bien que Dorise approuve mon choix ;
Un médecin pareil est un trésor, Marine.
Je braverais dès-lors la vieillesse assassine.

MARINE.

Si c'était lui, monsieur ! j'entends quelqu'un.

ORGON.

Va voir :

Dorise aime son père, et voilà mon espoir.
Cette fille pourtant a du bon, et je l'aime.

SCÈNE IV.

ORGON, LÉANDRE FILS, MARINE.

LÉANDRE FILS, *bas.*

Songe à me seconder....

MARINE, *bas.*

Songez bien à vous-même.

(haut, à Orgon.)
C'était lui, justement.

LÉANDRE FILS.

Excusez-moi, monsieur,

Sans vous être connu, de vous ouvrir mon cœur :
Ma démarche, sans doute, a droit de vous surprendre.

ORGON.

Le bruit de votre nom s'est assez fait entendre ;
On vous connaît, monsieur, de réputation,
Pour un homme divin dans sa profession.

LÉANDRE FILS.

Hélas ! on est toujours homme par sa faiblesse :
Quel remède mon art a-t-il pour la tendresse ?
Aucun ; et s'opposer à mes désirs pressans,
C'est hâter à coup sûr le terme de mes ans.
Je sais que ces transports sont peu faits pour mon âge;
Pour pouvoir les cacher j'ai tout mis en usage :
Vains efforts ! mon amour s'est accru de moitié.
Ah ! monsieur, verrez-vous ma peine sans pitié ?
En faveur de l'amour, secourez la vieillesse.

ORGON, *à Marine.*

Ah ! que pour lui, Marine, il m'émeut, m'intéresse !

MARINE.

Je suis tout comme vous.

ORGON.

　　　　　Tout ce que l'on m'a dit
Du savoir de monsieur, et de son grand esprit,
Me le fait estimer autant que son langage.
Comment ! on dit, monsieur, que vous avez l'usage
D'une eau qui dans nos corps conserve la santé.

MARINE.

Voyez, vous ai-je dit, monsieur, la vérité,
Et le prendriez-vous pour un sexagénaire ?
La voix, les yeux, le teint, tout vous dit le contraire :
Je prendrai quelque jour de cette eau sur ma foi.

ORGON.

Je voudrais qu'il en fît une épreuve sur moi.

MARINE.

Vous êtes immortel, si vous l'avez pour gendre.

ORGON.

Ces secrets-là, monsieur, ne peuvent se comprendre.

MARINE.

Bagatelle.

LÉANDRE FILS.

　　　Sans doute. Il est dans chaque corps
Un principe de vie, ame de leurs ressorts.

MARINE.

Vous l'entendez.

ORGON.

　　Un peu.

LÉANDRE FILS.

Ce principe de vie,
D'une fleur, par exemple, il faut que la chimie
Aille le déterrer, l'extraire par son art :
Or, ce principe extrait, je puis en faire part
A ceux de qui la vie à mes soins est remise.

ORGON.

Oh ! je voudrais qu'il fût entendu de Dorise.

LÉANDRE FILS.

Je dis plus : telle plante a, par les lois du sort,
Dix ans à vivre ; eh bien ! par un chimique effort,
Je soustrais de son sein ces dix ans-là de vie ;
Le calcul est facile : à tel qui me supplie
De lui donner dix ans, cette plante suffit ;
Tel en demande vingt, un autre les fournit :
J'ai tout cela, monsieur, par classe dans ma tête.

ORGON.

Que de vivre avec vous je me fais grande fête !
Vous connaissez encore, à ce qu'on dit, des gens,
L'humeur, le caractère...

LÉANDRE FILS.

Ah! c'est de mes talens
Le plus simple, monsieur, et le plus inutile.
Je vois bien que chez vous règne une humeur facile ;
Que vous êtes léger, quelquefois inégal,
Crédule, plein d'honneur...

MARINE.

Hem! vous peint-il si mal?

ORGON.

Il ne ment pas d'un mot.

LÉANDRE FILS.

Je n'ai vu votre fille
Que deux fois tout au plus ; mais dans votre famille
Vous trouveriez à peine une si douce humeur.

ORGON.

Et Marine, monsieur?

LÉANDRE FILS.

Oh ! je la sais par cœur.

MARINE, *bas.*

Aurait-il l'impudence ?...

LÉANDRE FILS.

Elle est fille très-fine ,
Pleine d'esprit, adroite, et quelquefois mutine;
Fille enrageant de l'être...

MARINE.

Halte-là , s'il vous plaît.

ORGON.

Oh, parbleu ! voilà bien à chacun son portrait :
Il m'enchante : un mortel, sans se donner au diable,
Peut-il en tant savoir ? Vous êtes admirable.

LÉANDRE FILS.

A quoi sert tout cela, si mon âge déplaît ?

ORGON.

Il vous sert au contraire, ainsi qu'à mon projet :
Vous ne savez donc pas que je hais la jeunesse,
Et que je ne connais de talens, de sagesse
Que chez les anciens, que chez les vieilles gens ?
Il faut pour toute chose être de notre temps.
On ne voit plus aux mœurs ni régles , ni scrupules ;
Ceux qui nous ont suivis sont pleins de ridicules,
Et ceux qui les suivront en auront encor plus.

LÉANDRE FILS.

On ne peut pas mieux dire et penser là-dessus.

ORGON.

Enfin, vous me plaisez, et je vous prends pour gendre :
Oui, vous seul à ma fille avez droit de prétendre :
Je vais vous la chercher, et reviens à l'instant.
Tâche de l'amuser, Marine, en attendant.

SCÈNE V.

LÉANDRE FILS, MARINE.

MARINE.

Et d'un dans nos filets. Vous avez fait merveille,
Le principe de vie a flatté son oreille ;
Moi-même j'ai pensé croire, en vous écoutant,
Qu'en effet vous aviez ce secret important.

Comme vous en parliez !

LÉANDRE FILS.

Sans pourtant me comprendre.

MARINE.

En vérité ?

LÉANDRE FILS.

D'honneur.

MARINE.

Moi , je croyais l'entendre,
Et voilà ce que font ces grands diables de mots :
Ils ne manquent jamais de convaincre les sots.

LÉANDRE FILS.

Quoique jusqu'à présent la fortune nous rie,
J'ai honte d'employer la charlatanerie :
Nous nous jouons tous deux d'un homme simple et bon,
Du père de Dorise , un galant homme...

MARINE.

Bon !

LÉANDRE FILS.

A quelle fausseté ma tendresse m'embarque !

MARINE.

Il est bien temps , ma foi , d'en faire la remarque :
Voulez-vous vous dédire ? il m'en vient le dessein.

LÉANDRE FILS.

Ah ! je perdrais Dorise.

MARINE.

Allons donc notre train :
Il n'est plus question que de voir ma maîtresse.

LÉANDRE FILS.

Tu veux que je dérobe à ses yeux ma jeunesse ?

MARINE.

Oui : si nous la trompons , c'est agréablement ;
Tâchez d'en triompher sous ce déguisement ;
La gloire en est plus grande, et sans nous compromettre,
Aux ordres paternels laissons-la se soumettre.
La mettant du secret , il faut vaincre son cœur ;
Et qui nous répondra d'en chasser la froideur ?
Et puis je tremblerais , l'eussiez-vous attendrie ,
Qu'elle ne découvrît notre supercherie :

Elle, tromper son père ! il n'y faut pas compter ;
Elle irait malgré nous, peut-être, tout conter.
Au lieu que vous vît-elle avec indifférence,
Vous l'obtiendrez du moins par son obéissance ;
Vous vous ferez aimer quand vous serez époux.

LÉANDRE FILS.

De l'être comme amant je serais plus jaloux.

MARINE.

Eh ! laissez là, monsieur, votre délicatesse.

LÉANDRE FILS.

Je l'en aimerais moins...

MARINE.

      Chut, je vois ma maîtresse.
De l'amour, des transports ; allons, songez à vous.

SCÈNE VI.

ORGON, DORISE, LÉANDRE FILS, MARINE.

ORGON.

Oui, ma fille, ce soir il faut prendre un époux ;
L'ami que j'attendais me rendant ma parole,
Il n'y faut plus penser : mais ce qui m'en console,
Tout se répare au mieux. Ah ! si ma volonté
Conserve encor sur toi la moindre autorité,
De cet homme divin tu deviendras la femme ;
Il a pour tes appas la plus ardente flamme ;
Il a l'âge requis pour faire ton bonheur :
Consulte là-dessus mes désirs et ton cœur.
Je te laisse.

MARINE, *à Léandre.*

Usons bien, monsieur, du tête-à-tête.

SCÈNE VII.

DORISE, LÉANDRE FILS, MARINE.

LÉANDRE FILS.

On vous offre, Dorise, une triste conquête ;
Et je sais que, formant d'inutiles désirs,
Un vieillard tel que moi doit perdre ses soupirs ;

Je sens que mon projet est hardi, téméraire,
Qu'il fallait, vous aimant, savoir du moins me taire ;
A quel âge l'amour connaît-il la raison ?
Je n'ai pu dissiper des feux hors de saison.

DORISE.

Marine, à ce discours je ne sais que lui dire ;
Il m'embarrasse.

MARINE.

            Et moi, madame, il me fait rire.

LÉANDRE FILS.

Je vous aime, Dorise, et de la vive ardeur
Qui se fait ressentir dans le plus jeune cœur :
Oui, j'en nourris pour vous tout le feu dans mon ame ;
Ce que l'âge pourrait enlever à ma flamme
De désirs, de transports et de vivacité,
M'est rendu par vos yeux et par votre beauté ;
Et dans ma passion, tant je la sens extrême,
Je crois qu'on n'aime point autant que je vous aime.

DORISE, à *Marine*.

Quelle douceur ! quel choix dans ses expressions !
Sa voix même, Marine, a d'agréables sons.
Mais... regarde ses yeux...

MARINE.

            Vraiment, il lorgne encore;
Tenez, tenez, de feux sa face se colore ;
Il se ragaillardit : bon-homme, trouvez-vous
Que l'amour en effet soit un plaisir si doux ?

DORISE.

Marine...

LÉANDRE FILS.

        Ah ! c'est ce dieu qui me soutient, m'inspire ;
De ses charmans effets je sens jusqu'au délire :
Non, il n'a point de traits qu'il ne lance en ce cœur,
Dont je vous offre ici l'hommage peu flatteur ;
Et pourquoi dans le vôtre hésite-t-il encore
De porter la moitié du feu qui me dévore ?
Qu'il s'unisse avec moi dans un si doux effort ;
Vous manquez à sa gloire, il manque à votre sort.
Sans le fard de l'amour par qui tout s'apprécie,

Les grâces sont sans force, et la beauté sans vie.
Daignez donc jusqu'à vous, laissant aller ses traits,
Leur laisser embellir encore vos attraits.
Vous ne répondez point? c'en est donc fait, Dorise,
Je vous suis odieux; parlez avec franchise :
Reprochez-moi d'aimer le poids des ans;
Faites tomber sur moi les mépris offensans,
Je les ai mérités...

DORISE.

                    Mais est-on méprisable
Pour vanter son ardeur, quand elle est véritable?
Vous ne connaissez pas ma façon de penser,
Vous auriez moins sujet de vous embarrasser;
La jeunesse est, dit-on, quelquefois imprudente,
Orgueilleuse, légère, étourdie, inconstante.

MARINE, *bas.*

Le beau petit portrait qu'on lui fait à son nez.

LÉANDRE FILS.

Quel espoir vous portez à mes sens étonnés!
Quoi! mon âge n'a rien que le vôtre haïsse?
Ah! votre cœur est loin encor de l'artifice :
Vous ne me trompez pas, je puis compter sur vous.
Quoi! je pourrais un jour devenir votre époux?

DORISE.

Monsieur, l'obéissance est dans mon caractère :
Dès qu'en votre faveur j'ai vu pencher mon père,
Et qu'il croit que votre âge est fait pour mon bonheur,
Son goût, à cet égard est celui de mon cœur.

LÉANDRE FILS, *à part.*

Ah, ciel! je suis perdu, si je me fais connaître :
Respectons des vertus qui m'aideront peut-être.
          (*haut.*)
Dorise, ce discours a flatté mon amour,
Vous me voyez troublé par l'espoir du retour.
                    (*Il tombe à ses genoux.*)

DORISE.

Levez-vous, levez-vous.

MARINE.

                    Peste, qu'il est agile!

LÉANDRE FILS.

Belle Dorise, hélas ! quel serait mon asile,
Ma consolation, si vous me haïssiez ?
Je serais trop heureux d'être mort à vos pieds.
Prononcez donc, de grâce, et décidez vous-même,
A quel sort doit s'attendre une tendresse extrême.
Dites un mot.

DORISE.

Je crois vous l'avoir dit, monsieur.
C'est de mon père seul qu'on obtiendra mon cœur :
Sa moindre volonté fut toujours mon oracle.

LÉANDRE FILS.

Vous avez vu du moins, loin de mettre un obstacle,
Qu'il a même daigné s'intéresser pour moi :
Je puis donc espérer et perdre tout effroi.
Grandsdieux ! quelle est majoie, et combien ma tendresse
S'accroît par cet espoir !... je suis dans une ivresse...

MARINE.

Là, ne diriez-vous pas d'un de nos jeunes gens ?

LÉANDRE FILS.

Ah ! l'amour rajeunit et mon cœur et mes sens ;
Il devait ce prodige à l'aimable Dorise.

MARINE.

Ma foi, tout ce qu'il dit augmente ma surprise.
(bas.)
C'est assez.

LÉANDRE FILS.

Je vous quitte, et c'est avec regret ;
Souvenez-vous du moins qu'atttendant mon arrêt,
Vous m'avez renvoyé vous-même à votre père.

MARINE, bas, à Léandre.

Bien.

SCÈNE VIII.

DORISE, MARINE.

MARINE, à part.

Voyons sur son cœur ce que la ruse opère.
(haut.)
Ma foi, c'est fort bien fait : fi donc, les jeunes gens

Sont légers, glorieux, étourdis, imprudens.
Je n'ai pas devant lui voulu vous contredire,
Je me suis contentée au fond du cœur d'en rire.
La chose est très-plaisante ; un vieillard amoureux
Est une chose assez ridicule à mes yeux ;
Mais un vieillard aimé...

DORISE.
Qui t'a dit que je l'aime ?

MARINE.
Qui me l'a dit ! à moi ? Ce que j'ai vu moi-même.
« Quelle douceur, quel choix dans ses expressions !
« Sa voix même, Marine, a d'agréables sons. »

DORISE.
Tu ne me parles plus de l'inconnu, Marine ?

MARINE.
Mais je ne sais pourquoi...

DORISE.   (bas.)
Pourquoi ? je le devine.

MARINE.
Il est si jeune...

DORISE.
Eh bien ?

MARINE.
Eh bien ! n'a-t-il pas tort ?
Il faut un âge mûr, et j'en tombe d'accord :
Je ne suis plus pour lui ; peut-être il vous oublie ;
Et si vous m'en croyez, il n'aura plus l'envie,
Ni même le pouvoir de revenir à vous.
On vient de vous laisser le choix de votre époux :
C'est vous venger de lui, que d'en choisir un autre.

DORISE.
Non, je n'en ferai rien.

MARINE.
Quel discours est le vôtre ?

DORISE.
Je suis sûre qu'il m'aime.

MARINE.
Et mais, sûre, pourquoi ?

DORISE.
C'est qu'il me l'a juré.

MARINE.

Plaît-il?... à vous?

DORISE.

A moi.

MARINE.

Vous l'avez vu?

DORISE.

Sans doute; il m'a peint sa tendresse
D'une vivacité, d'un transport, d'une ivresse!
Je ne connaissais pas cent choses avant lui.
Ah! Marine, mon cœur s'est ouvert aujourd'hui.

MARINE.

Je tombe de mon haut. Expliquez-vous, de grâce,
Car je vois quelque chose en ceci qui me passe:
L'inconnu, dites-vous, vous a parlé d'amour?

DORISE.

Oui, Marine.

MARINE.

Comment, ce jour même?

DORISE.

Ce jour.

MARINE.

Et vous l'aimez?

DORISE.

Marine, ai-je pu m'en défendre?
Et comment soutenir un regard aussi tendre?
Un langage si doux...

MARINE.

Je ne sais où j'en suis.

(bas.)
Et que va devenir l'amant que j'introduis?
(haut.)
Vous riez?

DORISE.

Oui; je ris d'embarrasser Marine,
Elle qui passe ici pour adroite et pour fine.

MARINE.

Et moi je ne ris point, et voudrais bien savoir
Quand ce nouvel amant a pu vous venir voir;
Car je vous avertis que ce n'est pas le même

Pour qui je vous parlais...

DORISE.

Tu te trompes, et même
Je n'ai vu cet amant si tendre qu'avec toi.
Tu pourrais en agir autrement avec moi,
Et je crois que d'abord je devais être instruite.

MARINE.

De quoi parlez-vous donc ici ?

DORISE.

De ta conduite.
Je vois bien que mon père a la plus grande part
A l'intrigue qu'ici tu conduis avec art ;
Mais pouvais-tu penser que, sottement déçue,
Une si forte erreur ne frappât point ma vue ?
Le cœur se trompe-t-il à ce qu'il doit aimer ?
Il n'a pas dit un mot qui n'ait su me charmer.
Ta gaîté, tes propos, ses regards, son langage,
Mon trouble, tout enfin détruisait ton ouvrage ;
Et le voile tombé ne m'a fait voir en lui
Que l'inconnu pour qui tu parlais aujourd'hui .
Ose me démentir.

MARINE.

Je n'en serais pas crue :
Ah ! ah ! pour une Agnès vous avez bonne vue !
Mais, dites-moi, pourquoi trouver tant de défauts
Dans tous nos jeunes gens ? comment, à quel propos ?
En le reconnaissant quelle était votre envie ?

DORISE.

Celle de le punir de sa supercherie.

MARINE.

O nature ! à cet âge, et dès le premier pas ,
Conter à son amant ce qu'on ne pense pas ;
Démêler d'un coup d'œil un pareil stratagême,
En voir tous les ressorts, et me jouer moi-même !
Vous irez loin un jour, et j'en suis caution.

DORISE.

Oh ! j'ai bien dans l'esprit une autre opinion.

MARINE.

Quelle est-elle ?

DORISE.

Ce fils qu'a refusé mon père....

MARINE.

Eh bien ?

DORISE.

Plus je l'entends, plus je le considère...

MARINE.

Après.

DORISE.

Il doit avoir un père bien âgé.

MARINE.

Dussé-je en vous manquant recevoir mon congé,
Je vous embrasserai : c'est le vieillard lui-même,
Dont, mettant à profit le ridicule extrême,
J'ai trouvé le secret d'arrêter le bonheur ;
Et vous, et votre père, il vous croit dans l'erreur.
Feignez de l'écouter et de vous y méprendre,
En le laissant aller, et sans pourtant vous rendre.
Nous gagnerons le temps qu'il faut à mon dessein,
Et je verrai bientôt terminer votre hymen.

DORISE.

Que mon cœur est troublé !

MARINE.

Trouble qu'on ne hait guère,
N'est-il pas vrai ? Je sais sur nous ce qu'il opère ;
Jouir de son ivresse est le bien le plus doux.
Gardons bien cependant ces secrets entre nous,
Et paraissez toujours docile, indifférente.
Votre père, trompé dans sa première attente,
Protège votre amant, qu'il croit vieux comme lui ;
Je veux qu'il vous le fasse épouser aujourd'hui.

DORISE.

Je tremble que lui-même il ne le reconnaisse ;
Et comment a-t-il pu lui cacher sa jeunesse ?

MARINE.

Il n'y connaîtra rien, c'est un coup de mon art :
Allez, vous n'avez rien à craindre à cet égard.

DORISE.

Tu ne peux trop compter sur ma reconnaissance.

MARINE.

Je cherche le succès plus que la récompense.

FIN DU SECOND ACTE.

ACTE III.

SCÈNE PREMIÈRE.

CRISPIN, FRONTIN.

FRONTIN.

Apprenons ce qu'a fait notre jeune vieillard.

CRISPIN.

J'entends parler quelqu'un ; quel est ce grand pendard ?

FRONTIN.

Quel est cet animal qui tremble en ma présence ?
Sachons un peu de lui... Ciel ! quelle ressemblance !
Ma foi ! c'est la figure ou l'ombre de Crispin.

CRISPIN.

Il me nomme. Que vois-je ? il a l'air de Frontin.
C'est lui-même.

FRONTIN.

C'est lui.

CRISPIN.

Bonjour, cher camarade.

FRONTIN.

Ah ! cher Crispin, reçois cette vive embrassade.

CRISPIN.

Tu viens de me tirer d'un maudit embarras.
Mais d'où viens-tu ? Quel soin conduit ici tes pas ?
Ton maître est-il ici ?

FRONTIN.

Que fait monsieur son père ?
Serait-il à Paris ?... Mais qu'y viendrait-il faire ?
Pour se remarier serait-il en ces lieux ?

CRISPIN.

Peut-être en ce logis vous êtes amoureux?

FRONTIN.

Libertin autrefois, il n'est pas des plus sages.

CRISPIN.

Quelque amour clandestin préside à vos voyages?

FRONTIN.

Il nous aime à son aise.

CRISPIN.

Et vous le craignez peu.

FRONTIN.

Ne me cache donc rien.

CRISPIN.

Fais-moi donc quelque aveu.

FRONTIN.

Parle donc.

CRISPIN.

Je t'ai fait la première demande,
C'est à toi de parler.

FRONTIN.

Quoi! Crispin appréhende
Que je puisse abuser d'un secret confié!

CRISPIN.

Quelle discrétion! où donc est l'amitié?

FRONTIN.

Rien qu'un mot.

CRISPIN, *à part.*

Tenons ferme.

FRONTIN, *bas.*

Usons d'un stratagême :

(*haut.*)

Parbleu! de t'avoir vu mon plaisir est extrême,
Et je veux célébrer un si charmant bonheur,
En buvant avec toi du meilleur de mon cœur.

CRISPIN, *bas.*

(*haut.*)

Il a le vin bavard. J'accepte la partie.

FRONTIN, *bas.*

(*haut.*)

Je l'enivre. Ici près est une hôtellerie;

Le vin en est parfait, l'hôte est de mes amis :
Viens.

CRISPIN.

J'avais cependant affaire en ce logis.

FRONTIN.

Viens toujours.

CRISPIN. (*bas.*)

Volontiers. Avant qu'il soit une heure
Je saurai son secret, et, de plus, sa demeure.

SCÈNE II.

LÉANDRE père, CRISPIN.

LÉANDRE PÈRE.

Eh ! Crispin, où cours-tu ?

CRISPIN.

Ne me retenez pas ,
Je cours, pour vous servir, m'enivrer de ce pas.

SCÈNE III.

LÉANDRE père.

Crispin ! Crispin ! écoute. Ah ! l'indigne, le traître !
Lorsqu'il s'agit de boire, il n'entend plus de maître ;
Que je suis mécontent de cet ivrogne-là !
Boire pour me servir , quelle excuse est-ce là ?
Mais rappelons ici mes desseins et mes vues.
Il faut que j'aie au moins deux ou trois entrevues
Avec le jeune objet que je veux m'attacher.
De son père, d'abord, il faut le détacher :
Sa suivante a déja commencé cette affaire,
J'en suis sûr, et je n'ai maintenant qu'à lui plaire :
C'est elle justement que je vois s'avancer.

SCÈNE IV.

DORISE, LÉANDRE père, MARINE.

MARINE, *bas.*

Songez qu'à l'écouter il faut vous efforcer.

Bret.   5

DORISE, *bas.*

Ah ! qu'il est ridicule !

MARINE , *bas.*

Un peu de violence.

LÉANDRE PÈRE.

Quel sort heureux vous offre à mon impatience !
J'allais voler, Dorise, à votre appartement ;
Je ne pourrai souffrir le moindre éloignement ;
Si cela continue... et l'absence d'une heure...
M'a mis dans un état... il faudra que j'en meure...
Si le bon-homme Orgon persiste en son projet,
Ou si vous ne vengez l'injure qu'il me fait.
Concevez-vous, Dorise, un semblable caprice ?
On me trouve pour vous trop jeune, trop novice ;
Vous me ferez raison de cette insulte-là,
Et j'en appelle à vous. Comment donc ! on viendra
M'imputer à défaut ce qui seul peut vous plaire !
Je suis jeune ; tant mieux : est-ce là son affaire ?
Si je suis bien pour vous, tout est examiné,
Et vous ne voulez pas un époux suranné.
Vous êtes de bon goût : la jeunesse, j'espère,
Ne vous effraye pas autant que votre père.

DORISE.

Monsieur, j'ai pour mon père un respect sans égal ;
Il fuit les jeunes gens , il en parle si mal ,
Que j'ai craint quelquefois qu'il ne leur fît justice.
Je ne saurais taxer mon père de caprice :
Cependant à mes yeux (s'il peut m'être permis
De dire là-dessus librement mon avis),
La jeunesse jamais ne parut effrayante.

MARINE.

Effrayante ! au contraire, elle ravit, enchante.
Voyez cet air facile, avantageux , léger,
Qu'on ne voit par malheur qu'avec trop de danger.
Vivent les jeunes gens ! tout est feu, tout est grâce ;
Ils ont quelques défauts : ma foi, je les leur passe.
Vous m'avez l'air d'avoir celui de trop aimer.

LÉANDRE PÈRE.

J'y suis incorrigible : a-t-on su me charmer ?

Je ne suis plus à moi : c'est une inquiétude ,
Un trouble, une langueur : c'est un état fort rude.

MARINE.

Pauvre enfant !

LÉANDRE PÈRE.

Croyez-vous que vous m'aimiez un peu ?
Ma tendresse de vous exige cet aveu.

MARINE.

Qu'allez-vous demander ? Une fille bien née
Ne peut permettre au plus que d'être devinée.
Je ne sais pas au Mans ce qu'on fait sur ce point ;
Mais les mots à Paris ne se permettent point.
Ah ! peste, on est exact ici sur la morale ;
Vous pouvez deviner, la chose est presque égale :
Quel coup de sympathie entre vos jeunes cœurs !
Tout vous unit : esprit, sens, jugement, humeurs ;
Elle est faite pour vous autant que vous pour elle.

DORISE.

Marine, pour monsieur vous montrez bien du zèle.

LÉANDRE PÈRE.

C'est pour votre intérêt qu'elle vous parle ainsi.

MARINE.

J'aime monsieur, sans doute, et je parle pour lui ;
C'est que je vois qu'il a tout ce qu'il faut pour plaire.

LÉANDRE PÈRE.

Ah , Marine !

MARINE.

Mais oui, je ne saurais m'en taire.

LÉANDRE PÈRE.

Trop heureux si Dorise, écoutant tes avis...

DORISE.

M'en a-t-elle donné que je n'aye suivis ?
Elle sait me forcer à ce qu'elle désire.

LÉANDRE PÈRE.

Eh ! le voilà ce mot si difficile à dire ;
Vous m'aimez, et je puis prétendre à votre main.

DORISE.

J'entends quelqu'un , Marine. .

LÉANDRE PÈRE.

Eh non ! est-ce à demain ?
Tenterons-nous d'abord de ramener le père ?

DORISE.

Que votre amour, monsieur, quelques jours se modère ;
Ne précipitons rien ; Marine vous verra,
Et de ce qu'il faut faire avec vous conviendra.

MARINE.

Oui, monsieur ; vous voyez si je vous suis contraire ;
Mais si l'on découvrait un peu trop tôt l'affaire,
Je sais bien un moyen de parer ce soupçon.

LÉANDRE PÈRE.

Quel est-il ?

MARINE.

De rester très-peu dans la maison.

LÉANDRE PÈRE.

J'y consens.... Vous sortez ?

DORISE.

Excusez-moi, de grâce,
Je crains d'être surprise, et je quitte la place.
Marine, suivez-moi.

MARINE.

Je ne puis qu'obéir,
Mais croyez que partout je songe à vous servir.
(bas.)
Le sot homme !

SCÈNE V.

LÉANDRE PÈRE.

Fort bien ! Ce qu'on vient de me dire
Semble me garantir le bonheur où j'aspire.
La petite fripónne a pris du goût pour moi ;
Aussi j'ai fait merveille ; et maintenant je voi
Comment nos étourdis ont si bien l'art de plaire :
Il ne faut qu'être fat, et j'en fais mon affaire ;
Mon premier coup d'essai n'est pas trop malheureux.

SCÈNE VI.

LÉANDRE père, LÉANDRE fils.

LÉANDRE FILS.

Me serais-je flatté !... Mais que vois-je en ces lieux ?
Et ne pourrai-je encor parler seul à Dorise ?
Ah ! quel objet... O ciel ! Et quelle est ma surprise !

LÉANDRE PÈRE.

Que vois-je !

LÉANDRE FILS.

Quoi ! c'est vous , mon père ?

LÉANDRE PÈRE.

C'est mon fils.
Ah ! coquin ! qui t'oblige à prendre ces habits ?
Parle, dans ce logis quelle raison t'amène ?
Fils indigne de moi.

LÉANDRE FILS.

Je n'ai pas moins de peine
A deviner l'objet de ce déguisement.
Quoi ! mon père à Paris ! Et pourquoi ? depuis quand

LÉANDRE PÈRE.

De ce déguisement la raison est secrète.
J'y suis *incognito*.

LÉANDRE FILS.

Mon esprit s'inquiète
Du silence qu'ici vous gardez avec moi.
Je vous trouve fort bien ; mais je sens quelque effroi
De vous voir travesti sans en savoir la cause.
Mon père, vous est-il arrivé quelque chose ?

LÉANDRE PÈRE.

En tout cas l'on n'a pas besoin de votre appui ;
C'est par goût que je suis de la sorte aujourd'hui.

LÉANDRE FILS.

Je ne vous savais pas tant de goût pour les armes.
Depuis quand ce métier pour vous a-t-il des charmes?
Avez-vous fait campagne ?

LÉANDRE PÈRE.

Oui.

LÉANDRE FILS.

Ceci me surprend.

Vous voulez me tromper, mon père, assurément:
Il s'agit d'amourette ou de coquetterie ;
Vous donnâtes toujours dans la galanterie.
Ma foi, je ne sais point qui vous voulez charmer ;
Mais vous avez tout l'air de vous bien faire aimer :
Vous êtes à ravir.

LÉANDRE PÈRE.

Mais es-tu bien sincère ?
Là, me trouves-tu bien ?

LÉANDRE FILS.

En vérité, mon père,
Si vous me permettez cette comparaison,
Je ne suis pas si bien; et l'on aurait raison
De vous croire mon fils en nous voyant ensemble.
Mais que dites-vous donc du sort qui nous rassemble
Dans la même maison, et si bizarrement ?
Permettez que j'en rie avec vous un moment.
Oh ! çà, faites-moi donc part de votre aventure ;
Je suis, à vous servir, disposé, je vous jure.
Avez-vous à tromper quelque argus vigilant,
Quelque oncle, quelque père, ou quelque autre parent ?
Frontin fait quelquefois là-dessus des miracles,
Et nous viendrons à bout de lever les obstacles.

LÉANDRE PÈRE.

Tu ne saurais m'aider à tromper qui je veux.

LÉANDRE FILS.

Eh! mais tout est possible, on peut vous rendre heureux;
N'épargnez sur ce point ni mes soins, ni mon zèle :
Mais dites-moi d'abord, mon père, quelle est-elle ?
Loge-t-elle ici près ?

LÉANDRE PÈRE, *à part.*

Ah ! qu'il me rend confus !

(*haut.*)
Je ne puis m'expliquer à présent là-dessus.
Mais revenons à toi.

LÉANDRE FILS·

Voudriez-vous, mon père,

Prêter à votre fils un secours salutaire ?
La plus vive tendresse a fait ce changement :
Oui, l'amour est l'auteur de mon déguisement ;
J'aime, dans ce logis, une fille adorable,
Dont on veut que l'époux soit d'âge respectable.

LÉANDRE PÈRE.

Quoi ! la fille d'Orgon ?....

LÉANDRE FILS.

Oui. La connaissez-vous ?
J'oserais pis encor, pour être son époux.

LÉANDRE PÈRE, *bas.*

Justement ; le pendard en veut à ma maîtresse.

LÉANDRE FILS.

J'ai voulu, pour la voir, lui cacher ma jeunesse.
Et tout jusqu'à présent a secondé mes vœux,
Et le père et la fille ont approuvé mes feux.
Qu'un jeune concurrent à tous deux se propose,
Tel serait mon bonheur, que ma métamorphose,
En fascinant leurs yeux, me ferait préférer :
Etre vieux est ici le moyen d'espérer.

LÉANDRE PÈRE.

Quoi ! la fille ?...

LÉANDRE FILS.

A son père elle se sacrifie ;
Elle consent à tout : heureux que ma folie,
En les trompant tous deux, leur sauve un repentir !

LÉANDRE PÈRE.

Pour la fille, je crois qu'elle te doit haïr.

LÉANDRE FILS.

Non, mon père, au contraire ; et dès ce soir, peut-être,
Si vous y consentez, sans me faire connaître,
En lui donnant la main, votre fils est heureux.
Par le plus doux espoir elle a comblé mes vœux ;
Et d'ailleurs j'ai près d'elle une amie excellente,
Qui me sert à merveille.

LÉANDRE PÈRE.

Eh ! qui donc ?

LÉANDRE FILS.

Sa suivante.

Entre nous, pour conduire un amoureux roman,
C'est un esprit du diable; elle vous fait un plan,
Vous conduit une intrigue avec toute l'aisance...
C'est la perle, en un mot, des soubrettes de France ;
Si vous la connaissiez...

LÉANDRE PÈRE , bas.

Que trop, pour mon malheur.

(haut.)

Scélérate ! Je puis mieux faire ton bonheur ;
C'est Orgon que je cherche ici, c'est mon intime :
Liés depuis long-temps par l'amitié, l'estime ,
Je n'ai qu'à dire un mot : mais il faut pour cela
Quitter dès à présent ce déguisement-là ;
Orgon, en ma faveur, t'acceptera pour gendre,
Je t'en suis caution.

LÉANDRE FILS.

O père le plus tendre !

Cependant si , fâché de ma témérité,
Surtout par ma jeunesse encor plus rebuté,
Il s'allait refuser, mon père, à votre instance ?

LÉANDRE PÈRE.

Je le ferai rougir de son extravagance ;
C'est un bon-homme, et j'ai quelque crédit sur lui :
Je vais l'entretenir, et compte qu'aujourd'hui ,
Lui parlant comme il faut, il m'accorde sa fille.
J'en veux avec plaisir augmenter ma famille.
C'est assez : va changer de parure au plus tôt;
Moi, près de mon ami je ferai ce qu'il faut.

LÉANDRE FILS.

Laissez-le-moi tromper.

LÉANDRE PÈRE.

Je vous demande excuse ;

Je ne souffrirai point qu'à mes yeux on abuse
De la crédulité d'un de mes bons amis,
Et je suis contre toi si tu ne m'obéis.

LÉANDRE FILS , bas.

Étourdi que je suis ! O rencontre maudite !

(haut.)

Mon sort est en vos mains, mon père...

LÉANDRE PÈRE.

                              Va donc vîte,
Je t'attends en ces lieux.

LÉANDRE FILS.

                    Un moment me suffit ;
Vous me promettez tout ?

LÉANDRE PÈRE.

                    Oui , tout ce que j'ai dit.

SCÈNE VII.

LÉANDRE PÈRE.

Ah ! je vais te servir de la belle manière :
Il gagnait en vieillard et la fille et le père ;
S'il ne faut qu'être vieux , je vais paraître ici
Plus amoureux cent fois , et bien plus vieux que lui.
Marine m'a joué le tour le plus infâme...
Dorise , sans cela , serait déjà ma femme ;
Mais je m'en vengerai. Tout peut se réparer ,
Et sous mes vrais habits je n'ai qu'à me montrer.
Je vais tirer Orgon de cette erreur cruelle
Où j'allais le plonger , et j'épouse la belle ;
Mon fils enragera, grondera , pestera ;
Tant mieux , par ce revers il se corrigera :
Il faut savoir punir à propos la jeunesse.
J'avais pu te quitter , trop aimable vieillesse !
Hélas ! je te devrai ma joie et mon bonheur.

SCÈNE VIII.

LÉANDRE PÈRE , MARINE.

MARINE.

Notre amant ne vient point.

LÉANDRE PÈRE.

                    Il viendra : serviteur.

MARINE.

Je m'occupais de vous. Eh bien ! dans ma maîtresse
Avez-vous remarqué pour vous quelque tendresse ?
Vous ai-je bien servi ?

LÉANDRE PÈRE , *bas.*

                              (*haut.*)
            L'impudente ! Fort bien

MARINE.

Je vous ai ménagé ce moment d'entretien.
Vous l'avez enchantée, et son ame ravie...

LÉANDRE PÈRE, *brusquement.*

Adieu. Je sais combien Marine est mon amie.

SCÈNE IX.

MARINE.

Le jeune homme ou Frontin se seraient-ils trahis?
Quoi! tandis que pour eux j'aurais tout entrepris,
Ils auraient pu... Mais non, cela n'est pas possible;
Aisément du soupçon un vieux est susceptible;
Il m'éprouvait.. Allons, ne nous démentons pas,
Et mettons tout à fin pour sortir d'embarras.
Ah! qu'il tarde à venir : mais bon, voici le père;
Portons le dernier coup.

SCÈNE X.

ORGON, MARINE.

ORGON.

Que faut-il que j'espère?
Ma fille va descendre, et s'expliquer enfin.
Qu'as-tu vu? de ceci quelle sera la fin?

MARINE.

Eh! voit-on quelque chose avec une innocente
Qui n'a ni froid ni chaud, toujours indifférente,
Qui ne sait rien encor de triste ni d'heureux,
A qui tout est égal? Blanc ou noir, jeune ou vieux,
Sot ou non, rien n'y fait : « J'obéis à mon père,
» Qu'il choisisse celui qu'il veut que je préfère. »
Voilà tous ses discours : à votre place aussi
Je n'en croirais que moi pour choisir son mari.
Le médecin vous plaît, je dirais qu'on le prenne,
Et tout à l'heure encor...

ORGON.

Ne te mets point en peine;
Puisqu'elle est si long-temps à se déterminer,
Dès ce soir pour l'hymen je vais tout ordonner.

MARINE.

C'est fort bien fait, monsieur.

ORGON.
Voici notre indolente.

SCÈNE XI.

ORGON, DORISE, MARINE.

ORGON.
Comment donc! est-ce ainsi qu'on est obéissante?
Vous n'avez pas encore agréé pour époux
Ce médecin fameux?...

DORISE.
Ce choix dépend de vous.

ORGON.
Je vous croyais du goût, du bon sens, de la tête,
Et je n'aperçois pas qu'est-ce qui vous arrête :
Ne pas aimer déjà cet homme merveilleux !
Notre Manceau peut-être aura frappé vos yeux.

DORISE.
Frappé mes yeux? Oh ! non.

ORGON.
En ce cas, prenez l'autre,
J'aurai mon médecin.

DORISE.
Mon choix sera le vôtre.

ORGON.
Oui, par soumission, bien plutôt que par goût :
Cependant c'est un homme à préférer à tout,
Que tu devrais chérir ; mais en es-tu capable?

MARINE.
Cela viendra peut-être.

ORGON.
Un chimiste admirable,
Qui fait vivre cent ans, qui t'aime à la fureur :
Tu ne mérites pas un semblable bonheur.
Il est charmant, divin : Marine, que t'en semble?

MARINE.
Je ne demande au ciel qu'un vieux qui lui ressemble.

ORGON.
Tu vois, Marine même a du penchant pour lui.

MARINE.
Je gage que bientôt vous en aurez aussi ;
Il a l'air engageant, les manières aimables,
Sa façon de parler est des plus agréables.

ORGON.

Ma foi, je sens pour lui la plus vive amitié :
Son rival, au contraire, excitait ma pitié.

SCÈNE XII.

ORGON, LÉANDRE père, *en vieillard*,
DORISE, MARINE.

ORGON.

Mais voici ton vieillard ; approchez-vous, mon gendre,
Votre main, et la tienne ; et pourquoi t'en défendre ?
Ah, ah ! je me trompais ! Je suis votre valet,
Beau blondin travesti, vous n'êtes pas mon fait.
Monsieur l'officier, gagnez votre demeure ;
Votre père peut-être est à sa dernière heure :
Croyez-m'en, pour le voir, retournez sur vos pas.

MARINE, *bas.*

Que veut dire ceci ? quel nouvel embarras !

LÉANDRE PÈRE.

Sortez de votre erreur, c'est votre ami lui-même
Qui vous embrasse ici.

ORGON.

Ma surprise est extrême.

LÉANDRE PÈRE.

Ouvrez les yeux, enfin.

ORGON.

Qui, vous, mon vieil ami ?

LÉANDRE PÈRE.

Moi-même.

MARINE.

Est-il possible ?

LÉANDRE PÈRE.

Et toi, perfide aussi,
Peux-tu t'en étonner, toi de qui la malice
M'a fait avoir recours à ce sot artifice ?

MARINE.

Il ne sait ce qu'il dit, je ne le connais pas.
(bas.)
Ah ciel ! par quel moyen nous tirer de ce pas ?

LÉANDRE PÈRE.

Ai-je imaginé seul cette lourde bévue ?

N'est-ce pas ton conseil?

ORGON.

Et la lettre reçue...
La folie, et ces maux dont me parlait Crispin?

LÉANDRE PÈRE.

Chimères, et je suis dans l'état le plus sain :
Cette fourbe m'a fait hasarder l'entreprise
De passer pour mon fils, et de plaire à Dorise.
J'ai cru qu'en m'annonçant pour un autre que moi,
Je pourrais lui donner peut-être moins d'effroi ;
Et je ne pensais pas, que, si douce et si sage,
Elle pût épouser un homme de mon âge :
A votre égard, j'ai cru qu'un écrit de ma main,
Sous le nom de mon fils, appuîrait mon dessein.

ORGON.

Morbleu ! peut-on encor radoter à cet âge?
Pour trouver à ma fille un époux qui fût sage,
Contre tout jeune amant je voulais me liguer ;
Mais je vois qu'à tout âge on peut extravaguer,
Et que pour assurer le bonheur de Dorise,
Je devrais regretter la peine que j'ai prise,
Si je n'avais trouvé ce vieillard si prudent,
Si digne, à tous égards, du bonheur qui l'attend.
Oui, notre bel ami, ma fille est pour un autre :
Je vous le dis tout franc.

LÉANDRE PÈRE.

Quel dessein est le vôtre,
Quand vous m'avez promis ?...

ORGON.

Je vous croyais prudent ;
Mais de ma sotte erreur je reviens à présent ;
J'aimerais mieux, vous dis-je, en changeant de pensée,
Voir à quelque étourdi ma fille fiancée,
Que de vous la laisser épouser aujourd'hui,
Après vous avoir vu vous jouer d'un ami ;
Mais j'ai quelqu'un à qui donner la préférence :
C'est un vieillard qui joint à sa vaste science
Un esprit éclairé par la seule raison.

LÉANDRE PÈRE.

Vous n'avez pas de lui mauvaise opinion.

ORGON.

Oui, ce vieillard devrait être votre modèle ;
Estimé de Dorise, il est seul digne d'elle.

LÉANDRE PÈRE.

Vous reviendrez bientôt de cet entêtement :
Le galant suranné que vous nous vantez tant...

ORGON.

Eh bien ?

LÉANDRE PÈRE.

Vous déplaira, c'est une chose sûre :
Je gage qu'avec lui vous ne pourrez conclure.

ORGON.

Mais c'est gager fort mal : je vous dis qu'il me plaît.

LÉANDRE PÈRE.

Gageons que non.

ORGON.

Gageons..

LÉANDRE PÈRE.

Je suis mieux votre fait.

ORGON.

C'est un grand médecin.

LÉANDRE PÈRE.

La qualité m'étonne ;
Je vous jure qu'il n'a jamais tué personne.

ORGON.

Je le sais bien ; il a des secrets merveilleux.

LÉANDRE PÈRE.

Celui de vous tromper lui réussit au mieux.

MARINE, *bas.*

Ah ! nous sommes perdus !

LÉANDRE PÈRE.

Il doit bientôt se rendre...

Justement le voici.

SCÈNE XIII.

LÉANDRE FILS, *en jeune homme*, ORGON,
LÉANDRE PÈRE, *en vieillard*, DORISE,
MARINE.

ORGON.

Je n'y puis rien comprendre.

DORISE.

Marine, il va se perdre !

MARINE.

Ah ! quel extravagant !

LÉANDRE FILS.

Ah ! monsieur, pardonnez les ruses d'un amant ;
Vous vouliez ce matin protéger ma vieillesse ;
Vous serais-je odieux par ma seule jeunesse ?
J'aimais depuis long-temps votre fille en secret

DORISE.

Que js souffre, Marine !

MARINE.

Oh ! le sot indiscret !

ORGON.

Marine me jouait, avec vous, à ce compte ;
Et tous vos grands talens, monsieur...

LÉANDRE FILS.

Étaient un conte.

MARINE.

Ma foi, je ne sais plus quel tour ceci prendra :
Destin, fortune, amour, nous sauve qui pourra.

LÉANDRE FILS.

Puis-je me repentir de ce qu'on m'a vu faire ?
Il fallait voir Dorise et ne pas vous déplaire ;
J'ai consulté l'amour : l'amour est imprudent...
Mon père... unissez-vous à moi dans ce moment.

MARINE.

Son père !

ORGON.

Que dit-il ? Quoi ! vous seriez son père ?

LÉANDRE PÈRE.

Oui. Quel est maintenant celui que l'on préfère ?

ORGON.

Tant de bizarrerie a de quoi m'étonner.
Ma fille, c'est à toi de bien examiner,
Qui, du père ou du fils, mérite mieux sa grâce ;
Je te remets mes droits ; fais ton choix, et j'y passe.

LÉANDRE FILS.

Mon père est mon rival, c'est à moi de céder.

MARINE.

Non, il faut la laisser entre vous décider.

LÉANDRE FILS.

Je tremble.

LÉANDRE PÈRE.

Songez bien que de mon artifice
L'amour seul est auteur.

MARINE.

On vous rendra justice.

DORISE.

Puisque l'on me permet de juger entre vous,
Un mot va déclarer quel sera mon époux :
Vous avez tous les deux marqué peu de sagesse ;
Mais on doit quelquefois excuser la jeunesse.

MARINE.

Bien jugé.

LÉANDRE FILS.

Quelle joie !

ORGON.

Allons, mon vieil ami,
Sur ce petit malheur prenez votre parti :
Vous l'avez mérité.

LÉANDRE PÈRE.

J'y consens. D'ordinaire,
Un fils semble être né pour désoler son père.

MARINE.

Vite à votre contrat, et terminons ce soir :
Plus de délais.

LÉANDRE FILS.

L'amour a comblé mon espoir.
(*Ils sortent.*)

MARINE.

A quelque prix, ma foi, qu'on mette la finesse,
Le hasard et l'amour font plus que notre adresse.

FIN DE LA DOUBLE EXTRAVAGANCE.

THÉATRE

DE

DEMOUSTIER.

Edition Touquet.

PARIS.

Chez L'Éditeur, rue de la Huchette, n°. 18.

1822.

LE CONCILIATEUR,

OU

L'HOMME AIMABLE,

COMÉDIE

EN CINQ ACTES ET EN VERS,

DE

DEMOUSTIER,

Représentée, pour la première fois, le 29 septembre 1791.

ACTEURS.

DORVAL, sous le nom de Melcourt.
LUCILE, fille de Mondor.
MONDOR.
MADAME MONDOR.
MADAME DE BOISVIEUX, } sœurs de Mondor.
MADAME DE VERTSEC, }
CLÉON, } amans de Lucile.
CLITANDRE, }
NÉRINE, suivante de Lucile.
FRONTIN, valet de Mondor.

LE CONCILIATEUR,
COMÉDIE.

ACTE PREMIER.

Le théâtre représente un salon.

SCÈNE PREMIÈRE.

MELCOURT, FRONTIN.

FRONTIN.

C'est vous, monsieur Dorval, vous, ce jeune homme
aimable!...

MELCOURT.

Oui, mon pauvre Frontin.

FRONTIN.

    Quel prodige incroyable
De vous voir en ces lieux, vous, monsieur, dont le nom,
Pardonnez, est maudit de toute la maison!

MELCOURT.

Je le sais.

FRONTIN.

  Sauvez-vous; monsieur Mondor, mon maître,
S'il vous voyait ici, vous forcerait peut-être
   (il lui montre la fenêtre.)
A prendre, pour sortir, le chemin le plus court.

MELCOURT.

Rassure-toi : j'ai pris le surnom de Melcourt.

FRONTIN.

De votre petit fief?

MELCOURT.

   Justement; et j'espère
Demeurer inconnu.

 Demoustier.   1

FRONTIN.

Quand monsieur votre père
Mourut.... trop tôt, hélas! et pour vous et pour moi,
Dans cette maison-ci je cherchai de l'emploi
Près de monsieur Mondor, chéri de son village;
Vif, mais bon; s'occupant beaucoup du jardinage
Dont il fait son plaisir. C'est pour les bonnes gens
Que le ciel a créé les plaisirs innocens.
Monsieur votre oncle, alors voisin de cette terre,
Et mon maître, s'aimaient d'une amitié sincère.
Un malheureux procès tout à coup les brouilla.
Je ne vous revis plus depuis ce moment-là:
Depuis quatorze ans!... mais j'ai su vous reconnaître.
On ne méconnaît point ceux que l'on a vus naître.
Ce cher enfant!... tenez, embrassons-nous encor.

MELCOURT.

De tout mon cœur.

FRONTIN.

Enfin, près de monsieur Mondor
Qui peut vous amener?

MELCOURT.

L'amour et l'espérance.

FRONTIN.

L'espérance et l'amour ici? quelle apparence!

MELCOURT.

J'aime Lucile.

FRONTIN.

Quoi! Lucile vous connaît?

MELCOURT.

Oui....

FRONTIN.

Tant pis.

MELCOURT.

Eh! non.

FRONTIN.

Mais comment?

MELCOURT.

Voici le fait:
Chez monsieur de Courval j'en fis la connaissance

Sous le nom de Melcourt. Ainsi , la différence
Du nom l'aura trompée ; et tu vois qu'en ce cas
Lucile me connaît et ne me connaît pas.

FRONTIN.

Tant mieux ; car, si Melcourt à Lucile a su plaire ,
Dorval éprouverait bientôt un sort contraire.
Dorval est en horreur ; et Lucile, en ce cas ,
Pourrait bien vous aimer, et ne vous aimer pas.

MELCOURT.

De Mondor autrefois je n'ai connu la fille
Qu'un moment. Ignorant quelle était ma famille ,
Lucile m'accueillit, et même , à mon départ,
Me laissa pour adieux un douloureux regard.
Je partis pour l'armée ; et bientôt dans mon ame
Je sentis s'allumer cette secrète flamme,
Qui, par le souvenir s'augmentant chaque jour,
M'a fait précipiter l'instant de mon retour.
J'arrive hier : j'apprends, (conçois-tu ma surprise !)
Que l'on juge aujourd'hui le procès qui divise
Nos familles. Soudain, pour prévenir l'arrêt,
De les concilier je forme le projet.

FRONTIN.

Je crains que l'intérêt , monsieur, ne le renverse.
Un plaideur amoureux de sa partie adverse !...

MELCOURT.

Par cet arrangement j'obligerai Mondor.
Sur le point contesté chacun sait qu'il a tort ,
Qu'il doit le perdre....

FRONTIN.

      Avant de prédire sa perte ,
Regardez bien, monsieur, si la porte est ouverte.

MELCOURT.

J'amènerai la chose avec ménagement.

FRONTIN.

Au nom seul de Dorval, c'est un emportement !...
Cet arrangement-là ne sera pas facile.

MELCOURT.

Oui ; mais si j'y parviens, j'espère que Lucile....

                    LE CONCILIATEUR.

FRONTIN.

Vous voulez à l'amour en devoir le succès,
Et par un bon hymen transiger sur procès.
Mais j'y vois un obstacle assez grand....

MELCOURT.

Je t'en prie,
Parle.

FRONTIN.

C'est qu'aujourd'hui Lucile se marie.
A sa main deux rivaux prétendent à la fois.

MELCOURT.

Et Lucile?...

FRONTIN.

N'a plus que l'embarras du choix.

MELCOURT.

Et ces deux prétendans?...

FRONTIN.

Sont Cléon et Clitandre :
L'un, fat, présomptueux ; l'autre, mielleux et tendre ;
Fort jaloux l'un et l'autre, et très-riches tous deux.

MELCOURT.

Sont-ils bien accueillis ?

FRONTIN.

Pas mal.

MELCOURT.

Le doucereux
Doit déplaire au père.

FRONTIN.

Oui ; mais il plaît à la mère.

MELCOURT.

Et le fat lui déplaît?

FRONTIN.

Oui ; mais il plaît au père ;
Car ce couple est toujours en opposition ;
Et pour mieux soutenir la contradiction,
Il se boude, se fuit, se contrarie et s'aime.

MELCOURT.

Mais aiment-ils Lucile?

FRONTIN.

Assez, et c'est là même

Le seul point sur lequel ils paraissent d'accord.

MELCOURT.

En l'aimant avec eux, je plairai donc d'abord
A tous deux ?

FRONTIN.

       A monsieur, mais non pas à madame.
Vous ne savez donc pas ce que c'est qu'une femme
Qui, jadis belle, et fraîche encore à quarante ans,
A la fin de l'été se croit dans le printemps?
Pour elle quel fardeau qu'une fille accomplie,
Plus grande que sa mère, et surtout plus jolie,
Qui de nouveaux trésors tous les jours s'enrichit,
Tandis que tous les jours la maman s'appauvrit!
Encor lui passe-t-on les grâces du jeune âge,
Tant que des soupirans on conserve l'hommage.
Mais, dès que les amans s'attachent à ses pas,
C'est un crime, monsieur, qu'on ne pardonne pas.
Vous m'entendez....

MELCOURT.

     Je vois que, pour préliminaire,
Il faut, suivant l'usage, adresser à la mère
Ce qu'on sent pour la fille.

FRONTIN.

      Oui; mais autre embarras.

MELCOURT.

Quoi ?

FRONTIN.

Vous allez avoir deux tantes sur les bras.

MELCOURT.

Tu ris ?

FRONTIN.

Je ne ris point : oui, monsieur, oui, deux tantes.

MELCOURT.

Jeunes?

FRONTIN.

De cinquante ans, et des plus exigeantes :
L'une, sentimentale avec timidité,
Vous fera faire un cours de sensibilité,
Et de force ou de gré sera votre bergère ;

L'autre, à l'œil sémillant, lutin sexagénaire,
Si pour elle, monsieur, vous voulez soupirer,
Ne vous laissera pas le temps de respirer.
Elles sont toutes deux rivales de Lucile :
Madame de Boisvieux prend l'amant imbécille ;
Madame de Vertsec, le fat.

MELCOURT.

             Puisque leur cœur....

FRONTIN.

Oh ! ne vous flattez pas d'échapper au malheur
D'être aimé.

MELCOURT.

       Je n'ai rien qui doive les séduire,
Et je n'y prétends pas.

FRONTIN.

         Non, vous aurez beau dire,
En vous tout va leur plaire, esprit, grâce, beauté,
Et plus que tout cela, monsieur, la nouveauté.
Il est un autre obstacle....

MELCOURT.

       Encore ?

FRONTIN.

          Je devine
Que vous n'êtes pas riche....

MELCOURT.

        Hélas ! non.

FRONTIN.

           Et Nérine
Qui gouverne Lucile avec quelque ascendant,
Auprès d'elle n'admet qu'un riche prétendant.

MELCOURT.

C'est par intérêt ?...

FRONTIN.

        Non ; c'est par philosophie ;
Car Nérine est, monsieur, une fille accomplie,
Qui....

MELCOURT.

     Te plaît et qui t'aime ?

FRONTIN.

         A peu près ; entre nous,

Auprès d'elle on pourrait solliciter pour vous.
Ah! Mondor, il n'est pas dans son jour agréable.
Annoncerai-je?

MELCOURT.

Va.

SCÈNE II.

MONDOR, MELCOURT, FRONTIN.

FRONTIN.

Monsieur Melcourt.

MONDOR.

Que diable!
Je te dis qu'aujourd'hui je ne veux recevoir
Qui que ce soit.

MELCOURT, *saluant.*

Monsieur....

MONDOR, *brusquement.*

Monsieur veut-il s'asseoir?

MELCOURT.

Volontiers.

MONDOR, *prenant par le bras Melcourt, prêt à s'asseoir.*

Après tout, il n'est pas nécessaire
Pour un mot.... Il s'agit?...

MELCOURT.

D'une petite affaire....

MONDOR.

D'une affaire! ah, morbleu! c'est par trop m'accabler.

MELCOURT.

Pardon....

MONDOR.

Je ne veux plus en entendre parler :
Serviteur.

(Il s'éloigne.)

FRONTIN, *à part, à Melcourt.*

Adieu donc.

(Il sort.)

MELCOURT, *saluant Mondor, qui le congédie.*

Avec un caractère
Aussi franc....

MONDOR.

Il est vrai.

MELCOURT , *poursuivant.*

Je sens qu'on n'aime guère
Les procès....

MONDOR , *le ramenant.*

Le nom seul, monsieur, m'en fait horreur.
Et si je vous reçois avec un peu d'humeur,
C'est que, dans ce moment, on m'en juge, sans doute,
Un infernal. Pourquoi ? pour rien : pour une route,
Pour des arbres plantés sur le bord d'un chemin,
Je me vois ruiné par un maudit voisin
Qui veut m'ôter mes droits ; mais j'y mettrai bon ordre.
J'y mangerai mon bien plutôt que d'en démordre,
Et transmettrai ma cause à mes derniers neveux.

MELCOURT , *à part.*

Pour l'accommodement l'instant n'est pas heureux.
   (*haut.*)
Ne peut-on s'arranger ?

MONDOR.

Oui, l'on vient de m'apprendre
Qu'afin d'y parvenir, Dorval m'offre pour gendre
Son neveu.

MELCOURT.

Prenez-le.

MONDOR.

Quelque esprit éventé,
Quelque sot comme lui. La belle indemnité !
Ne vous semble-t-il pas que, dans cette occurence,
La réparation est pire que l'offense ?

MELCOURT

Pour prononcer, il faut connaître le neveu ;
Et vous le connaissez, sans doute ?

MONDOR.

Non, parbleu !
Mais c'est mon jugement.

MELCOURT.

Vous pourriez le suspendre.
Pour juger....

MONDOR.

Je ne veux ni le voir ni l'entendre.

MELCOURT.

Si vos juges, monsieur, vous en disaient autant ?

MONDOR.

Si !... brisons là-dessus. Serviteur. On m'attend
Pour régler le contrat et la dot de ma fille.

MELCOURT, *à part.*

Ciel !

MONDOR.

Il est singulier qu'un père de famille
Qui veut bien consentir à donner son enfant,
Soit encore obligé de donner son argent.

MELCOURT.

Hélas ! c'est qu'un trésor ne va jamais sans l'autre

MONDOR.

Je finis cette affaire aujourd'hui. Pour la vôtre,
Revenez dans huit jours.

MELCOURT, *à part.*

Adieu donc tout espoir.

(*sortant.*)

Dans un autre moment j'aurais espéré voir
Vos arbres étrangers, votre nouveau parterre,
Et les plantations que vous venez de faire.

MONDOR, *le faisant rentrer.*

Vous aimez les jardins ? beaucoup ?

MELCOURT.

A la fureur.

MONDOR, *l'invitant à s'asseoir.*

C'est ma fureur aussi. Ce goût vous fait honneur.

MELCOURT.

C'est un plaisir si vrai !

MONDOR.

Si pur !

MELCOURT.

Le jardinage,
Dans tous les siècles fut l'amusement du sage :
Il exerce le corps, et souvent parle au cœur,
De l'herbe parasite en dégageant la fleur.

En redressant l'arbuste, on voit dans la nature,
Les mœurs du genre humain la fidèle peinture.

MONDOR.

Je veux vous faire voir mes jardins, mes bosquets :
Cela me distraira de ce maudit procès.
Il faut que ce matin nous visitions ensemble
Mon potager, mes fleurs, mes espaliers.

MELCOURT.

Je tremble
De vous déranger.

MONDOR.

Non. Faites-moi l'amitié
De déjeûner....

MELCOURT.

(à part.)
Monsieur.... Ah! me voilà prié.

MONDOR.

Vous pourrez repartir en toute diligence.

MELCOURT.

Je ne suis pas pressé.

MONDOR.

De votre complaisance.
J'abuserais, si....

MELCOURT.

Non, monsieur.

MONDOR.

Bon gré, malgré,
Dans une heure, au plus tard, je vous congédîrai.

MELCOURT.

Que de bontés!

MONDOR.

J'entends la voix de mon épouse;
Brave femme, bon cœur, entêtée et jalouse.
Nous avons aujourd'hui l'honneur de nous bouder.

MELCOURT.

Vous aurez le plaisir de vous raccommoder :
Les raccommodemens rendent l'hymen plus tendre,
Et réveillent ses feux endormis sous la cendre.

MONDOR.

Oui; vous avez raison, et je cours l'embrasser.

SCÈNE III.

LUCILE, MADAME MONDOR, MONDOR MELCOURT.

MONDOR, *allant embrasser son épouse.*
Eh ! bonjour.

MADAME MONDOR, *l'arrêtant.*
Allez-vous encore commencer
Par me contrarier ce matin ?

MONDOR.
Au contraire.

LUCILE, *à part, apercevant Melcourt.*
Que vois-je !

MONDOR, *continuant.*
Sur tous points je veux vous satisfaire.

MADAME MONDOR.
Vous me contredirez encor.

LUCILE, *à part.*
Ce sont ses traits !

MONDOR.
La paix, ma femme.

MADAME MONDOR.
Oui, oui, pour obtenir la paix,
Vous croyez tous, messieurs, qu'un mot doit vous suffire

MELCOURT.
L'esprit croit aisément ce que le cœur désire.

MONDOR.
Tenez, il a raison.

(*Madame Mondor se laisse embrasser.*)
LUCILE, *à part.*
Ah ! c'est bien lui.

MADAME MONDOR, *à Melcourt.*
Monsieur...

MONDOR.
Est monsieur de Melcourt, jardinier-amateur,
Qui vient voir mes travaux.

MADAME MONDOR, *gracieusement.*
Ah ! oui ?...

MELCOURT, *à Lucile, avec trouble.*

Mademoiselle...

MADAME MONDOR, *à son mari.*

L'amateur n'est pas mal.

LUCILE, *troublée, à Melcourt.*

Eh bien ?

MELCOURT.

Je me rappelle
Avoir eu le bonheur de vous connaître au bal,
Chez un de mes parens.

LUCILE, *vivement.*

Chez monsieur de Courval.

MONDOR, *à Melcourt.*

Vous tenez aux Courval ?

MELCOURT.

Oui, par une alliance.

MONDOR.

Vous êtes marié ?...

LUCILE, *à part.*

Grands dieux !

MELCOURT.

Non.

LUCILE ; *à part, avec joie.*

Ah !

MADAME MONDOR.

Je pense
Que monsieur restera pour dîner avec nous ?

MELCOURT.

(*à part.*)   (*haut.*)
Je gagne du temps. Mais... je crains...

LUCILE, *bas.*

Que craignez-vous ?

MELCOURT, *vivement, à madame Mondor.*

J'aurai cet honneur-là.

MONDOR.

Fort bien. La ressemblance
De nos plaisirs bientôt noûra la connaissance.
Par leurs goûts, tous les jours les hommes sont unis.

MELCOURT.

Si la conformité des goûts fait les amis,
J'espère qu'en ces lieux je deviendrai le vôtre ;
        (*il montre Lucile et madame Mondor.*)
Car nous avons ici mêmes goûts l'un et l'autre.

MADAME MONDOR.

Il s'exprime assez bien.

MONDOR.

            Ah, ah ! voici mes sœurs.

MELCOURT, *à Lucile.*

Vos tantes ?

LUCILE.

Oui, monsieur.

MELCOURT.

            Et vos adorateurs ?

LUCILE.

Hélas !

SCÈNE IV.

LUCILE, MELCOURT, MADAME MONDOR,
MONDOR, MADAME DE BOISVIEUX, CLI-
TANDRE, MADAME DE VERTSEC, CLÉON ;
FRONTIN, *entrant vers le milieu de la scène.*

MADAME DE BOISVIEUX, *à Clitandre, qui lui donne la
main.*

        Allons, Clitandre, allons, prenez donc garde ;
Modérez vos transports.

MADAME DE VERTSEC, *à Cléon.*

            Lorsque l'on nous regarde,
Je vous défends, Cléon, de me serrer la main.

MONDOR.

Comment va la santé ?

MADAME DE BOISVIEUX.

            J'ai les nerfs ce matin
Dans un état affreux.

MADAME DE VERTSEC.

            J'ai la tête pesante...
            (*apercevant Melcourt.*)
Des vapeurs à mourir... Ah, ah !
    Demoustier.   2

MONDOR.

Je vous présente
Monsieur Melcourt, parent des Courval.

MADAME DE BOISVIEUX.

Ah ! oui-dà ?

(*grande révérence.*)
Monsieur...

MADAME DE VERTSEC , *faisant aussi une grande
révérence.*

Monsieur....

CLÉON , *à Clitandre.*

Melcourt !... Connaissez-vous cela ?

CLITANDRE.

Moi ? point.

CLÉON.

Ni moi.

MONDOR , *leur présentant Melcourt.*

Messieurs, vous ferez connaissance.
A propos, j'oubliais... Frontin ! en diligence...

FRONTIN, *entrant précipitamment, et voyant Melcourt,
à part.*

Il est encore ici !

MONDOR.

Cours chez mon rapporteur ,
Et songe à revenir au plus tôt.

FRONTIN.

Oui, monsieur ;
Quatre milles, pour moi, c'est une bagatelle.

MONDOR.

Ce soir, de mon arrêt j'attends donc la nouvelle.

MELCOURT, *à part.*

Je tremble.

FRONTIN , *à part, à Melcourt.*

Et vous saurez votre sort avant peu.

MONDOR , *à Frontin.*

Peut-être de Dorval verras-tu le neveu :
Dis-lui que, s'il paraît en ces lieux, je le chasse.

LUCILE.

Oui...

MELCOURT.

Ce pauvre neveu ! je me mets à sa place,
Et le plains d'être en butte à votre inimitié.

LUCILE.

Il ne mérite pas, monsieur, votre pitié.

MONDOR.

C'est un sot, un Dorval, en un mot ; c'est tout dire.

MADAME MONDOR.

Et son nom seul suffit pour le faire proscrire.

FRONTIN.

(à part.)   (haut.)
Gare la découverte !... Allons...

MADAME MONDOR, à *Frontin*, *qui sort*.

En même temps
Rapportez les journaux.

MELCOURT.

Ils sont intéressans.

MADAME MONDOR.

Monsieur s'occupe donc souvent de politique ?

MELCOURT.

Assez.

MADAME MONDOR.

Nous en ferons.

MADAME DE VERTSEC.

Monsieur sait la musique ?

MELCOURT.

Un peu.

MADAME DE VERTSEC.

Je m'en empare.

MADAME DE BOISVIEUX.

Et je me doute bien
Que vous versifiez.

MELCOURT.

Fort mal.

MADAME DE BOISVIEUX.

Je vous retien.

LUCILE.

Dessinez-vous aussi ?

MELCOURT.

C'est mon bonheur suprême.

LUCILE.

Oui, c'est un grand plaisir.

MELCOURT.

Et surtout quand on aime :
Le secours de cet art en devient plus fréquent,
Et son silence alors est toujours éloquent.
Quel bonheur de créer sur la toile animée
Ces regards séduisans, et cette bouche aimée !
Et ces traits enchanteurs, et ce front adoré,
De les faire rougir et sourire à son gré !
L'heureuse main qui trace une si belle image,
Semble avec le pinceau caresser son ouvrage.

MADAME MONDOR.

Je conçois à merveille...

LUCILE, *à part.*

Oui, je sens tout cela.

MADAME DE VERTSEC.

Du goût !

MADAME DE BOISVIEUX.

Du sentiment !

MONDOR.

J'aime ce garçon-là.

CLITANDRE, *à Cléon.*

C'est quelque prétendant.

CLÉON.

Il faudra l'éconduire.

MADAME MONDOR, *à Melcourt.*

Ainsi, dans tous les arts soigneux de vous instruire....

MELCOURT.

Les arts sont un besoin de l'esprit et du cœur.
Aimer et s'occuper, voilà le vrai bonheur.
Des fleurs du sentiment et des fleurs du génie,
Heureux qui peut semer le chemin de la vie !
S'il trouve sous ses pas la peine et les douleurs,
Les arts et l'amitié sont ses consolateurs.
Loin d'user nos plaisirs, sans cesse ils les varient :
Par les nœuds les plus doux ce sont eux qui nous lient...

MADAME MONDOR.

Par le rapport des arts quand on n'est pas lié,

Faut-il donc renoncer, monsieur, à l'amitié?

MELCOURT.

Pour les suppléer tous, un seul est nécessaire :
(*montrant les hommes.*) (*montrant les femmes.*)
D'un côté, l'art d'aimer; de l'autre, l'art de plaire.

MONDOR.

Ma foi, quoique ceci soit fort bien raisonné,
On raisonne encor mieux quand on a déjeûné :
Suivez-moi.

MELCOURT, *présentant la main à madame Mondor.*
Volontiers.
(*Cléon veut donner la main à Lucile.*)

MADAME DE VERTSEC, *s'en emparant.*
Halte-là, je vous prie!

CLITANDRE *s'avance à la place de Cléon.*
Bon !

MADAME DE BOISVIEUX, *à Clitandre.*
Vous m'appartenez, monsieur.
(*regardant Lucile qui reste seule.*)
La jalousie
La poignarde !

LUCILE, *seule.*
Ah ! ma tante, enlevez tour à tour
Tous les amans du monde, et laissez-moi Melcourt.

FIN DU PREMIER ACTE.

ACTE II.

SCÈNE PREMIÈRE.

LUCILE, NÉRINE.

LUCILE.

C'EST lui, Nérine !...

NÉRINE.
Qui ?

LUCILE.

Cet aimable jeune homme
Dont nous avons parlé souvent...

NÉRINE.

Et qui se nomme ?...

LUCILE.

Melcourt.

NÉRINE.

Comment ? c'est là cet homme sans égal
Pour qui vous nourrissez un amour idéal ,
Et dont le souvenir entretient votre flamme ?

LUCILE.

Il est des souvenirs qui portent dans notre ame
Une douce langueur, un charme attendrissant :
On ne saurait alors exprimer ce qu'on sent ;
Mais le cœur abattu se plaît dans sa détresse ,
Et la volupté naît du sein de la tristesse.
Je l'éprouve souvent en rappelant le jour
Où mes premiers regards rencontrèrent Melcourt.
C'était au bal : avant de partir pour la guerre ,
Les premiers officiers d'une troupe étrangère
Nous prièrent...

NÉRINE.

Au bal , Mars invita l'Amour.

LUCILE.

Et l'Amour s'y trouva.

NÉRINE.

Pour vous jouer d'un tour.

LUCILE.

Melcourt m'offrit la main ; j'hésitai pour la prendre

NÉRINE.

Vous la prîtes enfin ?

LUCILE.

Et j'eus peine à la rendre.
De ses discours charmans la grâce, la douceur ,
En parlant à l'esprit, pénétraient jusqu'au cœur.
Je ne puis t'exprimer le charme...

NÉRINE.

Oh ! j'en devine

Les trois quarts. Mais Melcourt ?

LUCILE.

Le lendemain, Nérine ,

Il partit.

NÉRINE.

Il fit mal, car les absens ont tort.

LUCILE, *timidement*.

Si je ne l'aimais plus, t'en parlerais-je encor ?

NÉRINE.

Mais lui, partage-t-il votre tendre martyre ?
Vous ne me dites rien ?

LUCILE.

Eh ! n'est-ce pas tout dire ?

NÉRINE.

Enfin, connaissez-vous son sort ? Le disait-on
Riche ?

LUCILE.

Depuis deux ans, je n'ai su que son nom.

NÉRINE.

La belle découverte ! allez, mademoiselle ,
Jamais un officier ne fut deux ans fidèle.

LUCILE.

Crois-tu , Nérine ?

NÉRINE.

Et puis la fortune aux guerriers

N'accorde, pour tout bien, qu'un nom et des lauriers.
De vos deux prétendans on connaît la fortune...
J'en vois un.

LUCILE, *s'éloignant*.

Laisse-moi , son aspect m'importune.

SCÈNE II.

NÉRINE, CLÉON.

NÉRINE.

A ce soir le contrat.

CLÉON.

Encore un jour entier !

Quel siècle ! Mon enfant, je viens pour te prier...
Embrasse-moi...

NÉRINE, *résistant.*

Monsieur...

CLÉON.

      Je ne t'ai jamais vue
Plus charmante... En soupirs ici je m'exténue ;
Je suis depuis huit jours en adoration ;
Je n'atteindrai jamais à la conclusion ,
Si cela dure encor deux heures.

NÉRINE.

        Le temps presse !
Que voulez-vous enfin ?

CLÉON.

       Auprès de ta maîtresse
Ménage-moi, ma belle, un moment d'entretien.

NÉRINE.

Monsieur...

CLÉON, *lui présentant sa bourse.*

     Sans intérêt.

NÉRINE, *acceptant.*

      Hélas ! je le veux bien.

CLÉON.

Je veux la voir ; je veux lui dire en tête-à-tête...
Que tes yeux sont fripons !

NÉRINE.

      Vous êtes fort honnête.

CLÉON.

Ceci s'adresse à toi.

NÉRINE.

J'entends.

CLÉON.

        Je veux enfin
Recevoir ses aveux et lui donner ma main...
Adieu, mon cœur.

SCÈNE III.

NÉRINE.

    Son cœur ! sa gaîté m'est suspecte...
Il est généreux ; mais j'entends qu'on me respecte...
Voici l'autre.

SCÈNE IV.

NÉRINE, CLITANDRE.

CLITANDRE, *d'un ton doucereux.*
       Ah! Nérine, est-il vrai qu'aujourd'hui
Entre Cléon et moi le sort décide?

NÉRINE.
                                   Oui.

CLITANDRE.
Ah! j'espérais encor quelques mois.

NÉRINE.
                              Pourquoi faire?

CLITANDRE.
Pour rendre ta maîtresse à mes vœux moins contraire
D'abord, par mes regards, j'eusse osé quelquefois
La préparer; cela n'eût duré que deux mois.
Le mois suivant, j'aurais, par quelque confidence,
Avançant pas à pas, gagné sa confiance.
Le mois suivant, j'aurais mêlé dans mes propos
Quelques demi-soupirs et quelques demi-mots.
Le mois suivant, j'aurais trahi mon trouble extrême:
Et quelques mois après, j'aurais dit: Je vous aime.

NÉRINE.
Si Lucile à répondre eût mis le même temps,
Vous auriez pu, monsieur, l'épouser à trente ans.
Certe, en vous mariant, vous eussiez fait la chose,
De part et d'autre, avec connaissance de cause.
Par malheur, ce n'est pas dans dix ans; c'est ce soir
Que l'hymen se conclut.

CLITANDRE.
                        Aussi je viens te voir
Pour me rendre un service important et facile:
Je voudrais un moment entretenir Lucile,
Et... brusquant l'entretien...

NÉRINE.
                        Obtenir un congé,
Ou sa main ou son cœur; le tout en abrégé.

CLITANDRE, *lui offrant sa bourse.*

Ah! d'un moment si cher tous les trésors du monde,
Nérine, peuvent-ils payer une seconde!...

NÉRINE, *acceptant.*

L'instant est précieux pour un cœur bien épris;
Mais je vois que monsieur sait y mettre le prix :
Ici, dans un moment, vous aurez audience.

CLITANDRE.

Ah! l'expression manque à ma reconnaissance.
Qu'un si rare service à mes yeux t'embellit!
Nérine, que d'attraits, que de grâces, d'esprit,
De noblesse!...

NÉRINE.

Eh! monsieur, modérez votre ivresse;
Ou vous n'aurez plus rien à dire à ma maîtresse.
J'irai vous avertir.

CLITANDRE.

Quel moment pour mon cœur!

NÉRINE.

Allez m'attendre.

CLITANDRE.

Adieu, Nérine.

NÉRINE.

Adieu, monsieur.

SCÈNE V.

NÉRINE.

Il sait récompenser, payer, c'est à merveille;
Mais il m'endort; et moi j'aime qu'on me réveille.
On vient.... c'est l'inconnu : préparons son congé.

SCÈNE VI.

NÉRINE, MELCOURT.

NÉRINE.

Monsieur est un amant?

MELCOURT.

Moi?

NÉRINE.
                        Je vous ai jugé
D'un coup-d'œil.
            MELCOURT, *froidement.*
        Quel talent !
                NÉRINE.
                    Oui, votre ame est blessée.
                MELCOURT.
Et vous savez ?...

                NÉRINE.
            Je sais lire dans la pensée ;
Je sais que vous aimez : soyez de bonne foi.
                MELCOURT.
Et si vous en saviez là-dessus plus que moi ?
            NÉRINE, *avec impatience.*
Avouez-le, monsieur, sinon je le devine.
La confiance....

                MELCOURT.
        Il faut la mériter, Nérine.
            NÉRINE, *à part.*
Quel homme !

            MELCOURT, *à part.*
        J'ai piqué sa curiosité :
Je la tiens.
                NÉRINE.
        (à part.)   (haut.)
        Retournons à l'assaut. La beauté
Sur votre cœur, monsieur, n'a donc aucun empire ?
                MELCOURT.
Nérine, on n'aime pas toujours ce qu'on admire.
                NÉRINE.
Mais qui peut se défendre, en voyant mille appas,
De les aimer ?
                MELCOURT.
        Moi.

                NÉRINE.
        Vous ?
    MELCOURT, *d'un ton galant.*
                Je ne vous aime pas.

NÉRINE.

Ce compliment, monsieur, trahit votre tendresse :
Qui flatte la suivante, adore la maîtresse.

MELCOURT.

Ce qu'on vous dit, Nérine, on vous le dit pour vous :
Votre esprit paraît vif ; votre sourire est doux ;
Vos traits sont séduisans ; Lucile les efface.

NÉRINE, *à part.*

Ah ! celui-ci du moins met chacun à sa place.
Je sens qu'il n'a pas tort, et je l'aime.

MELCOURT, *à part.*

Le trait

La pique u vif.

NÉRINE.

Allons, dites votre secret.
Tenez, je pourrais bien vous payer par un autre.

MELCOURT, *tirant un anneau de son doigt.*

Je vais, avant le mien, vous révéler le vôtre.

NÉRINE, *à part.*

Un anneau ? le présent est mince.

MELCOURT.

Votre main.

(*Nérine lui présente la main d'un air dédaigneux.
Melcourt lui met l'anneau.*)

NÉRINE.

Que faites-vous ?

MELCOURT.

Je fais le rôle de Frontin.

NÉRINE.

(*à part.*)   (*prenant un air timide.*)

Il est charmant.... Monsieur, votre amour m'intéresse.
Depuis plus de deux ans je m'en souviens sans cesse,
Et vous permets ici de m'en entretenir.
Vous avez deux rivaux : si mon cœur peut choisir,
Le choix, entre eux et vous, sera peu difficile.

MELCOURT.

Que dites-vous ?

NÉRINE.

Je fais le rôle de Lucile.

MELCOURT.

Ah, Nérine!...

NÉRINE, *le congédiant.*

L'on vient.

MELCOURT.

Mais cet espoir si doux!...

NÉRINE.

Fuyez.

MELCOURT.

Qui m'apprendra le reste?

NÉRINE.

Un rendez-vous.

SCÈNE VII.

NÉRINE.

Nos rivaux vont venir : pour remplir leur attente,
Je vais leur envoyer à chacun une tante.
   (*à Clitandre qui paraît.*)
Attendez.

SCÈNE VIII.

CLITANDRE.

O moment de trouble et de bonheur!
Espoir, crainte, soupçons, vous partagez mon cœur.
L'impatience accroît le feu qui me dévore....
J'entends ses pas... c'est elle... O beauté que j'implore!
Lucile, mon cœur vole au-devant de vous... Ciel!...
Madame de Boisvieux!

SCÈNE IX.

MADAME DE BOISVIEUX, CLITANDRE

MADAME DE BOISVIEUX.

Mais est-il bien réel
Que, seul, vous m'attendiez ici?

CLITANDRE.

Moi?

MADAME DE BOISVIEUX.

Vous.

CLITANDRE.

                               Madame,

Je puis vous protester....

MADAME DE BOISVIEUX.

                       L'amour fait dans votre ame

De rapides progrès, s'il vous aveugle au point
D'espérer en ces lieux me parler sans témoin.

CLITANDRE.

Ce n'est pas vous...

MADAME DE BOISVIEUX.

               Non non, je ne prends point le change.
Vous me persécutez d'une manière étrange !

CLITANDRE.

Mais l'erreur....

MADAME DE BOISVIEUX.

                Vous excuse, et l'amour encor mieux ;
Et puisque vous avez son bandeau sur les yeux,
Je vous pardonne : mais n'allez pas vous attendre
Qu'en tête-à-tête ici je veuille bien entendre
Des aveux qui d'ailleurs seraient prématurés.

CLITANDRE.

Je vais vous épargner ce chagrin.

MADAME DE BOISVIEUX.

                       Demeurez ,
Je ne vous chasse point.

CLITANDRE.

               Moi-même je m'exile
Loin de vous.

MADAME DE BOISVIEUX, *l'arrêtant.*

           Ah ! Clitandre, il est bien difficile
De punir par l'exil les torts d'un indiscret,
Quand notre faible cœur le rappelle en secret.

CLITANDRE.

Que de bontés !

MADAME DE BOISVIEUX.

          Je sens que le reproche expire
Sur mes lèvres. Parlez.

CLITANDRE, *après l'avoir regardée.*

           Eh ! que faut-il vous dire ?

MADAME DE BOISVIEUX.

Vous me le demandez, perfide ! mais sachez
Que je n'ignore rien : en vain vous me cachez
Vos noirceurs · tour à tour vous brûlez pour ma nièce
Et pour moi. Quel abus affreux de la tendresse !
Allez, volage, allez, « et retournez encor
» De la fille d'Hélène à la veuve d'Hector. »

CLITANDRE, *s'éloignant.*

Vous me le conseillez, et j'y vole.

MADAME DE BOISVIEUX, *le suivant.*

                    Infidèle,
Ne crois pas m'échapper ; je veillerai sur elle
Et sur toi. Je te suis.

CLITANDRE, *s'esquivant.*

          De grâce, épargnez-vous
Cette peine.

(*Ils sortent d'un côté, Nérine paraît de l'autre.*)

SCÈNE X.

NÉRINE, *tenant* MELCOURT *par la main.*

NÉRINE.

     Ah ! le champ de bataille est à nous.
J'ai tout prévu : tandis que Clitandre fuit l'une
Cléon auprès de l'autre est en bonne fortune.

MELCOURT.

Mais Lucile....

NÉRINE.

Consent à vous entretenir
Devant moi. La voici.

SCÈNE XI.

LUCILE, NÉRINE, MELCOURT.

LUCILE, *hésitant.*

Je tremble....

NÉRINE.

               De plaisir ?

LUCILE, *confuse.*

Parle plus bas.

NÉRINE.

Allons, venez.

MELCOURT.

Mademoiselle....

NÉRINE.

Parlez ; à quatre pas je ferai sentinelle.

LUCILE.

Quoi ! tu me laisserais seule....

NÉRINE.

Avec un ami....

MELCOURT.

Respectueux.

SCÈNE XII.

LUCILE, MELCOURT.

LUCILE.

Eh bien ! qui vous amène ici ?

MELCOURT.

Conduit par l'amitié, je viens sous ses auspices,
Pour obtenir la paix, offrir des sacrifices,
De la part de Dorval, à son voisin Mondor,
Et, mettant à la fin leurs intérêts d'accord,
Réunir deux maisons faites pour vivre ensemble.

LUCILE.

Je doute que jamais l'amitié les rassemble.
Mais saviez-vous, monsieur, qu'en ces lieux j'habitais ?

MELCOURT.

Oui.

LUCILE.

Oui ?... Vous n'y veniez que pour votre procès ?

MELCOURT, *tendrement.*

Vous ne le croyez pas.

LUCILE.

Pourquoi ?

MELCOURT, *avec feu.*

Pourquoi, madame ?

Ne vous souvient-il plus de ce jour où mon ame,
Pour la première fois se laissant enflammer,

Sentit auprès de vous l'heureux besoin d'aimer ?
Ce bal où, vous pressant la main avec tendresse,
Mes regards, mes discours, pleins de trouble et d'ivresse,
Vous peignirent si bien mes sentimens confus !
L'avez-vous oublié ?

LUCILE.

Je ne l'oublîrai plus.

MELCOURT.

Ah ! si je parvenais à terminer l'affaire
De mon ami Dorval....

LUCILE.

Que prétendez-vous faire ?

MELCOURT.

Pour assurer la paix, je formerais le vœu
D'obtenir votre main pour Dorval son neveu.

LUCILE, *avec dépit.*

Son neveu ! vous l'aimez tendrement.

MELCOURT.

Trop peut-être.

LUCILE.

Je le crois. Avez-vous appris à le connaître ?

MELCOURT.

A peu près.

LUCILE.

Quant à moi, sa réputation
Ne m'en a pas donné fort bonne opinion.
Mon père m'en a fait le portrait...

MELCOURT.

Votre père
Déteste sa famille ; et la haine exagère.

LUCILE.

Oui, la haine le mal, et l'amitié le bien.

MELCOURT.

Dorval...

LUCILE.

Est votre ami. Rompons cet entretien.

MELCOURT.

Ah ! madame, arrêtez ! je demande sa grâce.
Pour l'obtenir de vous que faut-il que je fasse ?

Demoustier.   3

LUCILE.

Laissez-moi.

MELCOURT.

Détrompez votre esprit prévenu.
Puisque Dorval vous aime, il aime la vertu.

LUCILE.

Comment peut-il m'aimer, s'il ne m'a jamais vue?

MELCOURT.

Plus que vous ne pensez vous en êtes connue.

LUCILE.

Comment !

MELCOURT.

Par vous, peut-être il s'entend déchirer ;
Plaint votre erreur, soupire, et n'ose murmurer.

LUCILE, *vivement.*

Il m'entend ?... vous croyez ?

MELCOURT, *la regardant fixement.*

Oui.

LUCILE, *à part.*

Ce Melcourt que j'aime,
Ce Dorval que je hais... dieux ! si c'était le même !
   (*haut.*)
Melcourt, Dorval... mon cœur me dit...

MELCOURT, *tendrement.*

La vérité.

LUCILE.

Hélas ! un peu plus tôt que ne l'ai-je écouté !
J'aurais traité Dorval avec plus d'indulgence.

MELCOURT.

Il ne vous en veut point.

LUCILE.

Ah ! le bien que j'en pense
Doit le dédommager du mal que j'en ai dit.
Mais auprès de mon père adieu votre crédit,
S'il reconnaît Dorval : vous avez été sage
De vous nommer Melcourt.

MELCOURT.

Suivant le vieil usage,
Pour me donner le nom d'un champ qui m'appartient,

On m'a débaptisé.

LUCILE.

Déguisez-vous donc bien.
Pour plaire quelquefois, la feinte est nécessaire.

MELCOURT.

Jamais : la vérité seule est digne de plaire.

LUCILE.

Mais si mon père allait savoir votre vrai nom.

MELCOURT, avec fermeté.

S'il me le demandait...

LUCILE.

Vous le lui tairiez.

MELCOURT.

Non.

Moi, tromper votre père ! eh ! le puis-je sans crime ?
Pour qu'il m'aime, avant tout, je prétends qu'il m'estime ;
Car, de quelqu'autre nœud qu'on puisse être lié,
Sans l'estime il n'est point de solide amitié.

LUCILE.

Ah ! vous avez raison ; mais gardez-vous ma mère :
Elle aime à dominer, tel est son caractère.
Votre esprit lui plaît, mais laissez briller le sien ;
Ou je crains que bientôt exclus...

MELCOURT.

Ne craignez rien.

L'esprit est un flambeau dont la douce lumière
Ne doit point offusquer les regards qu'il éclaire.

LUCILE.

Je vous entends. Mon père, avec simplicité,
A la prétention préfère la gaîté.

MELCOURT.

Je suis bien de son goût.

LUCILE.

Mes tantes, au contraire,
Courent après l'esprit.

MELCOURT.

C'est qu'elles n'en ont guère.

LUCILE.

Avec elles comment vous y prendre ?

MELCOURT.

En ce cas,

L'esprit est d'en donner à ceux qui n'en ont pas ;
Mais si je réussis enfin, quelle espérance...

SCÈNE XIII.

LUCILE, NÉRINE, MELCOURT.

NÉRINE, *entrant précipitamment.*

Voici les tantes. Vîte.
(*Elle les prend par la main et veut les faire sortir.*)

MELCOURT, *à Nérine.*

Eh ! mon Dieu, patience.

(*à Lucile.*)

Un seul mot.

NÉRINE, *vivement.*

(*à Lucile, contre-* (*à Melcourt, contre-*
faisant Melcourt.)   *faisant Lucile.*)

Je vous aime... Et je vous aime aussi.
(*à Melcourt.*)   (*à Lucile.*)

Tout est dit. Sauvez-vous par-là ; vous, par ici.

SCÈNE XIV.

NÉRINE, *au fond du théâtre,* MADAME DE BOISVIEUX, MADAME DE VERTSEC.

MADAME DE VERTSEC.

Ah, ma sœur !

MADAME DE BOISVIEUX.

Ah ! ma sœur, ne pouvez-vous m'apprendre
Où le sort a conduit mon perfide Clitandre ?

MADAME DE VERTSEC.

Vers le jardin. Mais vous, ne m'apprendrez-vous pas
Où le traître Cléon porte à présent ses pas ?

MADAME DE BOISVIEUX.

Vers le parc. Ah ! ma sœur, que je suis malheureuse !

MADAME DE VERTSEC.
Vous ne concevez pas mon infortune affreuse.

MADAME DE BOISVIEUX.
L'ingrat!...

MADAME DE VERTSEC.
Le scélérat!...

MADAME DE BOISVIEUX.
Me délaisse!

MADAME DE VERTSEC.
Me fuit!
J'aurais fait ton bonheur, monstre, et tu l'as détruit.

MADAME DE BOISVIEUX.
Des charmes de l'hymen j'eusse embelli ta vie.

MADAME DE VERTSEC.
Pour nous venger, ma sœur, armons la jalousie :
Aimons ailleurs.

MADAME DE BOISVIEUX.
Sur nous faisons ce noble effort.

MADAME DE VERTSEC.
Et livrons-les tous deux à leur malheureux sort.
Melcourt a de l'esprit.

NÉRINE, *à part.*
Garde à nous!

MADAME DE BOISVIEUX.
Son langage
Est touchant.

MADAME DE VERTSEC, *confidemment.*
On pourrait...

MADAME DE BOISVIEUX, *de même.*
Oui...

NÉRINE, *à part.*
Détournons l'orage
(*à madame de Boisvieux mystérieusement.*)
Madame, on vous attend du côté du jardin.
(*à madame de Vertsec.*)
Vous, du côté du parc.

TOUTES DEUX.
Quoi!

NÉRINE.

Rien n'est plus certain.

MADAME DE VERTSEC.

Cléon me fuit.

NÉRINE.

Au parc le mystère le guide.

MADAME DE BOISVIEUX.

Mais Clitandre...

NÉRINE.

Clitandre est un amant timide.
Croyez-moi, joignez-les l'une et l'autre à l'instant.
(à madame de Boisvieux.) (à madame de Vertsec.)
Clitandre vous désire... Et Cléon vous attend.

MADAME DE BOISVIEUX.

Ah! Nérine, mon cœur va lui porter sa grâce.
(Elle sort.)

MADAME DE VERTSEC.

S'il ne m'aime, je vais l'étrangler sur la place.
(Elle sort.)

NÉRINE, *seule.*

Courage! C'est gagner la victoire à demi,
Que de savoir ailleurs occuper l'ennemi.

FIN DU SECOND ACTE.

ACTE III.

SCÈNE PREMIÈRE.

CLÉON, CLITANDRE.

CLÉON.

Enfin, c'est donc ce soir, mon cher, que de Lucile
Vous obtenez la main.

CLITANDRE.

Je vous crois bien tranquille

Sur cet événement ; et l'on sait que c'est vous
Que Lucile a choisi pour être son époux.
La préférence...

CLÉON.

Non : Lucile vous la donne.
Vous avez captivé la petite personne.

CLITANDRE, *à part.*
(*haut.*)

Il a raison. Lucile à ma fidelle ardeur
Pourrait répondre ; mais vous êtes son vainqueur.

CLÉON, *à part.*
(*haut.*)

Il dit vrai. Vous avez l'agrément de la mère,
Qui peut tout.

CLITANDRE.

Vous avez le suffrage du père :
C'est beaucoup. Recevez, monsieur, mon compliment
Du succès.

CLÉON.

Je vous fais le mien sincèrement.

CLITANDRE.

Ah ! vous êtes trop bon.

CLÉON.

Vous êtes trop honnête
Mais, tandis qu'aspirant à la même conquête,
Vous ou moi du roman nous touchons à la fin,
Trouveriez-vous plaisant qu'un troisième survînt,
Qui nous fît ressembler aux voleurs de la fable ?

CLITANDRE.

Le tour serait piquant, mais est-il vraisemblable ?

CLÉON.

Ce Melcourt m'est suspect.

CLITANDRE.

Nérine m'a promis
De l'exclure.

CLÉON.

Je crois qu'il est de ses amis.

CLITANDRE.

Elle en dit trop de mal.

CLÉON.

C'est ce qui m'inquiète.

CLITANDRE.

Je la crois franche...

CLÉON.

Franche ! elle est femme et soubrette.

CLITANDRE.

Vous pensez que Melcourt ?...

CLÉON.

Melcourt est un rival
Qu'on aime d'autant plus qu'on en dit plus de mal...
Nérine !.. L'on dirait que l'amour l'a conduite
En ces lieux tout exprès. Cachons-nous.

SCÈNE II.

CLÉON, CLITANDRE, *cachés*, NÉRINE.

NÉRINE.

Vîte, vîte,
(*elle s'assied devant une table.*)
Écrivons. Qu'une fille est à plaindre en amour !
Près d'un objet aimé soupirer nuit et jour,
Et taire obstinément ce qu'on brûle de dire ;
Quelle contrainte ! Encor, si l'on osait l'écrire !
Mais on craint les éclats, les préjugés, l'honneur,
Et la main se refuse à parler pour le cœur.
Que devenir alors, sans quelque ame sensible,
Comme moi, par exemple, à qui tout est possible
Pour servir l'amitié !... Si Lucile savait
Que je me donne l'air de tracer un billet
Sous son nom, pour Melcourt, ma charmante maî-
   tresse
Me mettrait à la porte ; et pourtant mon adresse
La tire d'embarras. J'écris à son insu,
Et j'oblige l'amour sans blesser la vertu.
Adieu, nos chers rivaux !

CLÉON, *à part, à Clitandre.*

Qu'ai-je dit ?

NÉRINE, *écrivant.*

                                        Je me pique
De posséder à fond le style laconique.
    (*elle relit.*)
Charmant ! je crains pour vous, messieurs.

CLITANDRE, *à part.*

                                    Quelle noirceur !

NÉRINE.

(*elle signe.*) (*elle cachette la lettre.*)
LUCILE. Si ce n'est sa main, c'est bien son cœur.
    (*Clitandre et Cléon paraissent.*)
Ah ! voici nos fâcheux
    (*Elle met la lettre dans la poche de son tablier.*)

CLÉON.

                        Vous écriviez, Nérine.

NÉRINE.

Moi ?... je réfléchissais.

CLITANDRE, *bas.*

                    Pour moi ?

NÉRINE, *mystérieusement.*

                                Paix !

CLÉON.

                                Je devine
Que...

NÉRINE.

    Silence !

CLITANDRE, *à Cléon.*

    Ah ! Nérine est un trésor pour nous.

NÉRINE.

Messieurs...

CLÉON.

    Comme elle sait donner un rendez-vous !

NÉRINE, *embarrass.e.*

Mais...

CLÉON, *le doigt sur le front.*

    Regardez-moi là.

NÉRINE.

                Eh bien ! je vous regarde.
(*Clitandre fait sauter de la poche de Nérine le billet
        qu'elle y a mis.*)

Demoustier.   4

CLÉON.

Sans vous apercevoir ?...

NÉRINE , *s'enfuyant.*

Qui , moi ? je ne prends garde
A rien.

CLITANDRE, *riant et montrant le billet.*

J'en suis garant.

SCÈNE III.

CLÉON, CLITANDRE.

CLÉON.

Eh bien ! tous mes soupçons
Sont-ils fondés ?

CLITANDRE.

Ouvrons le billet , et lisons.
« Aidez-vous , et l'amour vous aidera. LUCILE. »

CLÉON.

Admirable! Essayons aussi d'écrire en style
Laconique.

CLITANDRE, *lisant ce que Cléon écrit.*

Un cartel! Je signe aussi.

CLÉON.

Fort bien !
Puis jetons ce poulet à la place du sien.

CLITANDRE.

Plié de même : là.

(*Il indique la place où était Nérine.*)

CLÉON, *achevant de plier et cacheter.*

C'est peu de savoir tendre
Un piége ; il faut encor savoir ne pas s'y prendre ,
Nérine.

(*Il jette le billet par terre.*)

CLITANDRE.

Elle revient.

SCÈNE IV.

NÉRINE, CLÉON , CLITANDRE.

NÉRINE , *cherchant.*

Oh ! le maudit billet !

CLÉON.

On cherche.

NÉRINE.

Ah !

CLÉON.

On le voit.

NÉRINE.

Messieurs...

CLÉON.

Qui vous ramène

Sitôt ?

NÉRINE.

Votre intérêt.

CLITANDRE , *ironiquement.*

Oui , je le crois sans peine.

CLÉON , *de même.*

On ne saurait quitter ses amis pour long-temps.

NÉRINE.

Ecoutez un avis des plus intéressans :
Lucile... Mais j'entends nos tantes, ce me semble !
(*Cléon et Clitandre, feignant d'être dupes, se dé-
tournent.*)

NÉRINE , *ramassant le billet.*

Ah !

CLÉON , *la surprenant.*

Que fais-tu ?

NÉRINE.

J'écoute.

CLÉON.

Eh ! qu'as-tu donc ?

NÉRINE.

Je tremble...
Qu'en cet instant quelqu'un ne vous trompe tous deux.

CLÉON.

Tu te trompes toi-même.

NÉRINE.

Oh ! non, j'ai de bons yeux.

CLÉON.

Ah ! quelle amie, en toi, le ciel nous a donnée !

Nérine , dans ta main est notre destinée.
Il faut que je la baise.

(*Il lui baise la main malgré elle.*)

NÉRINE, *la retirant.*

Allons....

CLITANDRE, *de même.*

Je veux aussi...

NÉRINE.

Je ne mérite pas cet honneur ; mais voici
Ce que j'ai su. Melcourt en veut à ma maîtresse.

CLÉON.

Oui-dà !

NÉRINE.

Je ne crois pas encor qu'il l'intéresse ;
Mais à l'exclure enfin je prétends vous aider.

CLITANDRE.

Je suis sûr qu'à l'instant tu vas nous seconder
Dans ce projet.

NÉRINE.

Je veux , dès ce matin peut-être ,
Lui remettre un billet écrit de main de maître ,
Qui l'étonnera fort.

CLÉON.

Je le crois.

NÉRINE.

En trois mots
Il apprendra son sort, connaîtra ses rivaux ,
Et prendra son parti.

CLÉON , *s'éloignant.*

Que de reconnaissance !

CLITANDRE , *de même.*

Je m'abandonne à toi.

(*Ils sortent en riant.*)

SCÈNE V.

NÉRINE.

Je frémis quand je pense
A ce billet. Enfin , le voilà revenu.

Serrons-le. Si monsieur ou madame avait lu
Mes œuvres, l'un ou l'autre eût pu m'en faire un crime.
On vient... Sauvons l'ouvrage et l'auteur anonyme:

SCÈNE VI.

MONDOR, MELCOURT.

MONDOR.

Eh bien?

MELCOURT.
　　Tout est charmant.

MONDOR.
　　　　　　　Ces espaliers en fleurs,
Ces roses, ces lilas mariant leurs couleurs,
Ces vergers arrosés par cette source pure...

MELCOURT.
Mais j'admire surtout ce dôme de verdure
Qui s'élève au milieu de vos rians bosquets:
On dirait que c'est là le temple de la paix.
J'aurais voulu la voir régner dans cet asile.

MONDOR.
Pourquoi donc? ce berceau n'est-il pas bien tranquille?

MELCOURT.
Ah! monsieur, par la paix, j'entends la paix du cœur.

MONDOR.
Grâce au ciel, j'en jouis.

MELCOURT.
　　　　Et vous plaidez, monsieur!

MONDOR.
Mon cher ami, c'est bien malgré moi.

MELCOURT.
　　　　　　　Quel dommage
De vous voir altérer le calme de cet âge,
Où l'homme, dégagé de ses jeunes erreurs,
De la tranquillité savoure les douceurs!

MONDOR.
Il est vrai. Mais, tenez, laissons là, je vous prie,
Ce procès.

MELCOURT.

Votre serre et votre orangerie
M'ont fait plaisir à voir.

MONDOR.

Oh ! oui , j'en étais sûr.

MELCOURT.

Mais...

MONDOR.

Quoi ?

MELCOURT.

Vous auriez dû faire abattre ce mur
Qui cache le midi.

MONDOR.

Pour cause à moi connue ,
Il doit rester.

MELCOURT.

Il nuit.

MONDOR , *brusquement.*

Mais il m'ôte la vue
Du château de Dorval.

MELCOURT.

Hélas ! que je vous plains !
Il est si doux de voir et d'aimer ses voisins !

MONDOR.

Cela dépend des gens.

MELCOURT.

Heureux l'homme sensible
Qui, dans les champs voisins de son séjour paisible,
Promenant, tous les jours, la vue autour de soi ,
Se dit : Je suis aimé de tout ce que je voi !
Il goûte ce plaisir en tous lieux , à toute heure,
Et de murs ne fait point entourer sa demeure.

MONDOR.

Oh ! quand vous connaîtrez Dorval...

MELCOURT.

Je le connais.

MONDOR.

Que dites-vous ?

MELCOURT.

Je viens ici pour son procès.

MONDOR.

Seriez-vous son ami ?

MELCOURT.

Oui.

MONDOR, *furieux.*

Vous osez paraître
Ici ! grands dieux ! chez moi le confident d'un traître !
L'ami d'un homme, enfin....

MELCOURT, *tranquillement.*

Que vous avez aimé,
Que vous aimez encor.

MONDOR.

Non, mon cœur est fermé
Pour lui seul. Il me hait...D'ailleurs,les circonstances...

MELCOURT.

S'il ne vous aimait pas, ferait-il les avances ?

MONDOR.

Ce n'est point l'amitié; c'est la peur du succès...

MELCOURT.

C'est parce qu'il est sûr du gain de son procès,
Qu'il veut s'accommoder.

MONDOR.

Sûr du gain ! quelle audace !
Vous pouvez le penser et me le dire en face !

MELCOURT.

S'il s'abuse, tout homme est sujet à l'erreur ;
Mais à ses procédés reconnaissez son cœur :
Quoique à ses yeux, monsieur, le point qui vous divise
Soit tout en sa faveur, mon ami m'autorise
A vous céder moitié.

MONDOR.

Non.

MELCOURT.

(*à part.*)
Non ? poussons-le à bout.

(*haut.*)
Eh bien ! les trois quarts.

MONDOR.

Non ; tout, ou rien.

MELCOURT.

      Prenez tout.

MONDOR.

Tout!...

MELCOURT.

   Oui, tout.

MONDOR.

    Eh bien! non. Je vois votre finesse :
Vous croyez que j'aurai, monsieur, la maladresse
D'accepter de Dorval la proposition,
Et d'avoir, pour mon bien, de l'obligation ?
Non, j'aime mieux plaider.

MELCOURT.

    Pour un bien qu'on vous cède ?
Si je savais au moins la raison...

MONDOR, *brusquement.*

    Quand on plaide,
Est-ce qu'on sait pourquoi?

MELCOURT.

    Monsieur, n'acceptez rien ;
Ne cédez rien non plus; et je sais un moyen
D'arranger...

MONDOR.

    Non : d'ailleurs, ce sont des frais énormes ;
On a mangé le fonds trente fois pour les formes.
Non...

MELCOURT.

   Pour anéantir ce malheureux procès,
Au lieu de partager vos droits, confondez-les.
Que ce terrain, sujet de guerres intestines,
Devienne un bien commun. Des deux routes voisines
Ne faites qu'un chemin ; ces sentiers réunis
Demain s'appelleront le Chemin des Amis.
Il communiquera de sa terre à la vôtre
Vous irez promener au-devant l'un de l'autre :
Chacun avec plaisir en fera la moitié,
Bien sûr d'y rencontrer au milieu l'amitié.
Vous nommerez ce lieu le Rendez-vous des Frères.
Là, dans vos derniers ans, bons amis, heureux pères,

Vous verserez souvent des pleurs de volupté;
Et vos enfans, témoins de votre intimité,
De vous, presqu'en naissant, apprendront comme on
    aime,
Chériront votre exemple et s'aimeront de même....
Vous pleurez?

MONDOR, attendri.

Oui... Dorval...

MELCOURT.

    Vous aime.

MONDOR.

        Vos discours

M'ont ému....

MELCOURT.

Parlez.

MONDOR.
(à part.)

Je.... Personne à mon secours

Ne viendra!

MELCOURT.

Vous l'aimez!

MONDOR.

Oui... Dans le fond de l'ame,

Je sens...

MELCOURT.

Prononcez donc!

MONDOR.
(à part, avec joie.)

Mais... Ah! voici ma femme...

(haut.)
Si madame y consent, soit, j'y consentirai.
(bas.)
Mais n'allez pas lui dire, au moins, que j'ai pleuré.

SCÈNE VII.

MADAME MONDOR, MONDOR, MELCOURT.

MADAME MONDOR.

Quel est donc le sujet de cette confidence?

MELCOURT.

Je parlais d'union, de bonne intelligence,
De modération ; et monsieur votre époux
Vous prend pour notre arbitre, et s'en rapporte à vous.

MADAME MONDOR.

Mon époux me connaît. J'accepte.

MONDOR.

Je vous laisse.
(bas, à Melcourt.)
Tirez-vous-en, mon cher : je crains que votre adresse
N'échoue ici.

MELCOURT.

Pourquoi ?

MONDOR.

Vous n'aurez pas beau jeu.
(haut.)
C'est ma femme, en un mot : vous m'entendez... Adieu.

SCÈNE VIII.

MADAME MONDOR, MELCOURT.

MADAME MONDOR.

Que vous dit en secret mon époux ?

MELCOURT.

Il m'annonce
Que je n'obtiendrai rien.

MADAME MONDOR.

Le pauvre homme ! il prononce
Comme tous les maris.

MELCOURT.

Je crains qu'il n'ait raison.

MADAME MONDOR.

Cela ne se peut pas.

MELCOURT.

Mais quand vous saurez...

MADAME MONDOR.

Non ;
Non, vous dis-je, il a tort.

MELCOURT.

L'affaire est épineuse.

MADAME MONDOR.

Tant mieux ! c'est mon triomphe ; et je suis trop
      heureuse
D'avoir l'occasion de le faire mentir,
Et de vous obliger : c'est un double plaisir.
Çà, de quoi s'agit-il ?

MELCOURT.

Je vous l'ai dit d'avance :
Il s'agit d'union, de paix, d'intelligence,
De modération.

MADAME MONDOR.

Me voilà.

MELCOURT.

Je le croi.

MADAME MONDOR.

Si vous fussiez venu vous adresser à moi
Plutôt qu'à mon époux, la chose serait faite.

MELCOURT.

Je crains....

MADAME MONDOR.

Parlez, monsieur, parlez ; je suis discrète.
Eh bien ! parlerez-vous ?

MELCOURT.

Je vais vous effrayer.

MADAME MONDOR.

M'effrayer, moi ! vraiment vous seriez le premier.
Parlez.

MELCOURT.

Je viens vous voir pour arranger ensemble
L'affaire de Dorval.

MADAME MONDOR.

Ciel !

MELCOURT.

Vous tremblez !

MADAME MONDOR.

Je tremble !
Je frémis de courroux et d'indignation.
Quoi, vous osez !...

MELCOURT.

Je vois que Mondor a raison.

MADAME MONDOR, *piquée.*

Pas tout-à-fait, monsieur. Mais cette étrange affaire...

MELCOURT.

Eh ! vous proposerais-je une affaire ordinaire ?

MADAME MONDOR.

Le jour du jugement, monsieur, ce procès-là
Est inconciliable....

MELCOURT.

Eh ! madame, en voilà
Le mérite.

MADAME MONDOR.

Et d'ailleurs, monsieur Mondor, peut-être,
N'y consentirait pas.

MELCOURT.

Je sais qu'il est le maître.

MADAME MONDOR.

Le maître ! quand je veux.

MELCOURT, *vivement.*

Je conçois quelque espoir.

MADAME MONDOR.

Pourquoi ?

MELCOURT.

Pour m'obliger, vous n'avez qu'à vouloir.

MADAME MONDOR.

Oh ! si vous prenez tout à la lettre....

MELCOURT.

Ah ! madame,
Quel empire charmant que celui d'une femme
Qui, pour faire régner la paix dans sa maison,
Des grâces de l'esprit embellit la raison !
En elle son époux voit un autre lui-même.
Son cœur vole au-devant d'un empire qu'il aime,
Et toujours à ses lois conformant son désir,
Il croit régner, tandis qu'il ne fait qu'obéir.

MADAME MONDOR.

Je connais cet empire ; et sans beaucoup d'adresse,
Je sais....

MELCOURT.

Et c'est à vous aussi que je m'adresse

Pour faire sur le champ réussir un dessein
Utile même à vous, madame : car enfin
Les chagrins d'un procès, dans les meilleurs ménages
Peuvent de temps en temps former quelques nuages.

MADAME MONDOR.

Je les crains peu.

MELCOURT.

Vos yeux doivent les éclaircir,
Je le sais : cependant, lorsque l'on peut choisir
Ou la guerre, ou la paix, la paix est le plus sage ;
Et le calme est toujours préférable à l'orage.

MADAME MONDOR, *sèchement.*

Pas toujours.

MELCOURT.

Votre époux, si je m'y connais bien,
Est d'un autre goût.

MADAME MONDOR.

Oui ; mais il suivra le mien.
Cet homme-là n'a pas assez de caractère ;
Mais j'en ai pour nous deux.

MELCOURT.

La santé, d'ordinaire,
A son âge, est le fruit de la tranquillité.

MADAME MONDOR.

Il faut que mon mari, monsieur, soit tourmenté :
Le calme l'assoupit, le chagrin le réveille ;
Et dès qu'on le tracasse, il se porte à merveille.

MELCOURT.

Je m'en remets à vous du soin de sa santé.

MADAME MONDOR.

J'y veille, Dieu merci !

MELCOURT.

Mais enfin le traité
Sur lequel tout l'espoir de mon ami se fonde,
S'il s'achevait par vous, surprendrait bien du monde.

MADAME MONDOR.

Vous croyez?

MELCOURT.

J'en suis sûr. Il vous ferait honneur.

Au moment de l'arrêt terminer sans humeur
Un procès de quinze ans, d'un mot, quel coup de
     maître !

MADAME MONDOR.

Mais on l'attribûrait à mon mari, peut-être ?

MELCOURT.

Le trait vous appartient : il est original ;
On vous reconnaîtrait. « Enfin, avec Dorval
» Mondor et son épouse ont fini leur querelle,
» Dirait-on. Qui, Mondor ? ce n'est pas lui ; c'est elle.
» Mondor à son avis soumet toujours le sien :
» Il a raison ; il voit par ses yeux, et voit bien. »

MADAME MONDOR.

Mais je crois qu'en effet....

SCÈNE IX.

LUCILE, MELCOURT, MADAME MONDOR.

MADAME MONDOR, *avec humeur*, *à Lucile.*
         Nous sommes en affaire....

LUCILE, *voulant se retirer.*

Excusez....

MELCOURT, *à part.*
         Ménageons et la fille et la mère.
(*à Lucile.*) (*à madame Mondor.*)
Restez. Mademoiselle ici peut profiter
Du traité d'union que vous allez dicter.

MADAME MONDOR.

Moi ! point du tout.

MELCOURT.
         Je sais que la vertu se cache,
Et fait toujours le bien sans vouloir qu'on le sache ;
Mais votre fille ici ne pourra rien savoir
Qui ne soit dans son cœur.

MADAME MONDOR.
         Eh, non !...

MELCOURT.
             Vous allez voir.

(*à Lucile.*)
L'intérêt a brouillé deux familles unies ;
Et ce qui pour jamais va les rendre ennemies,
C'est qu'en cet instant même on juge leur procès.

LUCILE.

Avant le jugement, quel qu'en soit le succès,
S'il dépendait de moi, j'arrangerais l'affaire.

MELCOURT, *à madame Mondor.*

Vous l'entendez : la fille est digne de la mère.

MADAME MONDOR.

Mais je n'ai pas dit....

MELCOURT.

Non ; mais elle a pénétré
Vos désirs....

MADAME MONDOR.

Point du tout.

MELCOURT.

Si.

MADAME MONDOR.

Vous ai-je montré
Le désir d'accorder l'une et l'autre famille ?

MELCOURT.

Vous voulez en laisser l'honneur à votre fille :
Quelle délicatesse !

MADAME MONDOR.

Allons : il faudra bien,
Puisque vous le voulez, y consentir !...

SCÈNE X.

MONDOR, MELCOURT, MADAME MONDOR,
LUCILE.

MONDOR, *à Melcourt.*

Eh bien ?

MELCOURT.

Madame y consent.

MADAME MONDOR.

Oui.

MONDOR.

C'est pour me contredire.

LUCILE, *à part.*

Tout est perdu !

MADAME MONDOR.

Monsieur, croyez....

MONDOR.

Je me retire.

MELCOURT.

Demeurez.

MONDOR.

Il est dit que nous serons brouillés
Tous les jours....

MADAME MONDOR, *s'éloignant.*

Grâce à vous.

MELCOURT, *la ramenant auprès de Mondor.*

Brouillés ? vous le croyez ;
Mais vous n'avez jamais été si bien ensemble.
Que vous êtes heureux !

MONDOR, *à part.*

L'as trop.

MADAME MONDOR, *à part.*

Hélas !

MELCOURT.

Il semble
Que le ciel l'un pour l'autre ait voulu vous former.

MONDOR.

Bon !

MELCOURT.

Et d'un même esprit ait su vous animer.
Aux yeux qui jugent mal, peut-être l'apparence
Annoncerait un peu de mésintelligence ;
Mais moi, qui de l'hymen devine les douceurs,
Et d'un œil pénétrant lis au fond de vos cœurs,
J'y vois tout ce qui fait le charme de la vie ;
Et plus vous vous boudez, plus je vous porte envie.
Époux, vous jouissez du bonheur des amans :
Soupçons, vivacités, soupirs, éloignemens,
Froideurs, rupture ; et puis chacun, à la sourdine,
S'aime : voilà l'amour ; la rose est sous l'épine ;
Et, tenez, vous allez tous deux vous embrasser.

(*Il les fait embrasser.*)

MADAME MONDOR, *avec dépit.*

Monsieur!...

MELCOURT.

Et vous allez....

MADAME MONDOR.

Quoi donc?

MELCOURT.

Recommencer.

(*Il les fait embrasser de nouveau.*)

MADAME MONDOR, *confuse.*

Mais aussi c'est trop fort!

MONDOR.

Non, et mon cœur, madame,
Me dit que... quand on fait la paix avec sa femme,
(bas , à Melcourt.)
L'ivresse... Aidez-moi donc!

MELCOURT, *à madame Mondor.*

Oui, monsieur votre époux
Éprouve que s'aimer est un plaisir si doux,
Que l'on ne peut jamais assez se le redire.

MONDOR.

Voilà précisément ce que je voulais dire.
(à part.)
J'ai toujours de l'esprit quand je parle avec lui.

MELCOURT.

Enfin, pour le projet qui m'amène aujourd'hui,
La raison, l'amitié, l'amour, tout vous rapproche :
Prononcez tous les deux.

MONDOR, *tirant un rouleau de papier qu'il étale sur la*
table.

J'ai le plan dans ma poche;
Et l'on peut, d'un coup-d'œil....

SCÈNE XI.

MONDOR, MELCOURT, MADAME MONDOR,
LUCILE, CLITANDRE, CLÉON.

MONDOR, *à Cléon et à Clitandre.*

Ah! messieurs, vous venez
Ici fort à propos.
Demoustier.   5

LUCILE.

Mon père, pardonnez;
Mais ces messieurs sans doute ignorent...

MELCOURT.

Sur l'affaire
Leurs avis répandront encor plus de lumière.
    (*à Cléon et à Clitandre.*)
Si monsieur ne l'eût fait, j'allais vous en prier.

CLITANDRE, *bas, à Cléon.*

Agissons de concert....

CLÉON, *de même.*

Pour le contrarier.
(*Clitandre s'assied auprès de madame Mondor, au
    milieu du salon : à droite, Cléon, près de Lucile;
    à gauche, Melcourt debout devant la table, près de
    Mondor, qui est assis.*)

MONDOR.

Tenez, monsieur Melcourt, voyez d'abord vous-même :
Voici nos deux chemins.

CLÉON, *à Lucile.*

Mon bonheur est extrême,
Madame, de pouvoir vous parler un moment.

LUCILE.

Monsieur....

CLITANDRE, *à madame Mondor.*

J'ose espérer votre consentement
Pour l'hymen...

MADAME MONDOR.

Mais....

MONDOR, *à Melcourt, en lui montrant le plan.*
C'est là le point douteux.

CLÉON, *à Lucile, en lui montrant Melcourt.*

Cet homme,
Avec ses sots discours, vous lasse et vous assomme.

LUCILE.

Non.

MELCOURT, *à Mondor, en montrant le plan.*
Pour ceci....

CLITANDRE, *à madame Mondor.*

Je crois que ce plaideur, ce soir,
Sera congédié.

MELCOURT, *à Mondor.*

C'est ce qu'il faudra voir.

MADAME MONDOR, *interprétant ce qu'a dit Melcourt.*
C'est vrai.

CLÉON, *à Lucile.*

J'ose espérer au moins, mademoiselle,
Que vous voudrez ne pas me mettre en parallèle
Avec cet inconnu.

LUCILE.

Non, monsieur, sûrement.

CLITANDRE, *à madame Mondor.*

C'est un aventurier. Dès le premier moment
Vous auriez dû...

MONDOR, *à Melcourt.*

Non pas... Tenez, monsieur Clitandre,
Examinez ceci.
(*Clitandre s'éloigne avec humeur; Melcourt le
remplace.*)

MELCOURT, *à madame Mondor.*

Permettez-moi de prendre
Sa place auprès de vous: je la remplirai mal;
Mais....

MADAME MONDOR.

Point du tout.

CLÉON, *à Lucile, en montrant Melcourt.*
Il va déchirer son rival.

LUCILE.

Je ne crois pas.

MELCOURT, *à madame Mondor.*

Clitandre a dans le caractère
Une heureuse douceur : enfin, il sait vous plaire.
Je veux, auprès de vous, m'appliquer avec soin
A lui ressembler.

MADAME MONDOR.

Ah ! que vous en êtes loin !

MELCOURT.

Il a des qualités, des vertus; mais j'espère
Qu'un jour, peut-être...

MADAME MONDOR.

Non, jamais.

CLITANDRE, *à Mondor.*

La chose est claire;
Il a tort; et je vais gager mille contre un
Que sa prétention n'a pas le sens commun.

MONDOR, *à Melcourt.*

Monsieur vous donne tort.

CLITANDRE.

Tout-à-fait.

MELCOURT, *montrant Cléon.*

J'en appelle
A monsieur.

MONDOR, *à Cléon.*

Venez donc.

CLÉON, *s'éloignant.*

Oh! la sotte querelle!

(à part.)
Terminons-la.
(Clitandre reprend sa place auprès de madame
Mondor; Melcourt arrive près de Lucile.)

MONDOR, *montrant la carte à Cléon.*

Tenez, c'est de ce côté-ci.

CLITANDRE, *à madame Mondor.*

Je crains qu'en mon absence on ne m'ait desservi.

MADAME MONDOR, *froidement.*

Rassurez-vous, monsieur.

MELCOURT.

L'avoûrai-je, Lucile?
Durant votre entretien je n'étais pas tranquille.
Je crains Cléon.

LUCILE.

De vous Cléon fait moins de cas:
Il m'en a dit du mal.

MELCOURT.

Il ne le pense pas.

Cléon est généreux ; mais, Lucile, il vous aime.
Un amant bien épris est jaloux... de lui-même.
Le mal qu'il dit de moi vous prouve son amour.
Pardonnez-lui.

MONDOR, *à Melcourt.*

Monsieur vous condamne à son tour.
(*Tout le monde se lève.*)

CLÉON.

Et sans appel.

MELCOURT, *à Cléon et Clitandre.*

Eh bien ! messieurs, je vous en prie,
Jugez-moi de concert.

(*Cléon et Clitandre se placent près de Mondor.*

LUCILE, *à Melcourt.*)

Quoi !

MELCOURT, *entre madame Mondor et Lucile.*

J'ai l'ame ravie,
Pour ce point important, de les voir réunis.
Ce sont d'honnêtes gens puisqu'ils sont vos amis.

MONDOR, *à Cléon et Clitandre.*

Il se trompe.

CLÉON.

Très-fort.

MELCOURT.

J'ai cru voir chez Clitandre
La générosité d'un cœur sensible et tendre.

CLITANDRE, *à Mondor, en montrant la carte.*

Où donc a-t-il les yeux ?

MELCOURT.

Cléon a de l'esprit,
De la délicatesse.

CLÉON, *de même.*

Il ne sait ce qu'il dit.

MELCOURT.

Aussi je suis bien sûr qu'ils prennent ma défense.

CLÉON ET CLITANDRE, *à Mondor.*

Le sot !

MADAME MONDOR, *à Melcourt.*

Vous le croyez ?

MELCOURT.
En pareille occurence ,
Avec tant de plaisir , moi , je prendrais la leur.
MADAME MONDOR.
Ainsi vous les jugez tous deux ?...
MELCOURT.
D'après mon cœur.
CLÉON , *à Mondor.*
Quelle étrange bévue !
LUCILE , *à part.*
Ah ! quelle différence !
MADAME MONDOR , *impatientée.*
Allons à son secours ; ce serait conscience
De souffrir plus long-temps ce contraste odieux.
(*à Mondor.*)
Voyons.
(*Elle examine le plan avec Mondor : Cléon et
Clitandre observent Melcourt et Lucile.*)

SCÈNE XII.

MONDOR , MELCOURT , MADAME MONDOR,
LUCILE , CLITANDRE , CLÉON , NÉRINE ,
au fond du théâtre, tenant le billet.

MELCOURT , *à Lucile.*
Parlez enfin : ce moment précieux
Doit décider le sort du reste de ma vie.
Lucile, d'un seul mot, donnez-moi, je vous prie ,
Ou, s'il le faut, hélas ! ôtez-moi tout espoir.
CLITANDRE , *à Cléon , en lui montrant Nérine.*
Ah! voici le billet.
LUCILE.
Melcourt...
MELCOURT.
Avant ce soir
.... vous expliquer.
CLÉON , *à Clitandre.*
Quelle vive éloquence !

LUCILE, *à part.*

Quelle contrainte!

MELCOURT, *à Lucile.*

Hélas ! de ce morne silence
Que penser ?...

LUCILE.

Vos rivaux vous écoutent, cessez...

MELCOURT.

Laissez-moi lire au moins dans vos regards.

NÉRINE, *mettant mystérieusement le billet dans la
main de Melcourt.*

Lisez.

LUCILE.

Quoi?

MELCOURT.

Ciel !

CLÉON ET CLITANDRE.

Bon !

MELCOURT, *avec joie.*

Je conçois.

MONDOR, *à son épouse.*

Voilà jusqu'où s'étendent
Les limites.

NÉRINE, *à Cléon et Clitandre.*

Messieurs, ces dames vous attendent.

CLÉON ET CLITANDRE, *à part.*

Traîtresse !

MELCOURT, *cherchant à lire le billet.*

Si j'osais !...

MADAME MONDOR, *à Nérine.*

Que faites-vous ici ?

NÉRINE.

Moi, madame? je viens... dire qu'on a servi.

MONDOR, *se levant.*

Bonne nouvelle! Allons, remettez la séance
(*il donne la main à Lucile.*)
Après dîner. Ma foi, si j'en crois l'apparence,
L'Hymen y pourrait bien venir.

MELCOURT, *à Mondor.*

Avec l'Amour.

(à part, tandis qu'on s'éloigne.)
A la fin je pourrai...

(Il décachette.)
CLÉON, *de loin, à Melcourt.*
Lisez.
CLITANDRE, *à Cléon.*

Le plaisant tour !

SCÈNE XIII.

MELCOURT.

(Il feint de les suivre; puis il revient et lit avec éton-
nement.)

« Vos deux rivaux auront l'honneur de vous attendre,
« Dans une heure au plus tard, ici. CLÉON, CLITANDRE. »
Je m'y rendrai, messieurs... La perfide ! Lisez,
Dit-elle à demi-voix et les regards baissés.
Et ce sont mes rivaux qu'elle sert et protège !
Mais Lucile !... Grands dieux !... Que dis-je !... où
     m'égaré-je !
Lucile, si j'avais pu vous mésestimer,
N'aurais-je pas déjà cessé de vous aimer !
De cet affreux soupçon mon cœur n'est point complice;
Il a trop de plaisir à vous rendre justice,
Ma Lucile ; et pour vous, avec la même ardeur,
Vous le verrez servir et l'amour et l'honneur.

FIN DU TROISIÈME ACTE.

ACTE IV.

SCÈNE PREMIÈRE.

CLÉON.

Voyons si le billet produira son effet.
Clitandre en cette affaire a fort peu d'intérêt :

A la main de Lucile il ne saurait prétendre ;
Seul j'y peux aspirer ; seul je dois donc attendre
L'homme au billet.

SCÈNE II.

CLITANDRE, CLÉON.

CLITANDRE.

Comment ! vous arrivez sans moi
Au rendez-vous commun ?

CLÉON.

Il est vrai ; mais, ma foi,
J'ai cru que je devais vous épargner la peine....

CLITANDRE.
J'ai signé comme vous.

CLÉON.

Oui, la chose est certaine....
Cette affaire est commune à tous deux.... mais enfin,
Le but de tout ceci c'est d'obtenir la main
De Lucile.

CLITANDRE.

Sans doute.

CLÉON.

Et comme l'apparence
M'est plus favorable....

CLITANDRE.
Oui? comment?

CLÉON.

Je me dispense
Des détails.

CLITANDRE.
Expliquez cette énigme.

CLÉON.

Mes droits
Sont, dit-on, plus fondés.

CLITANDRE.
Vous croyez?

CLÉON.

Je le crois.

Demoustier.   6

CLITANDRE.

Cette présomption peut-être vous abuse.

CLÉON.

Vous en offensez-vous ?

CLITANDRE.

Non pas ; je m'en amuse.

CLÉON.

Vous vous en amusez ?

CLITANDRE.

Oui, je trouve plaisant
Que vous vous paraissiez assez intéressant
Pour ne pouvoir souffrir la moindre concurrence,
Sans vous attribuer d'abord la préférence.
Votre mérite est grand ; mais chacun a le sien.

CLÉON, *avec ironie.*

Et le vôtre, sans doute, est préférable au mien ?

CLITANDRE.

Je ne dis pas cela ; je n'ai point la manie
De croire comme vous....

CLÉON.

Laissons là, je vous prie.
Toute comparaison : je serais peu flatté
Du parallèle.

CLITANDRE.

Mais cette fatuité
Vous sied mal.

CLÉON, *mettant l'épée à la main.*

Il me sied, alors que l'on m'offense,
D'en demander raison et d'en tirer vengeance.

SCÈNE III.

CLÉON, CLITANDRE, MELCOURT.

MELCOURT, *en entrant.*

C'est ici qu'on m'attend... Mais que vois-je! Arrêtez!...

(*Il les sépare.*)

CLITANDRE ET CLÉON.

De quel droit osez-vous ?...

MELCOURT.

Deux amis !

CLÉON.

                                        Respectez
L'honneur !

MELCOURT.

      Du préjugé je sais les lois cruelles ;
Mais la loi des amis existait avant elles,
Et la nature avait gravé dans notre cœur
Que, pour les vrais amis, le premier point d'honneur
Est de sacrifier tout, jusqu'à l'honneur même,
Pour conserver celui de l'être que l'on aime,
Et de considérer comme le premier bien
Le bonheur de verser tout son sang pour le sien.

CLÉON.

Oh ! ce principe-là....

MELCOURT.

            Ce principe est le vôtre,
J'en suis sûr. Quel regret vous auriez l'un ou l'autre,
Si vous sortiez souillé du sang de votre ami !

CLITANDRE.

Eh ! monsieur !...

MELCOURT.

      Si le fait pouvait être éclairci....

CLÉON.

Il n'en est pas besoin.

MELCOURT.

            Laissez-moi l'entreprendre :
Le mal ne vient jamais que faute de s'entendre.
Une équivoque, un rien, fait naître les débats ;
Et puis la vanité (quel homme n'en a pas !)
Agit sur notre cœur, le pique, l'aiguillonne ;
On s'aigrit, on s'emporte ; enfin, l'on s'abandonne
A toute la fureur de son ressentiment.
Qu'un éclair de raison brille dans ce moment,
Un mot avait fait naître, un mot calme l'orage,
Et l'on finit toujours par s'aimer davantage.
Vous allez l'éprouver.

            (*Il tire Clitandre à part.*)

CLITANDRE.

      Non, ne vous flattez point....

MELCOURT, *à Cléon.*

Eloignez-vous.

CLÉON, *s'éloignant.*

Je veux me venger, c'est un point
Résolu.

CLITANDRE, *à part, à Melcourt.*

C'est un fat tout bouffi d'arrogance.
Il m'a parlé d'un ton et d'une impertinence!...

MELCOURT.

Vous croyez?

CLITANDRE.

Mais parbleu!...

MELCOURT.

Moi, je vais parier
Qu'il n'avait pas dessein de vous injurier.

CLITANDRE.

Comment!...

MELCOURT.

(*il passe du côté de Cléon.*)
Vous allez voir. J'en étais sûr d'avance :
Clitandre....

CLÉON.

Non, monsieur, j'en veux tirer vengeance...

MELCOURT.

Et lui, sacrifîrait la sienne à l'amitié,
Si des frais seulement vous faisiez la moitié.

CLÉON.

Le lâche !

MELCOURT.

A votre ami rendez plus de justice

CLÉON.

Lui !

MELCOURT.

La valeur ajoute encore au sacrifice
Qu'il fait de sa vengeance. Il est rempli d'honneur :
L'amitié seule a pu maîtriser son ardeur.
Au nom de son ami, soudain l'ame frappée,
Vous l'eussiez déjà vu remettre son épée,
S'il eût cru qu'à l'instant vous dussiez l'imiter.

CLÉON.

S'il fait le premier pas, moi, pour le contenter,
Je consens....

MELCOURT, *lui faisant prendre l'attitude d'un homme*
prêt à remettre son épée dans le fourreau.

Prenez donc un maintien convenable.

(*à part, en allant rejoindre Clitandre.*)

Je mens, mais je crois faire un mensonge excusable.

(*à Clitandre.*)

A conclure la paix il est prêt.

CLITANDRE, *avec ironie.*

Vous croyez ?

MELCOURT.

Il s'y dispose même.

CLITANDRE.

En vérité !

MELCOURT.

Voyez.

CLITANDRE.

S'il remet son épée, il faut bien que j'en fasse
Autant, mais après lui.

MELCOURT.

Je crois qu'à votre place
Je le préviendrais.

CLITANDRE.

Quoi!...

MELCOURT, *à tous deux.*

Quand deux honnêtes gens
Sont d'accord, point de tour; messieurs, en même
     temps.

(*ils remettent en même temps leurs épées.*)

Du reste, vous savez tous deux les convenances ;
Que le plus raisonnable en fasse les avances.

CLÉON, CLITANDRE, *chacun à part.*

Il faut que ce soit moi.

CLÉON, *donnant la main à Clitandre.*

Mon cher, je suis confus....

CLITANDRE, *de même.*

Je suis mortifié d'avoir....

MELCOURT.

N'en parlons plus,
Et que chacun de vous dans l'autre voie un frère....
(il met l'épée à la main.)
C'est à moi maintenant que vous avez affaire.

CLÉON.

A vous! quand vous venez de nous concilier.

MELCOURT, *leur montrant leur billet.*

Répondez à ceci.

CLÉON, *l'embrassant.*

J'y réponds le premier.

CLITANDRE, *de même.*

Moi, le second.

CLÉON.

Pardon! puisque la jalousie
Nous avait désunis peut-être pour la vie,
Vous devez excuser les sentimens jaloux
Qui nous avaient aussi prévenus contre vous.
Mais s'il faut qu'aujourd'hui Lucile vous choisisse,
Nos cœurs avant le sien vous ont rendu justice,
Et dans vos deux rivaux vous voyez vos amis.

MELCOURT.

Ce titre m'est bien cher! Vivons toujours unis,
En attendant le sort.

SCÈNE IV.

CLITANDRE, MELCOURT, CLÉON, NÉRINE.

NÉRINE, *regardant avec surprise.*

Plus je les examine....

CLÉON.

La friponne nous guette. Approchez donc, Nérine.

NÉRINE.

Je crains....

CLÉON, *ironiquement.*

Vous avez tort. Doit-on, à votre avis,
Craindre de voir les gens qu'on a si bien servis?

NÉRINE.

Mais, monsieur....

CLÉON, *donnant la main à Melcourt.*
Admirez l'effet de votre adresse.

CLITANDRE, *de même.*
Vous ne vous flattiez pas d'avoir tant de finesse.

NÉRINE.
Cela peut être ; mais ce qui m'amène ici,
C'est un petit remords de conscience.

CLÉON ET CLITANDRE, *gaîment.*
Ah ! oui.

NÉRINE, *présentant les deux bourses qu'elle a reçues.*
Vous m'avez bien voulu récompenser d'avance ;
Mais, comme je n'ai pas gagné ma récompense,
Je vous la rends.

CLÉON.
Ce trait, digne d'être cité,
De notre part mérite un double procédé :
D'abord, gardez l'argent.

CLITANDRE, *lui présentant le billet auquel Cléon avait
substitué le cartel.*
Et reprenez ensuite

Ce billet au porteur.

NÉRINE, *à part.*
Dieux ! c'est la lettre écrite
(*haut.*)
De ma main ! Ce papier.... pour vous être remis....
(*elle regarde tour à tour Melcourt, Cléon et
Clitandre.*)
Dites-moi donc au moins quel chemin il a pris.

CLITANDRE.
Devinez.

NÉRINE, *à Melcourt.*
Quoi ! monsieur, pour vous je m'intéresse,
Pour vous j'obtiens ici l'aveu de ma maîtresse....

MELCOURT, *à part.*
L'hypocrite !

NÉRINE.
Et l'écrit que je vous fais tenir.

Vous le....

MELCOURT.

Dispensez-vous, Nérine, de mentir.

NÉRINE.

Je mens !

CLÉON.

Oui ; ce billet ne vient point de Lucile :
Vous avez contrefait et sa main et son style.

NÉRINE, *à part.*

Ah, ciel !

MELCOURT.

Premier mensonge ; et voici le second.

NÉRINE.

Le second !

(*Melcourt lui présente le cartel.*)

CLÉON, *gaîment.*

Regardez !

NÉRINE.

Ah, grands dieux ! quel affront !...

(*prenant le cartel.*)

Deux billets ! en honneur je n'y peux rien comprendre.

MELCOURT.

Oh ! que si ; lisez bien.

NÉRINE, *achevant de lire.*

Signé : CLÉON, CLITANDRE,

(*à Melcourt.*)

Et c'est là le papier ?...

MELCOURT.

Que vous m'avez remis.

NÉRINE.

Monsieur, je vous proteste....

MELCOURT.

Il vous était permis
Avec mes deux rivaux d'être d'intelligence :
Je ne murmure point de cette préférence ;
Mais à m'en imposer pourquoi prendre plaisir ?

NÉRINE.

Monsieur, écoutez-moi : je....

CLÉON.

Vous allez mentir

Pour la troisième fois.

NÉRINE.

Non, messieurs; et je jure
Que jamais ce billet....

MELCOURT.

A quoi bon le parjure?
Je ne vous croirai pas.

NÉRINE.

Messieurs, au nom du ciel,
Ecoutez un seul mot : oui, rien n'est plus réel,
(à Melcourt.)
J'ai contrefait pour vous la main de ma maîtresse;
Mais c'était pour sauver à sa délicatesse
L'aveu d'un sentiment....

CLÉON, à Melcourt.

Le détour est flatteur.

NÉRINE.

Non, j'ai, je vous le jure, écrit d'après son cœur.
(Elle remet à Melcourt le billet écrit au nom de
Lucile.)

CLÉON, à Melcourt, qui lit.

Le style est expressif.

MELCOURT.

Il est vrai qu'il ne laisse
Rien à désirer.

NÉRINE.

Non, certes.

MELCOURT.

Je le confesse,
Ce billet vaut, messieurs, le vôtre pour le moins
(montrant Nérine.)
Que vous devez tous deux reconnaître ses soins!

NÉRINE.

J'en mourrai!

CLITANDRE, bas, à Cléon.

La leçon me paraît assez forte.

CLÉON.

Nérine, écoutez-moi; la douleur vous transporte
(il prend les deux billets.)

Arrêtez : ces papiers tous deux se sont trouvés
Dans nos mains par erreur.

NÉRINE, avec joie.

(à Melcourt.) (à Cléon.)
Par erreur.... Achevez.

CLÉON.

J'avais à ce billet substitué cet autre,
En votre absence, là ; si bien qu'au lieu du vôtre,
Vous avez à Melcourt confié celui-ci.

NÉRINE, à Melcourt.

Vous voyez bien, monsieur, que je n'ai pas menti.

MELCOURT.

Qu'une petite fois.

NÉRINE.

C'est peu.

MELCOURT.

C'est trop.

SCÈNE V.

MELCOURT, NÉRINE, CLÉON, CLITANDRE, MADAME DE BOISVIEUX et **MADAME DE VERTSEC**, au fond du théâtre.

MADAME DE VERTSEC, regardant Clitandre.

Le traître !

MADAME DE BOISVIEUX, regardant Cléon.

Le scélérat !

CLÉON.

Qu'entends-je !

CLITANDRE.

Et qui vois-je paraître !

NÉRINE, voulant emmener Melcourt.

Sauvons-nous.

CLÉON ET CLITANDRE, arrêtant Melcourt.

Demeurez.

MELCOURT.

Non, la place est à vous,

Et je connais vos droits.

CLÉON.
Nous vous les cédons tous.

CLITANDRE.
Sans nulle réserve.

MELCOURT.
Oh ! c'est être trop honnête.
D'ailleurs, si j'acceptais ce double tête-à-tête,
Vous pourriez bien encor m'envoyer un cartel.

CLÉON, *s'enfuyant avec Clitandre.*
Vous l'attendrez long-temps.

SCÈNE VI.

MELCOURT, *sur le devant de la scène ;* MADAME
DE BOISVIEUX, MADAME DE VERTSEC,
au fond du théâtre.

MADAME DE VERTSEC, *à Clitandre, qui sort.*
Tu m'évites, cruel !

MADAME DE BOISVIEUX, *à Cléon, qui sort.*
Perfide, tu me fuis !

MADAME DE VERTSEC.
Mais je serai vengée.

(*Elles s'avancent vers Melcourt, et lui font en même
temps une profonde révérence. Melcourt hésite un
instant, et ne sait à laquelle il doit répondre la
première.*)

MADAME DE BOISVIEUX, *à part.*
Son ame entre nous deux est encor partagée.
(*Elle lui fait des mines pour l'attirer.*)

MADAME DE VERTSEC, *de même.*
Il paraît balancer ; mais j'aurai le secret...
(*Melcourt s'avance vers madame de Boisvieux, et la
salue.*)

MADAME DE BOISVIEUX, *d'un air triomphant.*
Ah ! mon premier coup-d'œil a produit son effet.

MADAME DE VERTSEC.
Je le ramènerai.
(*Melcourt salue madame de Vertsec.*

MADAME DE BOISVIEUX.

Comment !...

MADAME DE VERTSEC.

J'en étais sûre.

MADAME DE BOISVIEUX, *à part.*

Le volage !

MELCOURT, *à toutes deux.*

Souffrez qu'ici je vous assure

Des sentimens...

MADAME DE BOISVIEUX, *à part.*

Voyons.

MELCOURT.

Les plus respectueux.

MADAME DE BOISVIEUX, *à part.*

Il est bien circonspect !

MADAME DE VERTSEC, *à Melcourt, avec ironie.*

Ma sœur vient en ces lieux

Pour vous offrir des fers.

MADAME DE BOISVIEUX, *à madame de Vertsec.*

Mêlez-vous, je vous prie,

De vos affaires.

MELCOURT.

Là !

MADAME DE BOISVIEUX.

Vous avez la manie

De jaser sur mon compte, et vous ne dites pas

Que le même projet conduit ici vos pas.

MADAME DE VERTSEC, *montrant sa sœur.*

N'êtes-vous pas tenté d'une aussi belle flamme ?

MADAME DE BOISVIEUX.

Parlez pour vous.

MADAME DE VERTSEC.

Voyez, monsieur !

MELCOURT, *à madame de Vertsec.*

Je vois, madame,

Qu'ainsi que le printemps, l'automne a sa beauté.

MADAME DE BOISVIEUX.

L'automne ! mais je suis encor dans mon été.

MELCOURT.

Et dans votre printemps, car l'esprit n'a point d'âge.

MADAME DE VERTSEC.

Mais les attraits...

MELCOURT.

        Fi donc ! Parle-t-on du visage,
Quand il s'agit de cœur, d'esprit et de raison ?
La fleur de la beauté n'est qu'une illusion
Qui cache les vertus en déguisant le vice.
Le sage attend toujours que le charme finisse,
Quand il veut s'attacher à la réalité.
Son cœur alors se rend à la solidité
Du vrai mérite. Ainsi, la saison où vous êtes,
A parler sensément, est celle des conquêtes.

MADAME DE VERTSEC.

On pourrait donc compter....

MADAME DE BOISVIEUX.

        Sur la vôtre ?

MELCOURT, *à toutes deux.*

                Je croi
Que vous vous amusez à mes dépens.

MADAME DE BOISVIEUX.

                Pourquoi ?

MELCOURT.

Croirai-je qu'en effet votre haute sagesse
Veuille bien s'abaisser jusques à ma jeunesse,
Et qu'enfin vous ayez la générosité
De prodiguer pour moi votre maturité ?

MADAME DE BOISVIEUX.

Vous nous complimentez d'une étrange manière.

MELCOURT.

Non : je vous ouvre ici mon ame tout entière :
Vous ne concevez pas le genre d'intérêt
Que vous m'inspirez.

MADAME DE VERTSEC, *à part.*

        Bon !

MADAME DE BOISVIEUX.

        Quel est-il, s'il vous plaît

MELCOURT.

Je vous vois, l'une et l'autre, encor célibataire,
Avec cet intérêt qu'on sent pour l'ordinaire,
Près de deux voyageurs qui, d'un pays lointain,
A travers les périls se frayant un chemin,
Ont, sur le sein des mers fécondes en naufrages,
Evité les écueils et bravé les orages ;
Et tous deux sains et saufs, en descendant à bord,
Jouissent en repos des délices du port.

MADAME DE BOISVIEUX, à part.

En repos ? pas toujours !

MELCOURT.

Que de plaisir on goûte

Ensemble, à se parler des dangers de la route,
Quand on arrive !

MADAME DE BOISVIEUX.

Mais...

MELCOURT.

L'âge que vous avez...

MADAME DE VERTSEC.

Ma sœur a cinquante ans.

MELCOURT, à madame de Boisvieux.

Eh bien ! vous arrivez

(à madame de Vertsec.)

Aujourd'hui ; vous, demain : c'est voyager ensemble.

MADAME DE VERTSEC, sèchement.

Pas tout-à-fait.

MELCOURT.

Ainsi, le retour vous rassemble ;

Et de tout autre nœud pour jamais dégagés,
Vos cœurs par l'amitié vont être partagés.
L'amour est un tourment : moins vive et plus sensible,
L'amitié dans nos cœurs verse un bonheur paisible,
Et voilà le tableau de nos jours : le matin
Orageux, le midi brûlant, le soir serein.

MADAME DE BOISVIEUX.

Le soir !

MELCOURT.

Et c'est ainsi que l'aimable innocence

Par degrés nous ramène au bonheur de l'enfance.

MADAME DE VERTSEC.

De l'enfance !

MELCOURT.

Je veux le goûter avec vous :
Par un tendre lien tous trois unissons-nous.

MADAME DE BOISVIEUX.

Tous trois ? Non.

MADAME DE VERTSEC.

Non.

MELCOURT.

Comment !

MADAME DE BOISVIEUX, *se désignant.*

Choisissez l'une...

MADAME DE VERTSEC, *de même.*

Ou l'autre.

MELCOURT.

Quelle sévérité, mesdames, est la vôtre !
Voyez l'alternative où vous me réduisez.

MADAME DE BOISVIEUX.

Allons.

MADAME DE VERTSEC.

Décidez-vous.

MELCOURT, *les prenant toutes deux par la main, et les*
plaçant en face l'une de l'autre.

Jugez, et prononcez.

Il sort, tandis que les deux sœurs se contemplent
d'un air menaçant.

SCÈNE VII.

MADAME DE BOISVIEUX, MADAME DE VERTSEC.

MADAME DE VERTSEC.

Madame de Boisvieux, vous êtes mon aînée.

MADAME DE BOISVIEUX.

Madame de Vertsec, je la suis d'une année ;
Mais il faut convenir que le moindre amateur
Qui saura comparer maintien, grâce et fraîcheur,

Ne balancera pas, pour peu qu'il s'y connaisse,
A vous attribuer l'honneur du droit d'aînesse.

MADAME DE VERTSEC, furieuse.

Si je !...

MADAME DE BOISVIEUX.

Voici Lucile : évitons les témoins.

MADAME DE VERTSEC.

Soit ; mais si je me tais, je n'en pense pas moins.

SCÈNE VIII.

MADAME DE BOISVIEUX, LUCILE, MADAME DE VERTSEC.

MADAME DE VERTSEC.

Que voulez-vous ?

LUCILE.

       Je viens vous prier l'une et l'autre
D'assurer aujourd'hui mon bonheur et le vôtre.

MADAME DE BOISVIEUX.

Et le nôtre ?

LUCILE.

      Oui : l'on dit que Clitandre et Cléon
Partagent entre vous leur adoration.

LES DEUX TANTES.

Leur hommage est public.

LUCILE.

      Mon père me marie
Ce soir même ; et j'ai craint (pardonnez, je vous prie)
Que l'un de vos amans, devenant mon époux,
L'autre fût un sujet de débats entre vous.

MADAME DE BOISVIEUX.

Vous avez eu grand tort.

LUCILE.

      Tant pis, mes chères tantes ;
Car ce soir, vous et moi, nous nous verrions contentes :
Chacune épouserait l'objet de son amour.

MADAME DE BOISVIEUX.

Comment ?

LUCILE, *à madame de Vertsec.*
(*à madame de Boisvieux.*
Vous, Cléon; vous, Clitandre; et moi, Melcourt.

MADAME DE BOISVIEUX, *s'adoucissant.*
Cet arrangement-là...

MADAME DE VERTSEC, *de même.*
N'est pas impraticable.

MADAME DE BOISVIEUX, *bas, à madame de Vertsec.*
Ma sœur, délibérons: ce Melcourt est aimable.

MADAME DE VERTSEC.
Mais il n'est pas pour vous.

MADAME DE BOISVIEUX.
Ni pour vous.

MADAME DE VERTSEC.
En ce cas,
Ne pourrions-nous, ma sœur, pour punir nos ingrats.
Les réduire tous deux (je le dis à l'oreille)
Au... pis-aller?

MADAME DE BOISVIEUX.
Eh mais!...

MADAME DE VERTSEC.
L'orgueil nous le conseille.

MADAME DE BOISVIEUX.
(*à Lucile*).
Et l'amour encor plus. La proposition
Est acceptée.

LUCILE.
Il est une condition:
C'est que vous emploîrez votre adresse admirable
A combattre un obstacle, hélas! insurmontable,
Qui de notre bonheur détruit tout le projet.

MADAME DE BOISVIEUX.
Et quel est cet obstacle?

LUCILE.
Oh! c'est un grand secret.

MADAME DE VERTSEC.
Un secret, mon enfant!

Demoustier.   7

LUCILE.

   De vous deux va dépendre
Le destin de mes jours.

MADAME DE VERTSEC.

    Ne nous fais pas attendre.

LUCILE.

Je...

MADAME DE BOISVIEUX.

Courage !

LUCILE.

Melcourt...

MADAME DE BOISVIEUX.

   Fort bien !

LUCILE.

     Melcourt..

MADAME DE VERTSEC.

      Pas mal !

LUCILE.

Melcourt est le neveu...

LES DEUX TANTES.

   Le neveu ?...

LUCILE.

    De Dorval.

LES DEUX TANTES ; *avec un cri de joie.*

De Dorval ! Ah ! ma sœur, la bonne découverte !

LUCILE.

De ce mot seul dépend mon bonheur ou ma perte.
Aux soins de l'amitié j'ai confié mon sort.
Mon père hait Dorval ; vous voyez qu'il a tort.
Dissipez son erreur, et daignez faire usage
Du crédit que sur lui vous a donné votre âge.

MADAME DE VERTSEC, *à part, avec dépit.*

Notre âge !

LUCILE.

  Votre avis ne sera pas suspect ;
Depuis long-temps mon père a pour vous le respect
Qu'il vous doit.

MADAME DE BOISVIEUX , *à part.*

   L'impudente !

LUCILE.

Et puisqu'il vous révère...

MADAME DE BOISVIEUX.

Nous allons vous servir de la bonne manière.

MADAME DE VERTSEC.

Adieu, ma chère enfant.

LUCILE.

Je vous quitte à regret.
Heureux qui, comme moi, peut placer son secret!

SCÈNE IX.

MADAME DE BOISVIEUX, MADAME DE VERTSEC.

MADAME DE BOISVIEUX.

Avez-vous jamais vu pareille impertinence?

MADAME DE VERTSEC.

L'insolente! à l'instant j'en veux tirer vengeance,
Et je cours publier...

MADAME DE BOISVIEUX, *l'arrêtant.*

Ma sœur, entendons-nous.
Votre aînée a le droit de parler avant vous.

MADAME DE VERTSEC.

Tout à l'heure, ma sœur, vous étiez la cadette.

MADAME DE BOISVIEUX.

Mais je reprends mon rang, et...

MADAME DE VERTSEC, *s'éloignant.*

Je serai discrète.

MADAME DE BOISVIEUX, *l'arrêtant.*

Ma sœur, au nom du ciel, songez que le plaisir
Est un fruit délicat qu'il faut laisser mûrir
Pour en doubler le prix. Attendons, pour bien faire,
Que Dorval ait séduit et le père et la mère,
Ses rivaux même; enfin, qu'il touche au dénoûment...
Nous le nommons alors: «Dorval! Dorval! comment?
« Qui?... Melcourt. » A ces mots, l'un pâlit, l'autre
 tremble;
Mondor et sa moitié se regardent ensemble
En ouvrant de grands yeux; là, le futur, sans bruit,
S'esquive, et la future ici s'évanouit.

MADAME DE VERTSEC.

C'est un tableau superbe !

MADAME DE BOISVIEUX.

Oh ! j'en jouis d'avance.

MADAME DE VERTSEC, *gaîment.*

Ainsi, ma chère sœur, suivant toute apparence,
Notre aimable épouseur ici n'épousera...

MADAME DE BOISVIEUX.

Ni vous...

MADAME DE VERTSEC.

Ni vous.

ENSEMBLE.

Tant mieux, personne ne l'aura.

FIN DU QUATRIÈME ACTE.

ACTE V.

SCÈNE PREMIÈRE.

MADAME MONDOR, MONDOR.

MADAME MONDOR.

Vous en direz, monsieur, tout ce qu'il vous plaira,
(*la main sur le front.*)
Mais j'ai pris mon parti. Quand quelque chose est là,
Vous savez...

MONDOR.

Oui, je sais...

MADAME MONDOR.

Que je suis raisonnable.

MONDOR.

Qu'en fait de volonté vous êtes immuable ;
Mais je veux à mon tour être le maître ici,
Et j'entends que ma fille épouse...

MADAME MONDOR.

Oh ! j'ai choisi

Ce qu'il lui faut : un homme aimant, soumis, fidèle ,
Qui jamais ne verra, n'agira que par elle ,
Et n'entreprendra rien sans avoir consulté
La loi de ses désirs et de sa volonté.

MONDOR.

Et moi, je lui choisis un époux jeune, aimable ,
Ami franc et loyal , et convive agréable ;
Qui, sans extravaguer, l'aimera tendrement ,
Et qui la laissera régner paisiblement ,
Tant qu'elle se tiendra dans les justes limites
Qu'à votre autorité le bon sens à prescrites ;
Mais qui, s'il voit sa femme hausser un peu le ton ,
Saura mettre d'accord l'amour et la raison.

MADAME MONDOR.

Le beau choix qu'un mari gouverneur de sa femme !
Un despote !

MONDOR.

Un époux est un ami, madame ,
Et non pas un esclave ; et son autorité
Me paraît préférable à certaine bonté
Qui le fait trop souvent tomber en servitude.
Vous savez que c'est là mon péché d'habitude ,
Et vous en abusez.

MADAME MONDOR.

Qui, moi ! mon cher ami ?
Vous pensez...

MONDOR.

Justement. Continuez. Voici
Lucile : sur l'objet qui nous tient en balance ,
Son goût doit, ce me semble, avoir quelque influence...
Consultons...

MADAME MONDOR.

Une enfant ! j'aimerais cent fois mieux
Votre choix que le sien.

SCÈNE II.

MONDOR, LUCILE, MADAME MONDOR.

MONDOR.

Bon !

MADAME MONDOR.

Je ferme les yeux,
Et m'en rapporte à vous.

MONDOR.

Je vois votre finesse :
De suivre mon avis vous faites la promesse,
Et vous saurez bientôt m'amener par degrés
A ne faire à la fin que ce que vous voudrez.

MADAME MONDOR.

Quel soupçon !

MONDOR.

Oui...
(*Il va au devant de Lucile.*)

MADAME MONDOR, *à part.*

Grands dieux ! me suis-je compromise ?

MONDOR.

Approche, mon enfant, et parle avec franchise :
N'aimerais-tu pas bien un mari vif, joyeux,
Plein d'ardeur ?

LUCILE, *à part.*

C'est Cléon.

MADAME MONDOR.

N'aimerais-tu pas mieux
Un époux tendre, doux, complaisant ?

LUCILE, *à part.*

C'est Clitandre.

MONDOR.

Tu soupires ? pour qui ?

MADAME MONDOR.

Parlez.

LUCILE, *à part.*

Quel parti prendre ?

MADAME MONDOR.

Ce soir, à l'un ou l'autre il faut donner la main.

LUCILE, *à part.*

Hélas ! des deux côtés mon malheur est certain.

MADAME MONDOR.

M'entendez-vous ?

LUCILE.

Pardon, maman, si je balance :

Mon âge...

MADAME MONDOR, *à Mondor.*

Vous voyez que l'inexpérience
Fait naître dans son cœur l'irrésolution.
C'est à vous de parler. Ma proposition
Est sensée.

MONDOR.

Il est vrai.

LUCILE, *à part.*

(*haut.*)

Ciel !... Je vous en supplie.
Arrêtez ! Il y va du bonheur de ma vie.

MADAME MONDOR.

Votre père ne peut que choisir sagement.

MONDOR.

Madame...

MADAME MONDOR.

Suivez donc son choix aveuglément.

MONDOR.

Le vôtre...

MADAME MONDOR.

Obéissez, Lucile, à votre père.

MONDOR, *à madame Mondor.*

C'en est trop...

MADAME MONDOR.

Non.

MONDOR, *à Lucile.*

Suivez le choix de votre mère.

MADAME MONDOR, *à part.*

Bon !

LUCILE.

Suspendez au moins...

MONDOR.

Je le veux.

MADAME MONDOR, *à part.*

Je le tiens.

(Melcourt paraît.)

LUCILE, *très-vivement.*

Melcourt !

MADAME MONDOR, *à Lucile.*

Qu'avez-vous ?

LUCILE, *haut.*

(à part.)

Rien... Je respire !

SCÈNE III.

MADAME MONDOR, LUCILE, MELCOURT, MONDOR.

MELCOURT.

Je viens

Assez mal à propos ?

MONDOR.

Point du tout.

LUCILE.

Au contraire...

(à son père.)

Vous estimez monsieur : permettez qu'il m'éclaire.

MADAME MONDOR.

Volontiers : nous verrons qui de nous trois a tort.

MELCOURT.

Je suis persuadé que vous êtes d'accord.

MONDOR.

Il s'agit d'un mari. Ma fille vous demande
Lequel de deux rivaux elle doit...

MELCOURT.

J'appréhende

De voir mal.

MONDOR.

Oh ! que non.

MELCOURT.

Mademoiselle sent
Que le conseil pour moi doit être embarrassant.

LUCILE.

Il en coûte, monsieur, à ma délicatesse
Pour vous le demander; mais je tremble, on me
  presse;
Mon cœur n'ose choisir, et me dit en secret
Qu'à mon sort vous daignez prendre quelque intérêt.

MELCOURT.

Parlez.

MADAME MONDOR, *la prévenant.*
  Pour son bonheur j'ai choisi la tendresse.

MONDOR.

Moi, la gaîté.

MELCOURT, *à tous deux.*
        Ce choix prouve votre sagesse.
  (*à madame Mondor.*)
L'amour est le premier des biens. Chez les maris,
Sa rareté lui donne encore un nouveau prix.
    (*à Mondor.*)
La gaîté de l'hymen écarte les orages,
Et des jours ténébreux éclaircit les nuages.
    (*à tous deux.*)
Entre ces qualités, heureux qui peut choisir;
Mais plus heureux encor qui peut les réunir!

MONDOR.

Oh! c'est trop exiger.

MADAME MONDOR.
        Qui veut tout entreprendre...

MELCOURT.

Voilà nos trois avis, il est juste d'entendre
  (*montrant Lucile.*)
Le plus intéressé.

LUCILE.
    Monsieur, mon choix est fait.

MONDOR.

Oui?

MADAME MONDOR.
    Voyons ce beau choix.

LUCILE.
        J'aime un homme discret;

Demoustier.   8

Qui souffre sans se plaindre, et dont l'ame sensible
Seule pourrait me rendre heureuse.

MADAME MONDOR.

Est-il possible?

C'est le mien!

LUCILE.

J'aime un homme, aimable en sa gaîté,
Plein d'esprit, de franchise et de vivacité.

MONDOR.

C'est le mien à mon tour!

MADAME MONDOR.

Quoi! deux amans ensemble!

MONDOR.

Pourquoi pas?

LUCILE.

J'aime enfin un homme qui rassemble
Et ce que l'on admire et ce que l'on chérit,
La fleur du sentiment et celle de l'esprit.

MELCOURT.

C'est le mien!

MONDOR.

Pour le coup, c'est trop, mademoiselle,

Et...

MADAME MONDOR.

Finissons : celui que j'ai choisi pour elle,
(à Melcourt.)
C'est vous.

MONDOR, à Melcourt.

C'est vous.

LUCILE, à part.

Ciel!...

M. ET MADAME MONDOR.

Quoi!...

MELCOURT, à Lucile.

Décidez de mon sort.

LUCILE.

Vous nous aviez bien dit que nous étions d'accord.

MONDOR.

(à sa femme.)   (à Melcourt.)
Mais je n'en reviens pas! Vous voilà notre gendre.

MELCOURT.

J'en doute encor.

MADAME MONDOR.

Pourquoi? je veux...

MELCOURT.

Daignez m'entendre.

LUCILE, *à part, à Melcourt.*

Vous allez....

MELCOURT.

Me nommer.

LUCILE.

Adieu notre bonheur!

MELCOURT.

Il n'en est point, Lucile, aux dépens de l'honneur.
 (*à Mondor.*)
Avant de m'accorder la main de votre fille,
Vous avez dû, monsieur, connaître ma famille.

MONDOR.

Oui ; je donne ma fille au parent de Courval,
Mon parent.

MELCOURT.

Et, de plus, au neveu de Dorval.

M. ET MADAME MONDOR.

Grands dieux!
(*Ils restent confondus, tandis que les deux Tantes paraissent*)

SCÈNE IV.

MADAME MONDOR, MONDOR, LUCILE,
 MELCOURT, MADAME DE BOISVIEUX,
 MADAME DE VERTSEC, *entrant précipitam-
ment.*

MADAME DE VERTSEC.

Dépêchons-nous.

MADAME DE BOISVIEUX.

O le beau mariage!

MONDOR.

Il n'est pas encor fait, mes sœurs.

MADAME DE VERTSEC.

                         C'est bien dommage,
Car vous voyez...

TOUTES DEUX ENSEMBLE.

Dorval.

MELCOURT.

       Je l'ai dit.

MONDOR.

                    Je le sais.

MADAME DE VERTSEC.

Eh bien ! ma sœur, voilà le fruit de vos délais.
Je vous l'avais bien dit, on perd tout pour attendre.

MADAME DE BOISVIEUX.

Le coup est assommant.

MADAME DE VERTSEC.

               C'est un tour à se pendre,
Pour peu qu'on ait de cœur.

MELCOURT.

                Mesdames, je vous doi
Mille remercîmens de vos bontés pour moi.
Qui ne connaîtrait pas votre heureux caractère,
Pourrait vous soupçonner le désir de mal faire;
Mais moi, que vous avez admis dans vos secrets,
Moi, votre ami commun, je ne croirai jamais
Que vous ayez formé le projet de me nuire
Par un complot honteux. Vous avez cru bien dire;
Et si vous n'avez fait une bonne action,
Je vous rends grâce au moins de votre intention.

MADAME DE BOISVIEUX, *à part.*

Répondez-lui, ma sœur.

MADAME DE VERTSEC, *à part.*

               Répondez-lui vous-même.

MELCOURT.

L'épreuve des amis, c'est le malheur extrême,
Et vous voyez le mien ; aussi j'ose espérer...

MADAME DE BOISVIEUX.

Oui ; j'ai fait une faute, et vais la réparer.

MADAME DE VERTSEC.

Parlons pour lui, ma sœur : sa disgrâce me touche.

MADAME DE BOISVIEUX.

Écoutez un aveu qui va de notre bouche
Sortir pour la première et la dernière fois :
J'ai tort.

MADAME DE VERTSEC.

J'ai tort.

MELCOURT.

Tort !

MADAME MONDOR.

Tort !

MONDOR.

Tort ! A peine je crois
Ce que j'entends.

MADAME DE BOISVIEUX, *montrant Melcourt.*

Allons, mon frère, il est aimable.

MADAME DE VERTSEC.

Si son oncle a des torts, il n'en est pas coupable.

MONDOR.

Mais il est son neveu : cela suffit.

MADAME MONDOR.

D'ailleurs,
Ses rivaux ont des droits.

SCÈNE V.

MADAME MONDOR, MONDOR, LUCILE,
MELCOURT, MADAME DE BOISVIEUX,
MADAME DE VERTSEC, CLÉON, CLI-
TANDRE.

MADAME MONDOR, *à Cléon et Clitandre.*

Venez, venez, messieurs,
L'instant est décisif, et vous allez apprendre
Le choix de l'un des deux.

CLÉON, *à part.*

S'il tombait sur Clitandre...

CLITANDRE, *à part.*

S'il tombait sur Cléon...

CLÉON.

Le tour serait affreux !

CLITANDRE.

Le trait serait piquant !

CLÉON, *à madame Mondor.*

Madame, outre nous deux,
J'avais cru que monsieur...

MELCOURT.

Un mot vient de m'exclure :
Je ne me permettrai ni plainte ni murmure ;
Mais, quel que soit ici celui que pour époux
Lucile va choisir, messieurs, souvenez-vous
Qu'on ne fait le bonheur de l'épouse qu'on aime,
Qu'autant qu'on a celui d'en être aimé soi-même,
Et qu'un époux enfin qui répugne à son cœur,
Ne jouit de ses droits que comme usurpateur.

LUCILE, *à part.*

Hélas ! il a raison.

CLÉON, *à Clitandre, en lui montrant Lucile.*

Vous venez de l'entendre...

CLITANDRE, *à Cléon.*

Comme vous.

MONDOR, *à Lucile.*

Prononcez enfin.

LUCILE, *à part.*

Quel parti prendre !...

(*haut.*)
Cléon, vous méritez et l'estime et l'amour.

MONDOR.

Ah !

LUCILE.

Je vous aimerais si je n'aimais...
(*Clitandre prête l'oreille, espérant s'entendre
nommer.*)

CLÉON.

(*voyant Lucile qui va vers Clitandre.*)
Me serais-je trompé ?

CLITANDRE, *à part.*

Bon !

MADAME MONDOR.

Écoutons.

LUCILE.

                          Clitandre,
Un homme tel que vous a le droit de prétendre,
Pour prix de sa tendresse, au plus tendre retour;
Et vous l'obtiendriez si je n'aimais....

CLITANDRE.

                           Melcourt.

MADAME MONDOR.

Laissez-la donc parler, messieurs.

CLÉON.

                         La préférence
Est donnée à Melcourt.

MONDOR.

           Qui l'a dit?

CLÉON, *montrant Lucile.*

                     Son silence.

MONDOR, *à Lucile.*

Vous osez préférer!...

LUCILE.

          Mon père, je me tais.

CLÉON.

Vous voyez. Consentez....

MONDOR.

            Non; d'ailleurs, ce procès...

CLITANDRE.

Est en arrangement.

MONDOR.

          Tous deux, d'intelligence,
Vous l'avez condamné.

CLÉON.

         Mais, sur notre sentence
Nous pouvons revenir.

MONDOR.

         Non; je veux conserver
Et ma fille et mon bien.

SCÈNE VI.

MADAME MONDOR, MONDOR, LUCILE, MELCOURT, MADAME DE BOISVIEUX, MADAME DE VERTSEC, CLÉON, CLITANDRE, NÉRINE.

NÉRINE.
Frontin vient d'arriver.

MONDOR.
Qu'a-t-il dit?

NÉRINE.
Rien. Son air taciturne et farouche
M'a fait trembler.

MONDOR.
Oh ciel!

NÉRINE.
Je n'ai pu de sa bouche
Tirer une parole. Enfin, jusques ici
Il a suivi de loin mes pas; et le voici.

SCÈNE VII.

MADAME MONDOR, MONDOR, LUCILE, MELCOURT, MADAME DE BOISVIEUX, MADAME DE VERTSEC, CLÉON, CLITANDRE, NÉRINE, FRONTIN.

NÉRINE, *bas, à Melcourt.*
Votre oncle aura gagné.

MONDOR, *à sa femme.*
Je crains....

LUCILE ET MELCOURT, *à part.*
J'espère....

MONDOR, *à Frontin.*
Avance.

FRONTIN, *regardant Melcourt.*
(à part.)   (à Mondor.)
Il est perdu!... Monsieur....

MONDOR.
Si j'en crois l'apparence...

FRONTIN.

Je ne saurais parler.

MONDOR.

Tu dois pourtant savoir....

FRONTIN.

Je sais tout.

MONDOR.

Dis-nous donc...

FRONTIN, *lui présentant une lettre.*

Monsieur, vous allez voir.

MELCOURT, *à Mondor.*

Tout de votre procès vous annonce la perte :
Déchirez cette lettre ; et, sans l'avoir ouverte,
Acceptez le traité.

MONDOR.

Non.

FRONTIN.

Monsieur, lisez-la.

MONDOR, *décachetant.*

Il a raison.

MELCOURT.

Comment !

MONDOR, *lisant à demi-voix.*

« Monsieur.... » et cætera...

MADAME MONDOR.

Si vous lisiez plus haut ?

MONDOR, *étonné.*

Dieux ! quel préliminaire !
« Je vous ai toujours dit, monsieur, que votre affaire
» Était douteuse ; aussi vous savez que jamais
» Je n'en ai devant vous garanti le succès.... »
Je ne puis achever.

(*Il lit tout bas.*)

MADAME MONDOR.

Il pâlit !

NÉRINE, *bas à Lucile.*

Sa main tremble.

MONDOR, *laissant tomber la lettre.*

J'ai perdu !

FRONTIN *la ramasse.*

Se peut-il !

NÉRINE, *à part.*

Bon !

MELCOURT.

Confondons ensemble
Tous ces droits malheureux, sujets de nos débats,
Que Dorval m'autorise à vous céder.

MONDOR.

Non pas.
Qu'il triomphe aujourd'hui, dès demain j'en appelle :
Jusqu'à l'extinction de chaleur naturelle,
Je plaiderai.

MELCOURT.

Monsieur, acceptez ; je suis prêt
A vous céder....

FRONTIN, *à Mondor, en lui remettant la lettre.*

Monsieur, achevez, s'il vous plaît.

MADAME MONDOR, *à Mondor.*

Voyons.

MONDOR.

« La question paraissait ambiguë ;
» Mais vos juges, après l'avoir bien débattue,
» Ont prononcé : dépens, dommages, intérêts,
» Vous avez tout.... gagné ! »

TOUT LE MONDE, *excepté Frontin.*

Ciel !

FRONTIN, *à Melcourt.*

Voilà votre arrêt.

MONDOR.

Peste soit de l'exorde !

LUCILE, *à part.*

Ah ! grands dieux !

LES DEUX TANTES, *regardant Melcourt.*

C'est dommage.

MELCOURT, *à Mondor.*

Vous avez à l'instant refusé le partage
Des droits que l'amitié prétendait vous céder ;
J'osai le proposer, j'ose le demander.

MONDOR.

Quoi !

MELCOURT.

Tour à tour vainqueur et vaincu l'un et l'autre.
Vous reprenez ma place, et je reprends la vôtre
Pour me venger de vous.

MONDOR.

Je n'ai pas mérité....

MELCOURT.

Vous avez dédaigné ma générosité :
Je réclame la vôtre, et voilà ma vengeance.

MONDOR.

(*à part.*)

Vous me faites honneur. Diable d'homme !

LUCILE, *regardant Mondor.*

Il balance :

Je tremble !

MADAME MONDOR, *à Mondor.*

Mon ami !...

MONDOR.

Bast !

LES DEUX TANTES.

Mon frère !...

MONDOR.

Oui, mes sœurs.

FRONTIN ET NÉRINE.

Monsieur !...

MONDOR.

Fort bien !

CLÉON ET CLITANDRE.

Daignez...

MONDOR.

Quoi ! vous aussi, messieurs ?

CLÉON.

Il est vrai que l'amour nous mit en concurrence ;
Mais l'amour doit céder à la reconnaissance.

MONDOR.

Je ne vous entends pas.

CLITANDRE.

Nous étions ennemis :

Nous lui devons tous deux le bonheur d'être amis.

MONDOR.

Ah, ah!

MADAME DE BOISVIEUX.

J'avais voulu lui nuire ; mais je l'aime :
Sa morale me met d'accord avec moi-même.

MONDOR.

Miracle!

MADAME DE VERTSEC.

Ses discours m'ont fait ouvrir les yeux,
Et je vais devenir raisonnable.

MONDOR.

Grands dieux!

MADAME MONDOR.

Grâces à lui, deux fois vous m'avez embrassée.
(*Mondor rit, et ne répond rien.*)

FRONTIN.

Il est né dans mes bras.

MONDOR.

Bon!

NÉRINE, *montrant son anneau.*

Il m'a fiancée.

MONDOR.

Vraiment?

LUCILE.

Le premier jour me l'avait fait aimer ;
Le second pour jamais me le fait estimer.

MONDOR, *à Melcourt.*

Mais c'est à faire à vous! et, sans la circonstance
Du procès ruineux qui....

MADAME DE BOISVIEUX.

Pour cette alliance,
J'assurerai mon bien.

MADAME DE VERTSEC.

Moi, le mien.

MADAME MONDOR, *mettant la main de Lucile dans
celle de Melcourt.*

Moi, le mien.

MONDOR , *montrant Lucile.*

Non pas ; de ce bien-ci la moitié m'appartient.

CLÉON ET CLITANDRE.

Quoi ! monsieur, vous auriez seul la rigueur extrême?...

MONDOR.

Oui, messieurs ; je prétends... le lui donner moi-même ;
Et je paîrai moitié du procès.

MELCOURT.

C'en est trop !

Et je....

MONDOR.

Je paîrai tout si vous dites un mot.
Puis-je payer trop cher le bonheur de ma fille,
La paix et l'union de toute ma famille,
Et le plaisir si doux d'embrasser aujourd'hui,
Après plus de quinze ans, Dorval, mon vieil ami.
De passer avec lui le reste de ma vie?
Pour établir chez moi cette heureuse harmonie.
Vous n'avez employé ni l'éclat emprunté
Du bel esprit, ni l'art de la fatuité.
Au fond de votre cœur le sentiment s'épure ;
Son langage est toujours celui de la nature.
Votre esprit naturel orne la vérité ,
Mais sans la déguiser, voile sa nudité ;
Sans jamais s'abaisser, noblement il se plie
Pour se mettre au niveau de ceux qu'il concilie :
Moins vous voulez régner, plus vous faites la loi ;
Chacun, auprès de vous, devient content de soi ;
Enfin, l'extérieur est toujours agréable ,
Le cœur bon , l'esprit juste ; et voilà l'homme aimable.

FIN DU CONCILIATEUR.

LES FEMMES,

COMÉDIE

EN TROIS ACTES ET EN VERS.

DE

DEMOUSTIER,

Représentée, pour la première fois, le 19 avril 179.

ACTEURS.

MADAME DE SAINT-CLAIR, veuve.

EUGÉNIE, fille de madame de Saint-Clair.

CONSTANCE, jeune veuve, mère et nourrice, nièce de madame de Saint-Clair.

MADAME D'ORVILLE, mère de madame de Saint-Clair.

URSULE, jeune dévote, cousine de madame de Saint-Clair.

MADAME DE COURTMONDE, amie de la famille.

JUSTINE, suivante.

LISIDOR, oncle de Germeuil.

GERMEUIL, officier, âgé de dix-huit ans.

DUBOIS, valet de Lisidor.

La scène se passe dans un château voisin de Paris, appartenant à madame de Saint-Clair, qui s'y trouve rassemblée avec sa famille.

LES FEMMES,

COMÉDIE.

ACTE PREMIER.

SCÈNE PREMIÈRE.

EUGÉNIE, JUSTINE.

JUSTINE, *assise et cousant, à Eugénie, qui entre d'un*
air rêveur.

A-t-on déjà soupé ?

EUGÉNIE.

Pas encor, j'imagine.

JUSTINE.

Et vous sortez de table ?

EUGÉNIE.

A ! ma pauvre Justine !...

JUSTINE.

Quoi ! toujours des soupirs !

EUGÉNIE.

Germeuil n'a pas mangé.

JUSTINE.

Ni vous non plus ?

EUGÉNIE.

Hélas ! combien il est changé !

Sa pâleur...

JUSTINE.

Sa pâleur est toute naturelle :

Il est convalescent.

EUGÉNIE.

Tu crois ?

JUSTINE.

Mademoiselle,

Je vous crois, entre nous, plus malade que lui.
EUGÉNIE.
Il est vrai que ce soir...
JUSTINE.
                Ce n'est pas d'aujourd'hui.
J'ai suivi les progrès de votre maladie.
EUGÉNIE.
De ma maladie !
JUSTINE.
          Oui ; c'est une épidémie
Dont la malignité gagne dans la maison.
EUGÉNIE.
Ciel !
JUSTINE.
     Je vous dis que c'est une contagion.
Par un coup du hasard sept femmes rassemblées
Vivaient presque d'accord dans le monde isolées ;
Et dans notre château, nous ignorions, hélas !
S'il habitait encor des hommes ici-bas.
Madame votre mère en avait, par prudence,
Chassé le jardinier, de peur de médisance.
Cela n'empêchait pas que, tout le long du jour,
Le couvent ne parlât de tendresse et d'amour,
Qu'on n'y traitât les lois de la galanterie,
Et l'art insidieux de la coquetterie.
Mais combien ce qu'on fait vaut mieux que ce qu'on
      dit !
Tous nos amours alors se passaient en récit....
Enfin, Germeuil paraît, et l'action commence.
Homme, il était proscrit : cependant sa souffrance,
Sa jeunesse, ses yeux abattus de langueur,
Tout de l'arrêt fatal adoucit la rigueur.
Un officier mourant, au printemps de son âge,
Par la fièvre surpris au milieu d'un voyage,
Qui, d'une voix touchante, aux pieds de la beauté
Vient réclamer les droits de l'hospitalité,
Rarement à ses vœux la trouve inexorable.
EUGÉNIE.
Eh ! qui n'eût eu pitié de son sort déplorable !

JUSTINE, *à part.*
L'amour, qui prend souvent le nom de l'amitié,
Emprunte quelquefois celui de la pitié.
    (*haut.*)
L'humanité séduit le cœur de l'innocence,
Et la compassion va plus loin qu'on ne pense.
                    EUGÉNIE.
Mais où peut-elle aller ?
                JUSTINE.
                        Je ne sais ; mais enfin
Tout le monde en ces lieux semble avoir du chagrin.
Notre jeune malade est en convalescence ;
On n'en est pas plus gai, surtout en son absence.
Madame de Saint-Clair a perdu l'agrément
De son esprit aimable et de son enjoûment.
Votre bonne maman, si causeuse et si folle,
Néglige, en soupirant, le don de la parole.
Madame de Courtmonde, au ton mâle et guerrier,
Professeur en amour, redevient écolier.
Notre dévote Ursule, inquiète et pensive,
Imite, en gémissant, la colombe plaintive.
Mère d'un jeune fils, veuve d'un vieil époux,
Constance est insensible à des plaisirs si doux :
Elle embrasse, en pleurant, son enfant qu'elle allaite :
On dirait, à la voir sombre, morne et distraite,
Ou que ce cher enfant est prêt à la quitter,
Ou que son vieux mari vient de ressusciter.
Les fleurs sur votre teint meurent à peine écloses :
J'y vois encor des lis, mais j'y cherche des roses.
Enfin, moi qui vous plains, je me fais peine à voir,
Et n'ose qu'en tremblant consulter mon miroir...
Mais madame paraît.

SCÈNE II.

MADAME DE SAINT-CLAIR, EUGÉNIE, JUSTINE.

MADAME DE SAINT-CLAIR.
        Pourquoi donc, Eugénie,

Sans raison, brusquement quitter la compagnie?
EUGÉNIE.
Pardon, maman; j'avais l'esprit préoccupé.
MADAME DE SAINT-CLAIR.
De quoi donc?
JUSTINE, *ironiquement*.
De quelqu'un qui n'avait pas soupé.
MADAME DE SAINT-CLAIR.
Justine, laissez-nous.

SCÈNE III.

MADAME DE SAINT-CLAIR, EUGÉNIE.

MADAME DE SAINT-CLAIR.
Ma fille, la tristesse
De moment en moment flétrit votre jeunesse :
Vous ne vous prêtez plus à nos amusemens ;
Vous ne souriez plus à mes embrassemens ;
Vous laissez, en naissant, mourir votre génie.
Tous ces talens qui font le charme de la vie,
Et que vous cultiviez avec tant de douceur,
Vous les abandonnez. Parlez : à votre cœur,
Près de moi, mon enfant, manque-t-il quelque chose?
EUGÉNIE.
Vous soupirez vous-même...
MADAME DE SAINT-CLAIR.
Et vous en êtes cause.
EUGÉNIE.
Moi?
MADAME DE SAINT-CLAIR.
Vous, ma fille.
EUGÉNIE.
Hélas!
MADAME DE SAINT-CLAIR.
Peignez-moi, sans détour,
Ce que vous éprouvez.
EUGÉNIE.
Je sens de jour en jour
Une mélancolie, une langueur secrète

Dont l'attrait inconnu me charme et m'inquiète.
Tantôt là, dans mon sein, c'est un abattement
Qui m'accable; tantôt c'est un enchantement.
Mes yeux sont éblouis de toute la nature;
L'air me semble plus doux, la lumière plus pure.
Je ne sais quel génie entraîne alors mes pas;
Je poursuis un objet que je ne connais pas.
Lasse enfin de chercher une vaine chimère,
Je me dis : Retournons dans les bras de ma mère.
Je reviens en rêvant; mes regards inquiets
Vous rencontrent... Ce n'est pas vous que je cherchais.
Eh! mais qui donc?.. le jour, je comprime mes larmes :
Mais la nuit vient; alors que j'éprouve de charmes
A les répandre! Non, jamais on n'a goûté,
Avec tant d'amertume, autant de volupté.

MADAME DE SAINT-CLAIR, *attendrie.*

Ma fille, votre état se conçoit; j'ai moi-même
Eprouvé comme vous...

EUGÉNIE.

Quoi! vous pleurez!

MADAME DE SAINT-CLAIR.

Je t'aime,
Et je ne saurais voir arriver sans effroi
L'instant où ton bonheur ne dépend plus de toi.
Que mon exemple au moins te préserve et t'éclaire!
Viens, mon enfant, et lis dans le cœur de ta mère.
Lorsque j'avais ton âge et ta simplicité,
Comme toi j'aspirais à la félicité.
Dans le bonheur d'autrui je croyais voir le nôtre :
Mon cœur me demandait à dépendre d'un autre...
Hélas! j'eus le malheur de rencontrer celui
Qu'involontairement tu cherches aujourd'hui.
J'admirai son maintien et son air de décence;
Dans ses yeux la douceur, sur son front l'innocence...

EUGÉNIE.

Comme Germeuil?

MADAME DE SAINT-CLAIR, *à part.*

O ciel! l'oncle fit mon malheur :
Le neveu ferait-il le sien!

EUGÉNIE, *à part.*
Que sa douleur

(*haut.*)

Me touche ! Poursuivez.

MADAME DE SAINT-CLAIR.
J'en fus abandonnée...

EUGÉNIE.

L'ingrat !

MADAME DE SAINT-CLAIR.

Et je passai ma vie infortunée
Dans les regrets, l'ennui, le silence et les pleurs,
Jusqu'au temps où l'hymen vint calmer mes douleurs.
Je devins mère alors, et ma chère Eugénie
Me fit trouver encor des plaisirs dans la vie.

EUGÉNIE.

Ma mère !

MADAME DE SAINT-CLAIR, *la serrant dans ses bras.*
Oui, mon enfant : oui, l'amour maternel
Est de tous nos amours le seul qui soit réel :
Je le sens.

EUGÉNIE.
Quoi ! maman, ce sentiment si tendre
Qu'on goûte à se parler, à se voir, à s'entendre,
Ces soupirs ....

MADAME DE SAINT-CLAIR.
Sont les fleurs dont le piége est couvert.
Ce qu'on gagne en amour ne vaut pas ce qu'on perd...
Ah ! puisses-tu jamais ne connaître les hommes !

EUGÉNIE.

Mais je n'en ai connu que d'aimables.

MADAME DE SAINT-CLAIR.
Nous sommes
Dupes de ce prestige ; et l'amabilité
Déguise trop souvent l'insensibilité,
L'artifice ..

EUGÉNIE.
Comment ! je les entends sans cesse
Attester leur honneur et leur délicatesse.

MADAME DE SAINT-CLAIR.

Nous trahir, ce n'est point blesser la probité.

EUGÉNIE.

Mais une trahison est une lâcheté.

MADAME DE SAINT-CLAIR.

Tromper un homme, c'est une action infâme :
Mais c'est un passe-temps que tromper une femme.

EUGÉNIE.

Quelle horrible injustice !

MADAME DE SAINT-CLAIR.

      Ils ne se font aimer
Que de celles qu'ils ont le désir d'opprimer.
N'aime pas, si tu peux ; ou si ton cœur soupire,
Résiste, mon enfant, au plaisir de le dire.
Tu te perdrais toi-même, ou du moins ton amant :
Une femme le perd toujours en le nommant.

EUGÉNIE.

Mais s'il se nommait, lui ?

MADAME DE SAINT-CLAIR.

     Garde-toi de le croire :
Leur orgueil nous vend cher l'honneur de la victoire.

EUGÉNIE.

Les hommes ont donc moins d'amitié que d'orgueil ?

MADAME DE SAINT-CLAIR.

Tous.

EUGÉNIE.

Sans en excepter ?...

MADAME DE SAINT-CLAIR.

   Un.

EUGÉNIE.

    Pas même Germeuil ?

MADAME DE SAINT-CLAIR.

A quel propos Germeuil ?

EUGÉNIE.

    Que sais-je ! je vous cite
Un exemple. Germeuil...

MADAME DE SAINT-CLAIR.

   Eh bien ! Germeuil ....

EUGÉNIE.

     Mérite,

Par ses mœurs, ses vertus, d'être excepté de ceux...

MADAME DE SAINT-CLAIR.

Celui que l'on excepte est le plus dangereux,
Entendez-vous, ma fille ?

EUGÉNIE.

Hélas ! comment donc faire ?

MADAME DE SAINT-CLAIR.

Fuir ce que vous cherchez... et n'aimer que ta mère.

SCÈNE IV.

MADAME DE SAINT-CLAIR, EUGÉNIE,
MADAME D'ORVILLE, GERMEUIL,
URSULE, MADAME DE COURTMONDE ;
CONSTANCE, *en habit de veuve* ; JUSTINE, *re-*
mettant une lettre à madame de Saint-Clair.

MADAME D'ORVILLE, *à Germeuil.*

Allons, monsieur, allons, faites ce que je veux ;
Prenez un peu de thé.

URSULE.

Du sirop vaudrait mieux.

MADAME D'ORVILLE.

Pour un mal d'estomac ?

URSULE.

Oui, le sirop lui donne...

MADAME D'ORVILLE.

Un capitaine est-il un confesseur de nonne,
Pour le sucrer ?

URSULE.

Son mal tient au genre nerveux ;
Et l'on sait que les nerfs aiment les onctueux.

MADAME DE SAINT-CLAIR.

Peut-être qu'un bouillon...

CONSTANCE.

Du lait.

EUGÉNIE.

Un lok.

MADAME D'ORVILLE.

Chimère !

Prenez du thé.

MADAME DE COURTMONDE.
Du thé? reméde de grand'mére.

MADAME D'ORVILLE.

De grand'mére ?

MADAME DE COURTMONDE.
Du vin : le vin rend la vigueur,
Rétablit l'estomac et raffermit le cœur.

MADAME D'ORVILLE, *bas, à Justine.*
Fais toujours du thé.

JUSTINE.
Bon.
(*Elle va à la cheminée préparer le thé.*)

GERMEUIL.
Souffrez, par complaisance,
Que je ne prenne rien.

MADAME DE SAINT-CLAIR.
Liberté.

MADAME D'ORVILLE, *à part.*
Patience !

GERMEUIL.
Je crois que le sommeil peut seul guérir mes maux.

CONSTANCE.
Oui, le plus grand des biens, sans doute, est le repos.

GERMEUIL.
Je vais donc reposer.

MADAME D'ORVILLE, *arrêtant Germeuil.*
Non pas. Justine, écoute :
Va bassiner son lit.

JUSTINE.
J'y vais.

EUGÉNIE.
Bien chaud.

JUSTINE.
Sansdoute.

URSULE.
Avec un peu de sucre.

JUSTINE.
Oui.

MADAME DE SAINT - CLAIR.
Que tout soit fermé.

JUSTINE.

Oh ! hermétiquement.

CONSTANCE.

Le feu bien allumé...

(*bas.*)

Vois si mon fils dort.

JUSTINE.

Oui.

SCÈNE V.

MADAME DE SAINT-CLAIR, EUGÉNIE, MADAME D'ORVILLE, GERMEUIL, URSULE, MADAME DE COURTMONDE, CONSTANCE.

MADAME DE COURTMONDE.

Capitaine, on vous joue.

GERMEUIL.

Pourquoi donc ?

MADAME DE COURTMONDE.

Je crois voir Annibal à Capoue.

GERMEUIL.

Vous vous trompez. On peut éprouver la douceur
Des soins de la beauté, sans dégrader son cœur.
Les secours prodigués par une main chérie,
A l'ame d'un guerrier donnent plus d'énergie.
Au milieu des combats, s'il peut se souvenir
Que son sang a l'honneur de vous appartenir,
Tout cède à sa valeur, tout lui devient possible ;
Et, sauvé par vos mains, je me sens invincible.

MADAME DE COURTMONDE.

Des madrigaux !

MADAME DE SAINT-CLAIR, *s'asseyant.*

Vraiment c'est notre défenseur
Il s'en acquitte bien.

(*Tout le monde s'assied.*)

MADAME D'ORVILLE, *à madame de Courtmonde.*

A la place d'honneur
Mettez-vous.

(*elle se place près de Germeuil, et renvoie les trois
jeunes au-delà de madame de Saint-Clair.*)
Vous , là-bas.

URSULE , *à Constance et à Eugénie.*

La maman se partage
Assez bien.

MADAME D'ORVILLE , *tricotant.*

Mes enfans, reprenons notre ouvrage.

URSULE , *brodant.*

Mon fichu.

CONSTANCE , *faisant des bonnets d'enfant.*

Mes bonnets.

EUGÉNIE, *attachant des nœuds verts sur une baigneuse.*

Mes nœuds.

MADAME DE SAINT-CLAIR , *décachetant sa lettre.*

Vous permettez. .

MADAME DE COURTMONDE.

Quel ennui !

MADAME D'ORVILLE.

Comme nous , brodez ou tricotez.

MADAME DE COURTMONDE.

Tricoter !

MADAME D'ORVILLE.

Pourquoi pas ? Oh ! vous avez beau rire :
Apprenez qu'il vaut mieux tricoter que médire :
On fait des bas de plus, et des péchés de moins.

MADAME DE COURTMONDE.

L'un n'empêche pas l'autre.

MADAME D'ORVILLE.

Il le compense au moins.

MADAME DE SAINT-CLAIR , *interrompant sa lecture.*

Ma mère !...

MADAME D'ORVILLE.

(*aux jeunes, gaîment.*)

Je me tais... Si j'ai bonne mémoire,
De Bérénice hier j'ai commencé l'histoire.

TOUTES , *à part.*

Ah !

MADAME D'ORVILLE.

Je vais l'achever.

CONSTANCE, *voulant l'arrêter.*

Mais...

MADAME D'ORVILLE.

J'en sais encor trois.

TOUTES *ensemble.*

Quoi !...

MADAME D'ORVILLE.

Vous n'en perdrez rien. « Bérénice autrefois... »

MADAME DE COURTMONDE, *à Germeuil.*

Capitaine, traitons la tactique.

MADAME DE SAINT-CLAIR, *vivement, en lisant.*

Clarice

A marié son fils.

URSULE, CONSTANCE ET EUGÉNIE.

Bon !

MADAME D'ORVILLE.

« Comme Bérénice. »

MADAME DE COURTMONDE, *à Germeuil.*

Or donc...

EUGÉNIE, *à Constance.*

Quel est ce point ?

CONSTANCE.

C'est un point d'Alençon.

URSULE ET EUGÉNIE.

Qu'il est fin !

MADAME D'ORVILLE, *à Germeuil.*

« Bérénice avait donc un garçon ? »

GERMEUIL.

Bien !

MADAME DE SAINT-CLAIR, *refermant sa lettre.*

Léonore est morte : ah ! quelle perte affreuse !

TOUTES.

Dieux !

EUGÉNIE, *essayant sa baigneuse.*

Mesdames, comment trouvez-vous ma baigneuse ?

URSULE ET CONSTANCE.

Charmante.

MADAME DE SAINT-CLAIR, *à Eugénie.*

Approchez-vous.

(*Elle la recoiffe.*)

EUGÉNIE.

Mes petits rubans verts ?...

MADAME DE COURTMONDE, *à Germeuil.*

Mes calculs...

MADAME DE SAINT-CLAIR, *à Eugénie.*

Sont gentils, mais posés de travers.

MADAME DE COURTMONDE, *se levant avec fureur.*

De travers !

MADAME DE SAINT-CLAIR , *continuant de rajuster la coiffure d'Eugénie.*

Mais on peut les rajuster.

MADAME DE COURTMONDE.

Madame....

MADAME DE SAINT-CLAIR.

Voyez plutôt.

MADAME DE COURTMONDE.

Quittez le ton de l'épigramme.

MADAME D'ORVILLE, *à madame de Courtmonde.*

(*aux autres.*)

Si vous tricotiez, vous... Vous, si vous m'écoutiez...

MADAME DE COURTMONDE.

Des contes, des bonnets, des nœuds : quelle pitié !

MADAME DE SAINT-CLAIR.

Madame, vous pouvez vous mettre au rang des hommes ;
Mais laissez-nous en paix être ce que nous sommes.
Si, lorsqu'il nous créa, le Ciel eût consulté
Et votre prévoyance et votre habileté,
D'une essence plus mâle il eût formé nos ames ;
Les hommes auraient eu les faiblesses des femmes.
Pour vous complaire enfin , le sexe masculin
Aurait cédé le pas au sexe féminin :
Mais sans votre conseil les choses s'étant faites,
Il faut bien vous résoudre à nous voir imparfaites.
Accusez le destin d'injustice ou d'erreur ;
De partialité taxez le Créateur ;
Revendiquez nos droits : mais , je vous en conjure ,
Ne nous imputez pas les torts de la nature.

MADAME DE COURTMONDE.

Corrigez donc ces torts si vous les connaissez.

Depuis près de huit jours, n'avez-vous pas assez
Parlé d'ajustemens, de béguins, de dentelles ?
Mon sexe me fait honte avec ses bagatelles.

GERMEUIL.

Des femmes, il est vrai, le plus grave entretien,
Tout bien analysé, peut se réduire à rien ;
Mais ce rien dans leur bouche a l'air de quelque chose.
Les femmes ont le don de la métamorphose ;
Elles savent donner de la réalité
Aux êtres de raison que leur fécondité
Enfante en se jouant. Ces enfans éphémères
Apportent en naissant les grâces de leurs mères :
Aussi, pour soutenir la conversation,
Leur esprit ne met point à contribution
L'histoire, la science, encor moins la sagesse.
C'est dans ses propres fonds qu'il puise sa richesse ;
Et, mieux qu'un certain Grec qui s'en vantait, je crai
Que chacune de vous porte tout avec soi.

MADAME DE COURTMONDE, *à Germeuil.*

Avec ces fadeurs-là vous êtes sûr de plaire.

SCÈNE VI.

MADAME DE SAINT-CLAIR, EUGÉNIE, MA-
DAME D'ORVILLE, GERMEUIL, URSULE,
MADAME DE COURTMONDE, CONSTANCE,
JUSTINE.

JUSTINE.

L'appartement est prêt.

GERMEUIL, *prenant congé.*

Mesdames...

MADAME D'ORVILLE, *l'arrêtant.*

Oh ! j'espère
Que vous prendrez du thé.

GERMEUIL.

Je n'ai besoin de rien.

MADAME DE SAINT-CLAIR.

Eh ! ma mère, pourquoi le forcer ?

MADAME D'ORVILLE.

Pour son bien.

GERMEUIL.

Non, Justine...

JUSTINE.

Monsieur, j'accomplis l'ordonnance
De madame.

MADAME D'ORVILLE.

Oui, monsieur.

GERMEUIL, *buvant.*

C'est par obéissance.

MADAME D'ORVILLE.

De sirops, de bouillons vous l'avez entêté ;
Mais je savais bien, moi, qu'il aimait mieux le thé.

URSULE.

Malgré lui.

MADAME D'ORVILLE, *à Germeuil.*

Saluez toute la compagnie ;
Et puis partons.

GERMEUIL, *baisant la main de madame de Saint-Clair*

Bon soir, ma mère et mon amie.

(*à Ursule, de même.*)

Recevez mon hommage.

(*à madame de Courtmonde, de même.*)

Agréez mon respect

(*à Constance et Eugénie.*)

Bon soir, mes sœurs.

CONSTANCE ET EUGÉNIE.

Bon soir.

GERMEUIL, *n'osant leur baiser la main qu'elles n'osent
lui presenter.*

Toujours nouveau regret
Quand il faut vous quitter.

(*Il s'éloigne.*)

JUSTINE.

Vous oubliez Justine.

GERMEUIL, *lui prenant la main.*

Bonne nuit.

MADAME D'ORVILLE.

Viendrez-vous ?...

(*Elle le conduit jusqu'à la porte, s'arrête, se retourne,
et revient.*)

Restez-là... j'imagine

Qu'on n'en jasera pas.

(Pendant ce temps , Germeuil envoie de loin des bai-
sers à Constance et à Eugénie.)

MADAME DE SAINT-CLAIR.

Ma mère !...

MADAME D'ORVILLE.

Oh ! les caquets...

TOUTES.

Sur vous ?...

MADAME D'ORVILLE.

J'aurai demain soixante-huit ans ; mais...

MADAME DE SAINT-CLAIR.

Nous vous respectons trop pour...

MADAME D'ORVILLE.

Mes enfans , courage !

Vous en ferez autant quand vous aurez mon âge.

Adieu , je sors bien vîte , et reviendrai bientôt.

JUSTINE , *ironiquement.*

Madame peut rester , car Nérine est là-haut.

MADAME D'ORVILLE.

Vous l'entendez.

(à Germeuil , qui s'est rapproché de Constance et
d'Eugénie.

Allons ! que de cérémonie !

On ne dit pas bon soir deux fois.

(Elle l'emmène brusquement.)

SCENE VII.

MADAME DE COURTMONDE, MADAME DE
SAINT-CLAIR, EUGÉNIE , CONSTANCE ,
URSULE , JUSTINE.

MADAME DE COURTMONDE.

Moi , je parie

Que la bonne maman a des prétentions.

URSULE.

Pourquoi craindre en effet que nous ne médisions

CONSTANCE.

Sur les rangs, à tout âge, on cherche à se remettre.

EUGÉNIE.

Ce qu'on n'est plus, on aime encore à le paraître.

MADAME DE SAINT-CLAIR.

Ma fille, respectez notre mère. Je sais
Qu'elle a quelques défauts ; mais ils sont effacés
Par mille qualités. Si je n'étais sa fille,
Je pourrais avouer qu'elle jase, babille,
Que son entêtement n'aura jamais d'égal...
Mais je me tais : voilà le respect filial.

MADAME DE COURTMONDE.

Cette leçon sera fidèlement suivie.
  (à madame de Saint-Clair.)
Çà, faisons-nous la paix ?

MADAME DE SAINT-CLAIR.
            Pourquoi donc, je vous prie ?

MADAME DE COURTMONDE.

Je vous ai fait la guerre avec mes vérités.

MADAME DE SAINT-CLAIR, *lui tendant les bras.*

Je ne me souviens plus de vos hostilités.

MADAME DE COURTMONDE, *l'embrassant.*

Bon soir, mon cœur... Restez.

MADAME DE SAINT-CLAIR.
                  Vous laisser aller seule !

MADAME DE COURTMONDE.

Je le veux.

MADAME DE SAINT-CLAIR, *saluant.*
      J'obéis.

SCÈNE VIII.

MADAME DE SAINT-CLAIR, EUGÉNIE,
CONSTANCE, URSULE, JUSTINE.

JUSTINE, *à part.*
Oh ! la vieille bégueule !

MADAME DE SAINT-CLAIR.

(à part.)   (haut.)
Justine s'y connaît. Est-il rien de plus vain

Qu'une femme qui veut, en dépit du destin,
Se déféminiser ! Cet être hétéroclite,
Du sexe qu'il usurpe et du sexe qu'il quitte,
Négligeant le solide et saisissant le faux,
Laisse les qualités et prend tous les défauts.
Ces êtres-là ne sont d'aucun genre. Les femmes
N'oseraient à leur ordre associer ces dames :
Des hommes le parti n'en est pas fort tenté.
Leur rôle est donc celui de la neutralité.

URSULE.

Triste rôle !

MADAME DE SAINT-CLAIR.

Jamais les femmes ne s'en louent ;
Et tous les jours pourtant que de femmes le jouent !
(*Elle embrasse gaîment Constance et Ursule, et
fait signe à Eugénie de la suivre.*

SCÈNE IX.

CONSTANCE, URSULE, EUGÉNIE, JUSTINE.

CONSTANCE.

Ma tante pourrait bien le jouer dans dix ans.

URSULE.

Vous la faites, madame, attendre un peu long-temps.

EUGÉNIE.

Elle a beaucoup d'esprit ; mais...

JUSTINE.

Eh bien ?

EUGÉNIE.

C'est ma mère.

URSULE.

Ah ! oui.

JUSTINE.

Raison de plus ; l'amitié nous éclaire.

EUGÉNIE.

Sur les défauts de ceux que nous devons aimer....

JUSTINE.

On peut baisser les yeux, mais non pas les fermer.

EUGÉNIE.

Moi, je les ferme.

JUSTINE.

Eh bien ! les yeux fermés, je gage
Que vous voyez madame au déclin du bel âge,
Disputant avec vous de grâce et de fraîcheur,
Du parallèle encor s'attribuer l'honneur ;
Qu'aux glaces en tous lieux vous la voyez sourire,
Et d'un œil caressant, négligemment se dire :
« Je suis toujours très-bien ; et ma fille, je croi,
» Malgré ses dix-sept ans, échoûrait près de moi ;
» Car je suis vraiment belle ; elle n'est que gentille ;
» Et son petit minois.... »

EUGÉNIE, *avec dépit.*

Si je n'étais sa fille !...
Mais je me tais : voilà le respect filial.

SCÈNE X.

CONSTANCE, URSULE, JUSTINE.

URSULE.

L'innocente vraiment ne se forme pas mal.

CONSTANCE.

Ma belle, épargnez-la. Tenez, c'est mon amie :
Elle est inconséquente, entêtée, étourdie,
Raisonnant mal, parlant souvent mal à propos ;
Mais scrupuleusement je cache ses défauts.

URSULE.

Votre discrétion est digne de louange.

CONSTANCE.

Je vais revoir mon fils. Bon soir.

URSULE, *l'embrassant.*

Adieu, mon ange.

SCÈNE XI.

URSULE, JUSTINE.

URSULE.

Quel scandale, bon Dieu ! cette femme est tout fiel.

Chaque mot de sa bouche est un péché mortel....
Elle va voir son fils !

JUSTINE.

C'est son trésor.

URSULE.

Justine,

Germeuil tout près de là... dort.

JUSTINE.

Sa chambre est voisine.

URSULE.

L'innocence est bien faible, et l'amour est bien fin :
Mais on ne doit jamais penser mal du prochain.

SCÈNE XII.

JUSTINE, *éteignant les lumières.*

Fort bien ! en sûreté du moins je me retire :
Je ne laisse après moi personne pour médire.
Mais n'est-on pas là-haut rassemblé ?... C'est bien pis :
Si je suis en commun mise sur le tapis,
Je dois être à présent joliment habillée.
Vite, allons prévenir ou rompre l'assemblée.

FIN DU PREMIER ACTE.

ACTE II.

Le théâtre représente une chambre voisine de celle de
Germeuil. Au fond, la porte d'entrée ; à droite,
une porte latérale ; à gauche, un canapé placé près
du feu.

SCÈNE PREMIÈRE.

MADAME DE SAINT-CLAIR, DUBOIS.

MADAME DE SAINT-CLAIR, *en grand négligé.*

QUE voulez-vous ?

DUBOIS, *faisant des révérences.*
Madame...

MADAME DE SAINT-CLAIR.
                    Aussi matin !...
DUBOIS, *se donnant des grâces.*
                                        Peut-être
Madame n'a pas su d'abord me reconnaître.
                MADAME DE SAINT-CLAIR.
Du tout.

                    DUBOIS.
        Quand on reçut monsieur Germeuil céans,
C'est.... Dubois que l'on mit à la porte.
                MADAME DE SAINT-CLAIR.
                                        Ah ! j'entends.
Il repose ici près ; il va mieux, votre maître.
                    DUBOIS.
Mon maître est Lisidor, son oncle ; il va paraître....
                MADAME DE SAINT-CLAIR, *à part.*
Dieux !

                    DUBOIS.
        Et m'envoie ici, madame, pour savoir
A quelle heure il aura le bonheur de vous voir.
                MADAME DE SAINT-CLAIR.
Mais vous aviez promis, en partant, de vous taire.
                    DUBOIS.
Le malheur m'a forcé de trahir ce mystère.
Mon maître est malheureux...
                MADAME DE SAINT-CLAIR, *à part.*
                    Ciel !
                    DUBOIS.
                                Et dans nos revers,
Notre cœur a besoin de ceux qui lui sont chers.
                MADAME DE SAINT-CLAIR.
Quels sont donc vos revers ?
                    DUBOIS.
                        O destin déplorable !
Doués d'un bien honnête et d'un poste honorable,
La fortune et l'amour nous ont souri vingt ans ;
Puis ils nous ont tourné le dos en même temps.
Bref, nos biens sont saisis. Pour comble de disgrâce,
Le ministre nous a mis hors de notre place

LES FEMMES.

Hier ; et ce matin, renonçant aux honneurs,
En poste nous fuyons le néant des grandeurs.

MADAME DE SAINT-CLAIR.

Du ministre dit-on quel est le caractère ?

DUBOIS.

Fort sec.

MADAME DE SAINT-CLAIR.

Notre sexe a l'honneur de lui déplaire ?

DUBOIS.

Mais, madame, pas trop. On dit que la beauté
A son premier hommage après la vérité.
Quel que soit son organe, il la trouve adorable ;
Mais il l'aime encor mieux dans une bouche aimable.

MADAME DE SAINT-CLAIR.

A merveille ! Et sait-on quels sont vos créanciers ?

DUBOIS.

Je les connais ; ce sont d'honnêtes usuriers,
Banquiers de pharaon, chevaliers d'industrie....

MADAME DE SAINT-CLAIR.

J'entends.

DUBOIS.

Enfin, des gens de bonne compagnie,
Aidés d'un procureur que l'on nomme Furet,
Furet de nom, bien moins encore que d'effet,
Qui vous gruge un client, le dissèque, le mine....
Et prendra quelque jour le monde par famine.
Il a tout embrouillé pour se donner beau jeu ;
Et le fripon chez nous pille, en criant au feu.

MADAME DE SAINT-CLAIR.

Mais Lisidor....

DUBOIS.

D'abord étourdi par l'orage,
Sa gaîté du chagrin perce enfin le nuage.
Suivant l'usage, il s'est consolé ce matin
En médisant un peu du sexe féminin.

MADAME DE SAINT-CLAIR.

Il le déteste donc ?

DUBOIS.

Lui plaire est son étude
Unique.

MADAME DE SAINT-CLAIR.

Pourquoi donc en médire?

DUBOIS.

Habitude.

MADAME DE SAINT-CLAIR.

Vous avez de l'esprit.

DUBOIS.

Moi? point.

MADAME DE SAINT-CLAIR.

Ne pas vouloir
Convenir qu'on en a, Dubois, c'est en avoir.

DUBOIS.

Madame....

MADAME DE SAINT-CLAIR.

(à part.)   (haut.)

Il est à moi. Pourriez-vous me conduire
A Paris dans une heure?

DUBOIS.

A l'instant.

MADAME DE SAINT-CLAIR.

Je désire
Qu'ainsi que mon départ mon retour soit secret

DUBOIS.

Comptez....

MADAME DE SAINT-CLAIR.

Vous êtes homme, et tout homme est discret

DUBOIS, *saluant.*

C'est trop d'honneur....

MADAME DE SAINT-CLAIR.

Allez. Lisidor peut paraître.

SCÈNE II.

MADAME DE SAINT-CLAIR.

Je vais donc le revoir! l'aimé-je encor?... le traître!
Son image me suit; j'y rêve; je m'y plais :
Je me surprends encore au temps où je l'aimais.
Comme il va s'accuser de m'avoir négligée!
Peut-être aussi va-t-il me trouver bien changée!

Ah! prouvons-lui du moins que mon cœur ne l'est pas.
Il est dans le malheur : tirons-le de ce pas.
Voyons ses créanciers, et le ministre même ;
Car, puisqu'il ne hait pas les femmes, il les aime.
Employons de notre art le secours enchanteur :
Comme une autre jadis j'ai su fléchir un cœur,
Captiver un esprit, plier un caractère.
J'avais depuis long-temps oublié l'art de plaire ;
Je veux m'en souvenir : encor pour un seul jour,
Tendre amitié, rends-moi les grâces de l'Amour !

SCÈNE III.

JUSTINE, GERMEUIL.

JUSTINE.

Avez-vous dormi ?

GERMEUIL.

Non : j'ai la fièvre.

JUSTINE.

Il frissonne !

GERMEUIL.

Mon oncle m'inquiète.

JUSTINE.

Eh ! pourquoi ?

GERMEUIL.

Je soupçonne

Qu'il est à ma poursuite ; et, s'il me trouve ici,
Je suis perdu !

JUSTINE.

Perdu ?

GERMEUIL.

C'est qu'il est l'ennemi,

Mais l'ennemi juré des femmes.

JUSTINE.

Ah ! quel conte !

GERMEUIL.

Il les déteste au point qu'il jase sur leur compte
A tout propos.

JUSTINE, *apprêtant le canapé.*

Cela ne prouve rien du tout :

Souvent, plus on en jase, et plus on en est fou.
Qu'il vienne ce censeur, nous lui ferons voir comme
Les femmes à son coin savent ranger un homme.
Couchez-vous là-dessus : vous serez près du feu.

       (*Elle attise le feu.*)

         GERMEUIL, *se couchant.*

Ah! je suis accablé!

           JUSTINE.

      Dormez, dormez un peu.

        GERMEUIL, *réfléchissant.*

M'en aller.... Je ne puis.

           JUSTINE.

       Paix!

          GERMEUIL.

       Ecrire.... Je n'ose.

           JUSTINE.

Paix donc! On ne peut pas reposer quand on cause.

   (*Germeuil s'endort.*)

Pauvre enfant! il n'a pas sommeillé de la nuit.
Combien il a souffert! Enfin, il s'assoupit.
Il ne dormira pas, je crois, long-temps encore;
Car tout le monde ici se lève avec l'aurore.
On va, l'on vient, on jase, on rit, on pleure : alors
C'est un bruit à ne pas laisser dormir les morts.
C'est à qui me viendra demander la première :
« Va-t-il mieux? A-t-il bien passé la nuit dernière? »
L'une entre, l'autre sort : on dirait qu'un lutin
Les agite. Oh! l'amour est un réveil-matin
Qui, de ce doux péché qu'on nomme la paresse,
En moins de deux leçons, corrige la jeunesse.

SCÈNE IV.

JUSTINE, GERMEUIL, *dormant*, EUGÉNIE.

      EUGÉNIE, *à travers la porte.*

Justine!

          JUSTINE.

    Justement.

       (*allant ouvrir.*)

    Qui vive?

Demoustier.

EUGÉNIE, *à la porte, sans entrer.*
A-t-il dormi?

JUSTINE.

Il n'a pas fermé l'œil.

EUGÉNIE.

On ne dort plus ici.

JUSTINE.

Il s'est levé souffrant, s'est mis sur cette chaise,
Et vient de s'assoupir.

EUGÉNIE.

Il est mal à son aise.

JUSTINE, *voulant la faire entrer.*

Point du tout. Voyez.

EUGÉNIE.

Non.

JUSTINE.

Quel mal?...

EUGÉNIE.

Je n'en sais rien;
Mais il est convenu que cela n'est pas bien.

JUSTINE.

Ces maudits préjugés!...

EUGÉNIE.

Il est pâle, je gage.

JUSTINE.

Mais sa bouche sourit. Voyez-vous son visage?

EUGÉNIE.

Pas tout-à-fait.

JUSTINE.

Hélas! qu'il est intéressant!
C'est l'aimable abandon de l'amour languissant.

EUGÉNIE.

Que je voudrais le voir!

JUSTINE, *allant à elle.*

Approchez.

EUGÉNIE.

Non, Justine.

JUSTINE.

Un seul pas.

EUGÉNIE.

Non, te dis-je.

JUSTINE, *revenant.*

Adieu donc.

EUGÉNIE.

                                 J'imagine

Un moyen.

JUSTINE.

Quel est-il ?

EUGÉNIE.

De plus haut, l'on pourrait

L'apercevoir.

JUSTINE.

Comment ?

EUGÉNIE.

Donne ce tabouret.

JUSTINE.

Qu'une fille a d'esprit, quand l'amour la conseille !
(*Eugénie monte sur le tabouret.*)
Voyez-vous ?

EUGÉNIE.

Mon enfant, je le vois à merveille.
Qu'il est bien !

SCÈNE V.

GERMEUIL, *dormant,* JUSTINE, EUGÉNIE
sur le tabouret, CONSTANCE.

CONSTANCE, *avec ironie.*

L'attitude est charmante !

EUGÉNIE.

                                 Je crois

Que... je ne fais de mal à personne.

CONSTANCE, *à part.*

Qu'à moi.

EUGÉNIE.

On peut bien regarder de loin, sans qu'il arrive...

CONSTANCE.

Ce qui nous plaît de près, nous charme en perspective...

Ne me pourriez-vous pas céder le tabouret ?

EUGÉNIE.

Je puis le partager.

CONSTANCE , *montant auprès d'Eugénie.*

Aidez-moi , s'il vous plaît.

JUSTINE.

Le joli groupe !

EUGÉNIE , *à Constance.*

Eh bien ?

CONSTANCE.

Eh bien...

EUGÉNIE.

Que vous en semble ?

CONSTANCE.

Mais il n'est pas trop mal.

EUGÉNIE.

Comme votre main tremble !

CONSTANCE.

Vous croyez ?

EUGÉNIE.

Je la sens.

CONSTANCE, *entraînant Eugénie.*

Je cherche à me tenir

En équilibre...

EUGÉNIE.

Ah , ciel !

CONSTANCE , *à Justine.*

Viens donc nous soutenir.

(*Justine les soutient.*)

EUGÉNIE , *à Constance.*

J'allais tomber.

CONSTANCE , *à Eugénie.*

Ma chute eût entraîné la vôtre.

JUSTINE.

Oui : vous n'êtes pas mieux d'aplomb l'une que l'autre.

CONSTANCE.

Il dort la tête nue !

EUGÉNIE.

Il a froid !

JUSTINE.

Oui vraiment.

CONSTANCE, *détachant son voile, et le donnant à
Justine.*

Attends... Tiens.

EUGÉNIE, *donnant son écharpe.*

Tiens.

JUSTINE.

Je vais l'affubler !...

CONSTANCE.

Doucement !

EUGÉNIE.

Enveloppe le cou, de sorte...

JUSTINE.

Oui. Je devine...

CONSTANCE.

Plus haut.

JUSTINE.

J'entends.

EUGÉNIE.

Plus bas.

JUSTINE.

Ainsi ?

CONSTANCE ET EUGÉNIE.

Eh ! non, Justine.

JUSTINE.

Ma foi, faites vous-même.

CONSTANCE, *à Eugénie.*

Irons-nous ?

EUGÉNIE.

Non... je veux...

JUSTINE, *à Eugénie.*

Ce que l'on défend seule, on le permet à deux.

CONSTANCE, *entraînant Eugénie.*

Je crois qu'elle a raison.

EUGÉNIE.

(*à Constance.*)

En effet !... Mon amie,

J'y vais pour vous.

CONSTANCE.

C'est moi qui vous fais compagnie.

SCÈNE VI.

GERMEUIL, *dormant*; JUSTINE, EUGÉNIE, CONSTANCE, MADAME D'ORVILLE.

MADAME D'ORVILLE, *poussant Eugénie.*

Allons donc !

EUGÉNIE ET CONSTANCE.

Ciel !

MADAME D'ORVILLE, *contrefaisant leur marche contrainte, et les grondant.*

Tenez...

EUGÉNIE, *avec joie.*

Ah ! n'est-ce que cela ?

MADAME D'ORVILLE.

Que cela, dites-vous ? Que faisiez-vous donc là ?

CONSTANCE.

Rien.

JUSTINE.

On venait couvrir la poitrine et la tête
D'un malade qui dort.

MADAME D'ORVILLE, *à Eugénie.*

D'une action honnête
Pourquoi rougir ?

EUGÉNIE.

C'était de peur qu'il ne gagnât
Quelque fraîcheur.

MADAME D'ORVILLE.

Sans doute.

CONSTANCE.

Ou qu'il ne s'enrhumât.

MADAME D'ORVILLE.

Fort bien !
(*ajustant Germeuil, et le prenant dans ses bras.*)
Ce cher enfant !

CONSTANCE.

Vous répandez des larmes.

MADAME D'ORVILLE.
Quel souvenir mêlé d'amertume et de charmes !
(*à Eugénie.*)
Ton aïeul dans mes bras jadis dormait ainsi...

CONSTANCE.
Hélas !

MADAME D'ORVILLE, *à part.*
Quand il dormait.

EUGÉNIE.
Déjeûnons-nous ici ?

MADAME D'ORVILLE.
Oui.

CONSTANCE.
Mettons le couvert.

JUSTINE.
L'idée est admirable !
Notre malade va se réveiller à table.
Je vais tout apporter.

MADAME D'ORVILLE.
Aidons-la.

SCÈNE VII.

GERMEUIL, *couché*, URSULE.

URSULE.
Quel bonheur !
Il est seul !... Il sommeille... Hélas ! quelle pâleur !
Comme il change ! Grand Dieu, conserve ton ouvrage !
Défends à la douleur d'altérer ton image !
Quand sous ces traits divins tu l'offres à mes yeux,
Je crois te mieux connaître, et je t'adore mieux.
Oui, dans ces traits chéris j'admire ta puissance.

SCÈNE VIII.

GERMEUIL, URSULE, JUSTINE, MADAME
D'ORVILLE, CONSTANCE, EUGÉNIE.

URSULE, *continuant sa prière.*
Aussi je ne crains pas que cet amour t'offense.

Comment se pourrait-il, mon Dieu, qu'il te déplût,
Puisqu'il est un moyen de faire mon salut ?
Car auprès de personne, autant qu'il m'en souvienne,
Je n'ai si bien senti la charité chrétienne :
Jamais mon cœur, suivant ton précepte divin,
Ne fut si pénétré de l'amour du prochain.
Je forme avec ardeur pour son bonheur suprême
Tous les vœux qu'en secret je forme pour moi-même.

    (*elle tombe à genoux.*)

Puisse-t-il rencontrer un cœur digne du sien,
Un cœur tendre, sensible, aimant... comme le mien !
Puisse le sacrement unir leur destinée !
Puissent naître, Seigneur, de leur chaste hyménée
De petits innocens qui bénissent le Ciel !
Puissent-ils, embrasés d'un amour mutuel,
Et des prédestinés goûtant la quiétude,
Parvenir l'un par l'autre à la béatitude !

   TOUTES, *avec un grand éclat de rire.*

Ainsi soit-il !

URSULE, *se relevant précipitamment, touchant de la*
  main Germeuil, que son geste réveille en sursaut.

   Ciel !

GERMEUIL, *éveillé par le geste d'Ursule, saisit sa main*
    qu'il couvre de baisers.

   Ah !

   CONSTANCE, *à Germeuil.*

   Poursuivez.

   EUGÉNIE.

      C'est charmant !

  GERMEUIL, *tenant la main d'Ursule.*

Mesdames, près de vous, le bien vient en dormant.

   URSULE.

Dans le sein des douleurs quand la vertu sommeille,
Il est bien naturel que la charité veille.
Cette main s'élevait, durant votre repos,
Vers celui qui dispense et les biens et les maux ;
Et, tandis que ma voix implorait avec zèle
Pour un enfant chéri sa bonté paternelle,
Ces dames se joignaient à moi d'intention

Pour attirer sur vous sa bénédiction.

GERMEUIL, *en baisant la main d'Ursule.*

Ah! mesdames, que j'ai de grâces à vous rendre!

URSULE.

Ménagez donc ma main!

EUGÉNIE.

Il fallait la reprendre

Depuis... une heure.

JUSTINE.

Hélas! le Seigneur nous défend

De reprendre aucun bien si l'on ne nous le rend.

GERMEUIL, *à Ursule.*

Je vous le restitue.

CONSTANCE, *à part.*

On n'en est pas pressée.

MADAME D'ORVILLE, *à Justine.*

Que de ce côté-ci la table soit placée.

(*Toutes s'empressent de préparer le déjeûner, et de
placer la table devant Germeuil.*

GERMEUIL, *voulant se lever.*

Ah! mesdames, je vais vous aider.

MADAME D'ORVILLE, *le faisant rasseoir.*

Non, monsieur.

De quoi vous mêlez-vous?

JUSTINE, *en servant.*

Oh! quel petit bonheur!

EUGÉNIE.

Quoi donc?

JUSTINE.

Nous n'avons point madame de Courtmonde.

TOUTES.

Quel plaisir!

GERMEUIL, *feignant de la voir.*

La voici!...

TOUTES, *se tournant pour aller à la rencontre de
madame de Courtmonde.*

Venez donc!

GERMEUIL.

Tout le monde

Demoustier.   12

Voudrait la voir bien loin, et tout le monde allait
L'embrasser tendrement.

EUGÉNIE.

Mais c'est l'usage.

GERMEUIL.

C'est

Profaner l'amitié.

MADAME D'ORVILLE, *s'asseyant près de lui.*

Taisez-vous, je vous prie.

(*On s'assied pour déjeûner.*)

GERMEUIL.

Quel plaisir d'être là tous sans cérémonie,
Autour d'un déjeûner librement réunis !
Ce repas est vraiment le repas des amis.
Votre teint brille alors d'une fraîcheur nouvelle.
Que j'aime à contempler, sous la simple dentelle,
Ce coloris naissant, ce tendre velouté
Qui, comme sur les fruits, s'étend sur la beauté !
Ce charme-là vaut bien celui de la toilette.

MADAME D'ORVILLE.

Aussi l'heureux secret de mettre une cornette,
Aux yeux des connaisseurs valait mieux, de mon temps,
Que vos gazes, vos fleurs et tous vos diamans.

SCÈNE IX.

CONSTANCE, GERMEUIL, URSULE, EUGÉNIE, MADAME D'ORVILLE.

CONSTANCE.

Tel qui résiste à l'art se rend à la nature.
L'amant qui, dédaignant l'éclat de la parure,
Nous brave, et de nos fers se croit bien dégagé,
S'y reprend s'il nous voit en simple négligé.

GERMEUIL.

C'est qu'alors vos attraits sont exempts d'imposture.

URSULE.

D'imposture ! bon Dieu !

CONSTANCE.

L'expression est dure.

MADAME D'ORVILLE.
Il nous censure avec une sévérité !...

EUGÉNIE.
Hier, il nous taxait encor de cruauté.

GERMEUIL.
Celui qui n'aurait pas l'honneur de vous connaître,
A vous en soupçonner serait fondé peut-être ;
Mais je sais que chez vous la sensibilité
Souvent passe de l'une à l'autre extrémité.
Le besoin de sentir en secret vous excite ;
La curiosité l'aiguillonne et l'irrite ;
Et votre cœur saisit avec avidité
Tout ce qui peut s'offrir à son activité.
Le plaisir, la terreur, la pitié, les alarmes,
Ouvrent également la source de vos larmes.
Tout ce qui vous émeut est pour vous un plaisir ;
Vous aimez mieux souffrir que de ne rien sentir.
Tel est votre penchant : dirigez-le, mesdames ;
D'amour, de bienfaisance alimentez vos ames :
Vous serez notre exemple ; et bientôt nous viendrons
De la vertu chez vous recevoir les leçons.

SCÈNE X.

CONSTANCE, GERMEUIL, URSULE, EU-
GÉNIE, MADAME D'ORVILLE, JUSTINE.

MADAME D'ORVILLE, *à Justine, qui rentre.*
Qu'as-tu donc?

JUSTINE.
            A la grille un homme se présente,
Et vient d'entrer.
            (*Tout le monde se lève.*)
MADAME D'ORVILLE.
            Jeune?
            (*Elles courent, elles reviennent.*)
JUSTINE.
            Oui, de quarante à cinquante ans.
Assez bien.

GERMEUIL, *à part.*

Si c'était !...

URSULE, *devant la glace.*

Je suis à faire peur.

(*Elle se sauve.*)

SCÈNE XI.

GERMEUIL, MADAME D'ORVILLE, CONSTANCE, EUGÉNIE, JUSTINE.

EUGÉNIE, *à Constance.*

Et nous donc !...

CONSTANCE, *à madame d'Orville.*

Vous allez recevoir ce monsieur ?

MADAME D'ORVILLE.

Demeurez. Qu'aujourd'hui les femmes sont coquettes !

JUSTINE.

Songez donc qu'on n'a fait encor que deux toilettes.

SCÈNE XII.

GERMEUIL, MADAME D'ORVILLE, CONSTANCE, EUGÉNIE, JUSTINE, LISI-DOR.

GERMEUIL, *se cachant derrière les femmes, dès que Lisidor paraît.*

Ciel !

LISIDOR.

Mesdames, pardon, si j'entre dans ce lieu
Pour réclamer...

MADAME D'ORVILLE.

Quoi donc ?

LISIDOR.

Peu de chose : un neveu.

MADAME D'ORVILLE.

Je n'entends pas, monsieur, ce que vous voulez dire.

LISIDOR.

Je vais vous l'expliquer : je me suis fait instruire ;
Et j'ai su qu'en allant joindre son régiment,

Il s'est emparé d'un château...

JUSTINE, *faisant filer Germeuil.*

Doucement !

LISIDOR.

Il devrait maintenant combattre en Allemagne ;
Mais c'est ici qu'il fait sa première campagne :
Et moi, je me présente, ainsi que je le dois,
Pour le complimenter sur ses premiers exploits.

JUSTINE, *cherchant à l'occuper.*

Il est trop tard ; il est parti.

LISIDOR, *la regardant fixement.*

Je n'y crois guère.

JUSTINE.

Je vous dis...

LISIDOR.

A présent je suis sûr du contraire.

JUSTINE.

Je vous proteste...

LISIDOR.

Il est dans ce château.

JUSTINE.

Vraiment

Je vous jure qu'il est...

LISIDOR.

Dans cet appartement.

(*courant après Germeuil, qui disparaît.*)

Écoutez donc, monsieur !...

SCÈNE XIII.

MADAME D'ORVILLE, JUSTINE, EUGÉNIE,
CONSTANCE, LISIDOR, MADAME DE
SAINT - CLAIR.

LISIDOR, *rencontrant madame de Saint - Clair, en
courant après son neveu.*

Dieux !... se peut-il !... Sophie !

MADAME DE SAINT-CLAIR.

Monsieur...

LISIDOR.

Pour mon neveu je vous remercie.

MADAME DE SAINT-CLAIR.

En apprenant, monsieur, qu'il vous appartenait,
J'ai senti tout le prix du bien que j'avais fait.

LISIDOR.

Ah ! combien j'ai de torts ! et...

MADAME DE SAINT-CLAIR, *à part.*

           Devant ma famille,
Taisez-les, respectez et ma mère et ma fille.

MADAME D'ORVILLE.

Eh ! quels sont donc ces torts ?

MADAME DE SAINT-CLAIR.

           D'être mon vieil ami,
Et d'avoir ignoré que je logeais ici.

MADAME D'ORVILLE, *regardant Lisidor.*

Vous ne dites pas tout, ma fille, et je soupçonne...

MADAME DE SAINT-CLAIR.

Non : vous ne soupçonnez de défauts à personne.

MADAME D'ORVILLE, *à Constance et Eugénie.*

J'entends, j'entends. Sortons.

LISIDOR.

           Mesdames, pourquoi donc ?...

MADAME D'ORVILLE.

Notre vertu, monsieur, est la discrétion.

SCÈNE XIV.

MADAME DE SAINT-CLAIR, LISIDOR.

LISIDOR.

La rencontre est heureuse.

MADAME DE SAINT-CLAIR.

           Et surtout imprévue,
Mais sérieusement m'avez-vous reconnue
Tout de suite ?

LISIDOR.

           Mes yeux n'ont jamais méconnu
Les traits de l'amitié, ni ceux de la vertu.

MADAME DE SAINT-CLAIR.

Hypocrite ! voilà votre ton, votre style,
Quand vous trompiez ce cœur trop tendre et trop facile !

J'espérais que le temps vous aurait corrigé ;
Mais, mon cher Lisidor, vous n'êtes pas changé.

LISIDOR.

Ni vous.

MADAME DE SAINT-CLAIR.

Comment ?

LISIDOR.

Du temps les redoutables traces
Ont à peine effleuré vos attraits et vos grâces.

MADAME DE SAINT-CLAIR.

Il s'agit bien ....

LISIDOR.

Je rends hommage à la beauté.

MADAME DE SAINT-CLAIR.

L'hommage des amis, c'est la fidélité.

LISIDOR.

Voilà votre grief : nous sommes infidelles !
Ce privilége doit n'appartenir qu'aux belles ;
Mais nous prétendons, nous, qu'il n'est pas exclusif.

MADAME DE SAINT-CLAIR.

Et vous le prouvez bien.

LISIDOR.

Ce n'est pas sans motif.
Sur ce chapitre-là ma cause vaut la vôtre.
On s'est, depuis long-temps, tout dit de part et d'autre :
Restons donc but à but, laissons là le passé.
L'amour finit ; pourquoi ? C'est qu'il a commencé.
Tel est l'ordre commun des choses de la vie.
Si vous ne voulez pas que notre cœur varie,
Ayez, pour nous donner des goûts toujours nouveaux,
Toujours nouveaux attraits, et jamais de défauts.
Nous deviendrons constans quand vous serez parfaites.

MADAME DE SAINT-CLAIR.

Nous le serions bientôt, vils flatteurs que vous êtes,
Si de nos qualités votre art pernicieux
N'altérait, en naissant, le germe précieux.
En vous y conformant, vous blâmez nos caprices ;
En vertus lâchement vous érigez nos vices ;
Plus lâchement encor vous livrez au mépris

Les crédules objets que vous avez surpris,
Sans vous apercevoir que votre ignominie
Atteste votre honte et votre perfidie.
Donne-nous donc, grand Dieu, la force de haïr
L'être à qui tu donnas l'instinct de nous trahir !
Permets-nous à la fin de lui faire justice,
Et de sa trahison cesse d'être complice.

LISIDOR.

Si le Ciel exauçait ce désir indiscret...

MADAME DE SAINT-CLAIR.

Mon sexe serait libre.

LISIDOR.

           Il vous désavoûrait.

MADAME DE SAINT-CLAIR.

Pourquoi ?

LISIDOR.

     Vous, nous haïr ! Que feriez-vous au monde ?
Sur l'amour seulement votre empire se fonde.

MADAME DE SAINT-CLAIR.

Sur l'amour que pour nous ont quelques importuns ?

LISIDOR.

Non. L'amour de tout temps s'est fait à frais communs ;
Mais la coquetterie, en quelques circonstances,
Nous fait, par charité, remise des avances.

MADAME DE SAINT-CLAIR.

Avec quelle injustice et quelle atrocité
Vous nous sacrifiez à votre vanité !
Pour faire à notre cœur partager vos faiblesses,
Vous descendez souvent aux plus viles souplesses.
Découvrons-nous le piège, évitons-nous l'écueil,
Soudain vous nous taxez de cruauté, d'orgueil.
Ingrats ! il faut vous voir expirer ou nous rendre.
Nous rendons-nous, tant pis · il fallait nous défendre !
Prenez donc un parti : supportez nos refus,
Puisque vous nous aimez ; ou ne nous aimez plus.

LISIDOR.

Sophie, apaisez-vous ; laissons le ton tragique :
Vous avez tant de grâce à jouer le comique !

MADAME DE SAINT-CLAIR.

Hélas!

LISIDOR.

Séchez les pleurs qui coulent de vos yeux :
Vous pleurez à ravir ; vous riez encor mieux.
    (*madame de Saint-Clair rit involontairement.*)
Eh bien ! l'avais-je dit?

MADAME DE SAINT-CLAIR.

Traître !

LISIDOR.

Je vous adore

Plus que jamais.

MADAME DE SAINT-CLAIR.

Et moi, je...

LISIDOR.

Vous m'aimez encore.

MADAME DE SAINT-CLAIR.

Vous !

LISIDOR.

Oui. Les femmes ont coutume d'oublier
Tous leurs adorateurs, excepté le premier :
C'est celui-là qui sert d'époque à la tendresse.

MADAME DE SAINT-CLAIR.

Eh! qui peut en effet oublier cette ivresse
Qui jamais ne revient que par le souvenir !
Cet instant où, le front rougissant de plaisir,
Dans un transport mêlé d'amertume et de charmes,
Notre premier aveu s'échappe avec nos larmes !
Que de fois, malgré moi, mon cœur s'est reporté
À ce moment de trouble et de félicité !
Mais je suis bien guérie, et mon cœur se propose...

LISIDOR.

D'aimer encore.

MADAME DE SAINT-CLAIR.

Jamais... Mais parlons d'autre chose.

LISIDOR.

Quel doux aveu !...

MADAME DE SAINT-CLAIR.

Comment!...

LISIDOR.

Les belles font toujours
L'aveu de leur tendresse, en changeant de discours.

MADAME DE SAINT-CLAIR.

Non ; je vais vous parler en mère de famille.

LISIDOR.

L'amour se tait devant la raison.

MADAME DE SAINT-CLAIR.

A ma fille
Votre neveu pourrait convenir pour époux.

LISIDOR.

Il est trop jeune.

MADAME DE SAINT-CLAIR.

Il vaut déjà bien mieux que vous.

LISIDOR.

Sans doute. Votre fille....

MADAME DE SAINT-CLAIR.

A le cœur de sa mère.

LISIDOR.

Cet éloge est complet.

MADAME DE SAINT-CLAIR.

C'est ma seule héritière.
Je suis riche. Germeuil aura tout votre bien.

LISIDOR.

Oui... mais...

MADAME DE SAINT-CLAIR.

Sans l'augmenter, j'ai conservé le mien.
Les femmes pas à pas suivent l'économie ;
Mais les hommes, portés sur l'aile du génie,
Volent à la fortune ; et là, tout comme ailleurs,
Vous n'avez pas sans doute éprouvé de rigueurs.

LISIDOR.

Elle est femme....

MADAME DE SAINT-CLAIR.

En ce cas, souffrez que je vous quitte.

LISIDOR.

Mais notre affaire ?

MADAME DE SAINT-CLAIR.

Il faut que j'aille à la poursuite
D'une importante...

LISIDOR , *ironiquement.*

Bon !

MADAME DE SAINT-CLAIR.

Et qui vous touche un peu.

LISIDOR.

Moi ?

MADAME DE SAINT-CLAIR.

Vous. Allez m'attendre avec votre neveu.

LISIDOR.

Quoi ! vous quitter sitôt !

MADAME DE SAINT-CLAIR.

Depuis long-temps je pense
Que votre cœur est fait aux tourmens de l'absence.

LISIDOR.

Non !...

MADAME DE SAINT-CLAIR.

Eh bien ! mon retour sera précipité ,
Monsieur, pour ménager sa sensibilité.
(*Elle sort , en lui indiquant l'appartement de
Germeuil.*)

FIN DU SECOND ACTE.

ACTE III.

——

SCÈNE PREMIÈRE.

GERMEUIL , LISIDOR.

LISIDOR.

Oui, vous avez raison : louez la Providence
D'avoir pris tant de soin de votre adolescence.
Un guerrier, un héros, sans honte peut-il voir
Sept femmes l'entourer du matin jusqu'au soir?

GERMEUIL.

Ce n'est pas trop.

LISIDOR.

Comment !...

GERMEUIL.

         Toutes sont vertueuses ;
Et jamais les vertus ne sont assez nombreuses.

LISIDOR.

Vous comptez leurs vertus bien moins que leurs appas.

GERMEUIL.

Si j'avais ce bonheur, je n'en parlerais pas.

LISIDOR.

Aux femmes, en ce cas, vous êtes sûr de plaire :
Elles font consister l'honneur dans le mystère.
L'amour est innocent quand l'amour est discret,
Et ce qu'on ne sait pas n'a jamais été fait.

GERMEUIL.

Mon oncle, respectez mes sages bienfaitrices :
Vous devez mon salut à leurs mains protectrices.

LISIDOR.

Vous voulez me piquer de générosité ....
Voyons donc ce roman.

GERMEUIL.

         Dans ce bois écarté,
Seul, égaré, sentant ma force défaillante,
Transi de froid, tandis que la fievre brûlante
Fait circuler ses feux dans mon sang agité,
J'implore ici les lois de l'hospitalité...

LISIDOR.

Quoi ! d'un feu dévorant pour apaiser les flammes,
Vous venez demander des calmans chez les femmes !
Les médecins encore auront aigri le mal.

GERMEUIL, *vivement.*

Non...

LISIDOR.

     Je les connais bien.

GERMEUIL.

         Vous les connaissez mal.

LISIDOR.

Cependant je vous vois la figure pâlie,
Et vous avez au moins fait une maladie.

GERMEUIL.

Il est vrai que bientôt la fièvre redoubla,
Et de tourmens aigus par degrés m'accabla.
Mais si vous aviez vu, dans ces momens terribles,
Près de votre neveu tous ces êtres sensibles
Prodiguer cet amour et ces soins délicats
Qui se sentent si bien, mais ne s'expriment pas,
Mon sort, malgré mes maux, vous aurait fait envie.
La douleur consumait les restes de ma vie;
J'allais m'éteindre : alors, tremblantes pour mes jours,
Elles voulaient de l'art emprunter les secours.
« A quoi bon ? leur disais-je ; ah ! je vous en conjure,
» Laissez, laissez agir l'amitié, la nature :
» Voilà mes médecins, et je ne risque rien
» De m'y tenir : ceux-là ne nous font que du bien. »

LISIDOR.

La belle médecine !

GERMEUIL.

                Oui : les soins d'une femme,
Avec les maux du corps, soulagent ceux de l'ame.
Souvent, lorsqu'Eugénie (avec un certain air
Si consolant) m'offrait quelque breuvage amer,
Ses regards m'en faisaient oublier l'amertume.
Alors sur ses deux bras Constance avait coutume
De soulever ma tête ; et de son mantelet
La grand'mère, à longs plis, chaudement me cou-
    vrait.
Bientôt, quand la sueur, inondant mon visage,
D'une crise annonçait le sinistre présage,
Justine auprès du feu promptement apprêtait
Le linge qu'à l'instant Ursule m'apportait
En détournant les yeux. Jamais la bienséance
N'a mieux été d'accord avec la bienfaisance.

LISIDOR, *ironiquement.*

Quel tableau!

GERMEUIL.

                D'après lui, l'on eût peint la douleur
Prenant ses vêtemens des mains de la pudeur.
Ah ! les femmes, dit-on, corrompent l'innocence...

Et jusque dans leurs bras j'ai trouvé la décence.

LISIDOR.

Mais vous me contez là des prodiges !

GERMEUIL.

        Mais moi,
L'objet de tant de soins, à peine je les croi.
Tantôt, en regardant tant d'appas me sourire,
Je prenais mon bonheur pour l'effet du délire ;
Tantôt j'imaginais qu'ayant perdu le jour,
J'habitais pour jamais ce bienheureux séjour
Qu'un prophète a peuplé de beautés immortelles.
D'abord je regrettais d'être mort auprès d'elles ;
Puis, revenant à moi, saisi d'un doux transport,
Je me disais tout bas : Non, je ne suis pas mort.

LISIDOR.

Eh ! laquelle aimez-vous ?

GERMEUIL.

       Toutes.

LISIDOR.

        Quelle manie !

GERMEUIL.

Je brûle pour Constance, et j'adore Eugénie ;
J'aime sa mère avec la plus sincère ardeur,
Justine avec ivresse, Ursule avec langueur.
Non sans émotion j'embrasse la grand'mère :
L'une plaît, l'autre a plu, l'autre commence à plaire.
Mon cœur, ivre d'amour, d'espoir, de souvenir,
Adore le présent, le passé, l'avenir.

LISIDOR.

Mais vous extravaguez d'aimer...

GERMEUIL.

       Je vous imite.

LISIDOR.

Moi ?

GERMEUIL.

Vous : vous chérissez quelqu'un d'un grand mérite.

SCÈNE II.

LISIDOR, GERMEUIL, URSULE, *au fond du théâtre.*

URSULE, *apercevant Lisidor.*

Ah !

GERMEUIL.

Ai-je tort d'aimer, si mon oncle a raison ?

LISIDOR.

Je ne suis amoureux que de votre façon.

URSULE, *à part.*

Grands dieux !

GERMEUIL.

De cet objet le souvenir vous touche ;
Car cent fois j'ai surpris son nom dans votre bouche.

URSULE, *à part.*

Parleraient-ils de moi ?

LISIDOR, *à Germeuil.*

Quel nom ?

GERMEUIL, *en confidence.*

Sophie.

LISIDOR.

Erreur !

GERMEUIL.

Si....

URSULE, *paraissant subitement.*

Votre oncle a raison ; c'est Ursule, monsieur.

LISIDOR.

Ursule !

GERMEUIL, *à Ursule.*

Aurais-je mis ce nom au lieu du vôtre ?
(*il cherche.*)
Sophie.... Ursule....

URSULE.

Eh bien !

GERMEUIL.

L'un n'empêche pas l'autre.

URSULE, *à Lisidor.*

Infidèle ! au couvent quand tu venais me voir,

Sont-ce là les sermens que tu fis au parloir?

LISIDOR.

Non, pas tout-à-fait; mais peut-on, près d'une belle,
S'en tenir au bonheur de la vie éternelle?
Il fallait, face à face, et sans distraction,
Rester à vos genoux en contemplation.
Ce plaisir est sans doute un plaisir angélique;
Mais je ne suis point né pour l'amour séraphique.
Je sais bien qu'en lisant son bonheur dans vos yeux,
L'homme avec vous se croit transporté dans les cieux :
Mais dans ces doux momens, il faudrait, pour bien faire,
Se rappeler un peu que l'on est sur la terre.
Vous avez dédaigné de vous en souvenir;
Et, d'un baiser surpris prétendant me punir,
Vous avez condamné mon amour au régime.
Privé de vos bontés, je l'ai nourri d'estime.
Il s'en trouve assez bien; mais insensiblement
Le régime affaiblit considérablement.

GERMEUIL, *vivement.*

Vous trouvez donc au moins les femmes estimables?

SCÈNE III.

LISIDOR, GERMEUIL, URSULE, MADAME
DE COURTMONDE.

LISIDOR, *à Germeuil.*
(*à Ursule.*)

Assurément.... surtout quand elles sont aimables.
(*à Germeuil.*)

Excepté beaucoup d'art et de légèreté,
Un peu de médisance, assez de vanité,
Un soupçon de caprice et de coquetterie,
Un grain d'entêtement et deux de jalousie,
Quelques petits accès d'irritabilité,
Qu'on décore du nom de sensibilité.

MADAME DE COURTMONDE, *à part.*

Lisidor!

LISIDOR.

Excepté l'excès de leur parure,

Qui, bien loin d'embellir leurs traits, les défigure.
MADAME DE COURTMONDE, *à part.*
C'est le traître !

LISIDOR.
Excepté leur sourire apprêté,
Leurs mines, leurs langueurs, leur migraine ; excepté
Le vide de leurs cœurs, le néant de leurs ames....
GERMEUIL.
Excepté tout enfin....

LISIDOR.
J'estime assez les femmes.
MADAME DE COURTMONDE, *brusquement.*
Je pense comme vous.

LISIDOR.
Ah, grands dieux !
MADAME DE COURTMONDE.
                              Excepté
Leur fourberie insigne et leur duplicité,
Et leur inconséquence, et l'orgueil qui les presse
De s'avancer toujours pour reculer sans cesse ;
Excepté leur cœur froid ; excepté leur esprit,
Si grand en apparence, en effet si petit,
Qu'il ne peut maîtriser la beauté qu'il enchaîne,
Tandis qu'avec un fil son esclave le mène ;
Excepté leur noirceur, leur infidélité,
Leur déraisonnement, leur bassesse ; excepté
L'art de nous abuser toutes tant que nous sommes....
LISIDOR.
Excepté tout enfin....
MADAME DE COURTMONDE.
            J'estime assez les hommes.
LISIDOR.
Nous voilà quittes.
            MADAME DE COURTMONDE.
Traître !
URSULE.
Infidèle !
MADAME DE COURTMONDE, *à Ursule.*
                              Comment !...

Demoustier.   13

GERMEUIL, *à part.*

Il est entre deux feux.

URSULE, *à madame de Courtmonde.*

L'ingrat fut mon amant.

GERMEUIL, *à part.*

Sortons : en pareil cas, je crois qu'un neveu gêne.

(*Il sort.*)

MADAME DE COURTMONDE, *à Lisidor.*

Tu n'échapperas pas aux transports de ma haine.

SCÈNE IV.

LISIDOR, URSULE, MADAME DE COURT-MONDE, MADAME DE SAINT-CLAIR.

MADAME DE SAINT-CLAIR, *à part, en entrant.*
(*voyant la dispute.*)

Tout m'a réussi. Ha!

LISIDOR, *à Ursule et à madame de Courtmonde.*

Si nous nous emportons,

Le moyen de s'entendre!

URSULE.

Eh bien! parle.

MADAME DE COURTMONDE.

Réponds.

LISIDOR.

(*à part.*)   (*haut, à madame de Courtmonde.*)

Brouillons-les, il est temps. Oui, je fus infidèle.
Je vous idolâtrais, hélas! lorsqu'une belle
Prit un malin plaisir à rompre nos liens,
Et, sortant de vos fers, m'arrêta dans les siens.
(*montrant Ursule.*)
Sa beauté fit mon crime, et fera mon excuse.

MADAME DE COURTMONDE.

Dieux!

LISIDOR, *à part.*

Me voilà sauvé!

MADAME DE SAINT-CLAIR, *à part.*

Le monstre!

URSULE, *à madame de Courtmonde.*
                         Il vous abuse.
      MADAME DE COURTMONDE, *furieuse.*
Il dit vrai.
            LISIDOR, *à part.*
      Bon !
    MADAME DE SAINT-CLAIR, *bas, aux deux femmes.*
            Il veut vous brouiller.
            MADAME DE COURTMONDE.
                         Croyez-vous ?
          MADAME DE SAINT-CLAIR.
C'est le coup de maître.
MADAME DE COURTMONDE, *à Ursule, en l'embrassant.*
            Oui.... la paix ; unissons-nous.
          LISIDOR, *les voyant venir.*
Ferme : ne cédons pas. Pour résister aux belles,
Il suffit de parler, s'il se peut, plus haut qu'elles :
Essayons.
            MADAME DE COURTMONDE, *avançant.*
      Traître !
                  URSULE.
      Ingrat !
        LISIDOR, *très-haut.*
                         (*voyant madame de
                         Saint-Clair.*)
            Cruelles !... Je suis mort !
C'est un plan combiné.
          URSULE ET MADAME DE COURTMONDE.
            Il faut....
  MADAME DE SAINT-CLAIR, *s'avançant tranquillement.*
                  Vous avez tort.
    (*Surprise de Lisidor.*)
            LES DEUX FEMMES.
Tort !
          MADAME DE SAINT-CLAIR.
    Tout-à-fait.
          URSULE ET MADAME DE COURTMONDE.
            Comment !...

LISIDOR, *montrant madame de Saint-Clair.*

        Écoutez donc madame.

MADAME DE SAINT-CLAIR, *à part, montrant la terre.*

     (*haut.*)

Je veux l'amener là. Je conçois qu'une femme
Suive les mouvemens de son cœur irrité,
Et fasse le procès à l'infidélité :
Sans doute, il vaudrait mieux employer la clémence.
Mais si nous nous vengeons, prenons une vengeance
Qui soit digne de nous : pour punir leurs forfaits,
Accablons nos tyrans de honte et de bienfaits.

       MADAME DE COURTMONDE.

Eh! qui peut se résoudre à cet effort suprême!

       MADAME DE SAINT-CLAIR.

Toute femme d'honneur; vous, mesdames, moi-même.

        URSULE.

Ma cousine, on le voit, vous n'avez pas été
Victime, comme nous, de sa duplicité.

       MADAME DE SAINT-CLAIR.

Bien long-temps avant vous....

     URSULE ET MADAME DE COURTMONDE.

         Bon !

       MADAME DE SAINT-CLAIR.

           Il m'avait trahie :
Mais que, pour me venger, le sort m'a bien servie!
Depuis un mois, combien j'ai goûté de douceur,
En pressant le neveu mourant contre ce cœur
Que l'oncle avait blessé d'une mortelle atteinte!
Souvent, en ranimant son ame presqu'éteinte,
Je répétais avec un douloureux plaisir :
Pour toi je le fais vivre, et tu m'as fait mourir!

       LISIDOR, *à part.*

Ah !...

    MADAME DE SAINT-CLAIR, *en montrant le trouble de*
        Lisidor.

     (*haut.*)

Voyez-vous? Laissons la vengeance vulgaire
Se consoler du mal par le plaisir d'en faire.
Ce plaisir n'est pas fait pour les cœurs délicats :

C'est en les obligeant qu'on punit les ingrats.
Mais on doit, quand l'instant de la vengeance approche,
Voir si l'on est soi-même exempt de tout reproche.
Souvent les procédés des hommes sont affreux ;
Mais n'avons-nous pas, nous, quelques torts avec eux ?
S'ils ont quelques défauts, nous en avons mille autres.

LISIDOR.

Madame !...

MADAME DE SAINT-CLAIR.

Trop souvent leurs torts viennent des nôtres.

URSULE, *à madame de Saint-Clair.*

Quoi !...

MADAME DE SAINT-CLAIR.

(*à part.*)   (*haut.*)
Laissez faire. Il est des hommes généreux,
Tendres, reconnaissans, et dignes d'être heureux.

LISIDOR.

Oui ; mais il est encor plus de femmes peut-être
Qui rendraient l'homme heureux, si l'homme savait
      l'être.

MADAME DE SAINT-CLAIR.

Les hommes ont un fonds de sensibilité
Inaltérable....

LISIDOR.

Et vous, de générosité.

MADAME DE SAINT-CLAIR.

Dans leur cœur, il est vrai, parfois l'amour sommeille ;
Mais au bout de.... quinze ans, encore il se réveille.

LISIDOR.

Hélas !...

MADAME DE SAINT-CLAIR, *bas, aux deux femmes.*
(*haut.*)
Voici l'instant. Je parle en général.
On prétend que le cœur de l'homme est inégal ;
Moi, je le crois constant. Loin de l'objet qu'il aime,
Il change ; revient-il ? il est toujours le même.

LISIDOR, *tombant à genoux.*

Oui, Sophie.

MADAME DE SAINT-CLAIR, *aux deux femmes, en leur montrant Lisidor.*

Eh bien?...

LISIDOR.

Oui....

MADAME DE SAINT-CLAIR, *avec un grand éclat de rire.*

Lisidor, levez-vous.

(d'un ton accablant.)

Je ne reconnais plus un homme à mes genoux.

LISIDOR.

Ciel !

MADAME DE SAINT-CLAIR.

Votre abaissement moi-même m'humilie.

URSULE.

Voilà le superfin de la coquetterie.

MADAME DE SAINT-CLAIR, *à part.*

On peut punir l'amant quand on sauve l'ami.

(à Lisidor.)

Adieu : nous vous laissons réfléchir.

(Elle sort avec Ursule et madame de Courtmonde.)

SCÈNE V.

LISIDOR.

Quel oubli !...

Suivons-la. Vengeons-nous ; apprenons-lui qu'un maître
Peut oublier qu'il l'est, mais non cesser de l'être ;
Qu'il cède à la faiblesse, et résiste à l'orgueil ;
Que je puis me venger, et que.... Mais un coup-d'œil,
Un mot, un geste, un rien me confondra moi-même ;
Tout, jusqu'à ma fureur, lui dira : je vous aime ;
Tandis qu'autour de moi le groupe féminin
Me protégeant tout haut, me trahissant sous main,
Après m'avoir battu, pour comble de disgrâce,
Avec compassion demandera ma grâce....
Et mon neveu.... témoin de mes égaremens,
Comparant ma conduite et mes raisonnemens....
Comme il va s'applaudir de mon inconséquence !
Quel parti prendre ? Allons, évitons sa présence....

La voir serait plus doux, la fuir est plus prudent.
Pour triompher encore elle est là qui m'attend,
Les yeux mourant d'amour, étincelant de gloire,
Et portant sur son front l'orgueil de la victoire.
Qu'elle doit être belle! et que.... Voyons-la.... mais
Gardons-nous bien surtout de la voir de trop près;
Car, mesdames, l'on est, je crois, pour vous combattre,
Plus fort à trente pas que l'on ne l'est à quatre.
    (*à Germeuil, qui entre.*)
Que tout soit à l'instant prêt pour notre départ.
                              (*Il sort.*)

GERMEUIL.

Grands dieux!

SCÈNE VI.

GERMEUIL, EUGÉNIE.

EUGÉNIE.

Qu'avez-vous donc?

GERMEUIL, *désespéré.*

Nous partons.

EUGÉNIE.

Quoi! si tard!

GERMEUIL.

Dans un moment.

EUGÉNIE.

Eh quoi! demain, à pareille heure,
Nous n'habiterons plus dans la même demeure!
Partout où je vous vis, mon cœur vous cherchera;
J'appellerai mon frère; il ne sera plus là.

GERMEUIL.

Il y sera toujours.

EUGÉNIE.

Hélas! je le désire.

GERMEUIL.

Dites-vous bien souvent : « Notre ami ne respire
» Que pour songer à moi, pour regretter ces jours
» Trop longs pour la douleur, pour l'amitié trop courts.
» Si j'avais pu toujours soigner sa maladie,

» Mon malade eût voulu ne guérir de la vie. »

EUGÉNIE.

Me le promettez-vous?

GERMEUIL.

Oui, je vous le promets.

EUGÉNIE.

Si vous nous oubliez, que je vous en voudrais!
Pour me venger de vous, dans mon dépit extrême,
Je crois que je pourrais vous oublier vous-même.

SCÈNE VII.

GERMEUIL, EUGÉNIE, MADAME DE SAINT-
CLAIR, *tenant quelques papiers, et cherchant
Lisidor.*

MADAME DE SAINT-CLAIR, *à part.*

Il n'est plus là.... Que vois-je?
(*Elle serre les papiers, et écoute.*)

GERMEUIL, *à Eugénie.*

Hélas! je le sens bien,
Nous ne nous oublîrons jamais!

EUGÉNIE.

Jamais.

GERMEUIL.

Eh bien!
Pour en être plus sûrs, donnons-nous-en un gage.

EUGÉNIE.

Volontiers.

GERMEUIL.

Un baiser....

EUGÉNIE.

Non...C'est pourtant dommage,
Car rien ne me plaît tant qu'un baiser entre amis.

GERMEUIL.

Quand on a le cœur pur, ce qui plaît est permis.

EUGÉNIE.

Cependant il faudrait y mettre du mystère.

GERMEUIL.

Un peu.

EUGÉNIE.

Vous voulez donc que je trompe ma mère?

GERMEUIL, *s'éloignant.*

Oh ! non.

MADAME DE SAINT-CLAIR, *à part.*

Pauvres enfans !

EUGÉNIE, *lui donnant sa main à baiser.*

Tenez, voici ma main :
Pour arriver au cœur, qu'importe le chemin ?
(*tandis que Germeuil lui baise la main, elle met*
l'autre sur son cœur avec ivresse.)
Je vous l'avais bien dit !... Sortez !...

GERMEUIL.

C'est pour vous plaire
Que je vous fuis.

ENSEMBLE, *de loin.*

Adieu.

SCÈNE VIII.

MADAME DE SAINT-CLAIR.

Dans peu de temps j'espère
Qu'ils ne se fuiront plus. Les créanciers unis,
Après quelques débats, à la fin m'ont remis,
En les payant comptant, la moitié de leurs sommes.
Mais comme il est aisé de gouverner les hommes !
Avec quelques coups-d'œil, quelques mots, comme on a
Bientôt séduit, tourné toutes ces têtes-là !
Le ministre à fléchir était plus difficile :
La vieillesse à nos lois l'a rendu peu docile.
Je n'avais qu'un moyen : c'était la vanité;
J'ai flatté son orgueil.... Un ministre flatté
Est à moitié vaincu. J'ai vu presque des larmes
S'échapper de ses yeux. Il ma rendu les armes
Et le brevet. Combien je vais faire d'heureux !
Ma main de deux amans va donc serrer les nœuds,
Va sauver un ami. Quelle douce espérance !
D'un bienfait commencé le cœur jouit d'avance.
Je veux tous près de moi les fixer désormais.
Peut-on se séparer des heureux qu'on a faits !

Demoustier.   14

SCÈNE IX.

**MADAME DE SAINT-CLAIR, LISIDOR, GER-
MEUIL,** *en habit de voyage;* **CONSTANCE,
EUGÉNIE, URSULE, MADAME D'ORVILLE,
MADAME DE COURTMONDE.**

LISIDOR, *à madame de Saint-Clair.*
Avant de vous quitter je prétends vous confondre
A votre tour.

MADAME DE SAINT-CLAIR.
Mon cœur est prêt à vous répondre.

LISIDOR.
Eh! que répondra-t-il?

MADAME DE SAINT-CLAIR.
Que savez-vous?

LISIDOR, *ému.*
Comment!...

MADAME DE SAINT-CLAIR.
Parlez.

LISIDOR, *à part.*
J'aurais mieux fait de partir sur le champ.
(*prenant Germeuil par la main.*)
Recevez nos adieux.

MADAME DE SAINT-CLAIR.
Vous partez?... A merveille!
(*à part.*)　　　　　　(*haut.*)
Quel contre-temps fatal! Oui, je vous le conseille;
Pressez votre départ et nos derniers adieux.
Aucun objet ne doit vous fixer en ces lieux :
Vous n'en aimez aucun; et je sens par moi-même
Qu'on ne peut vivre heureux qu'auprès de ce qu'on
　　　aime.

LISIDOR, *s'éloignant.*
Ah, traîtresse!

MADAME DE SAINT-CLAIR, *le conduisant.*
Fuyez.

LISIDOR.
N'aurais-je pas raison?

MADAME DE SAINT-CLAIR, *le regardant.*

Oui.

LISIDOR.

La bouche dit oui ; tout le reste dit non !...
(*revenant.*)
Quel art avez-vous donc d'inspirer le contraire
De ce que vous semblez nous conseiller de faire,
Femmes ?

MADAME DE SAINT-CLAIR.

Mais partez donc !

URSULE, *à part, à mesdames d'Orville et de Court-*
monde.

Il ne partira pas.

MADAME DE SAINT-CLAIR.

Ne perdez pas de temps. Mais pourquoi sur vos pas
Emmener cet enfant ? Ménagez sa jeunesse
Et sa convalescence.

LISIDOR.

Eh ! si je vous le laisse,
Qui sait quand il aura la force de partir ?
Ces lieux sont enchantés ; on ne peut en sortir.

MADAME DE SAINT-CLAIR.

Eh bien ! restez-y donc ; soyez de la famille.

LISIDOR.

Quoi ! vous consentiriez !...

MADAME DE SAINT-CLAIR.

Germeuil aime ma

GERMEUIL, EUGÉNIE.

Ciel !

LISIDOR, *à part.*

L'hymen me prépare, en cette occasion,
De la fille à la mère une transition.
(*haut, unissant les amans.*)
J'y consens.

MADAME DE SAINT-CLAIR.

Sois heureuse, ô ma chère Eugénie

MADAME DE COURTMONDE, *à part.*

Bel hymen !

URSULE, *à Constance.*

Vous pleurez ?

CONSTANCE.

De plaisir.

LISIDOR, *à madame de Saint-Clair, lui montrant*
Germeuil et Eugénie.

Mon amie,
Quel exemple!

MADAME DE SAINT-CLAIR.

A notre âge!

LISIDOR.

Il est un peu tard ; mais
Il vaut mieux être heureux un peu tard que jamais.

MADAME DE SAINT-CLAIR.

Non : je m'exposerais à vos mépris peut-être.

LISIDOR.

Jamais.

MADAME DE SAINT-CLAIR.

Vous oubliez que j'ai le malheur d'être....
Femme... Or, vous méprisez des femmes jusqu'au nom :
On peut donc vous aimer, mais vous épouser... non.

LISIDOR.

Madame!...

MADAME D'ORVILLE.

C'est bien fait!

MADAME DE COURTMONDE.

L'effort est admirable!

CONSTANCE.

Il doit lui coûter cher !

URSULE.

J'en serais incapable.

LISIDOR.

Vous savez tout.

MADAME DE SAINT-CLAIR.

Quoi donc?

LISIDOR.

Pour refuser ma main,
Mon mépris pour le sexe est un prétexte vain.
Dites la vérité : vous craignez, mon amie,
De partager mon sort.

MADAME DE SAINT-CLAIR.

Il est digne d'envie.

LISIDOR.

Non ; j'ai perdu mes biens, mon état....

MADAME DE SAINT-CLAIR , *lui présentant son brevet.*

Le voici.

LISIDOR.

Ciel !

MADAME DE SAINT-CLAIR , *gaîment.*

Et vos créanciers sont rassemblés ici.

LISIDOR.

Je me sauve !

MADAME DE SAINT-CLAIR.

Arrêtez... Craignez-vous ma présence ?

LISIDOR.

Vous !...

MADAME DE SAINT-CLAIR.

Moi : pour la moitié j'ai payé leur créance.
Ainsi que votre honneur, vos biens sont conservés.

LISIDOR.

Dieux !

MADAME DE SAINT-CLAIR.

Mais c'est une femme à qui vous les devez
N'en rougissez-vous pas ?

LISIDOR.

Moi, rougir, ma Sophie,
De vous devoir l'honneur, la fortune, la vie !
Non : je vais publier....

MADAME DE SAINT-CLAIR , *l'arrêtant.*

Prouvez-moi qu'en effet
Les hommes mieux que nous savent taire un secret.
Le sort a condamné nos vertus au silence :
C'est au fond de nos cœurs qu'est notre récompense.
Vous recherchez la gloire, et nous vous la laissons
Sans regret.... Vous brillez, et nous nous jouissons.
D'un œil moins prévenu, considérez les femmes ;
A travers leurs défauts, pénétrez dans leurs ames :
C'est là qu'est leur beauté ; là brillent des attraits
Dont le solide éclat ne s'efface jamais ;
Là, sitôt que les fleurs de l'amour sont écloses,
Les fruits de l'amitié se cachent sous les roses :

 LES FEMMES.

Le temps fane les fleurs ; mais il mûrit les fruits,
Et la sagesse alors les offre à nos amis.
Daignez les accepter.

LISIDOR.

O sexe inconcevable !
De contrastes sans fin mélange inexplicable !
Le ciel, en s'occupant de ta création,
Se mit avec lui-même en contradiction.

(*aux Femmes.*)

La force naît chez vous du sein de la faiblesse ;
Et la grandeur s'élève où rampe la souplesse.
Plus nous vous chérissons, plus vous nous tourmentez ;
Et c'est par ces tourmens que vous nous enchantez.
Si d'un défaut sur vous on s'apprête à médire,
Deux vertus à l'instant désarment la satire.
En vain on vous démasque, en vain on vous connaît :
Il faut vous adorer en dépit qu'on en ait.

FIN DES FEMMES.

TABLE DES MATIÈRES.

FIN DE DEMOUSTIER.

THÉATRE

DE

SÉGUR LE JEUNE.

Edition Touquet.

PARIS.

Chez L'Éditeur, rue de la Huchette, n°. 18.

1822.

LE RETOUR DU MARI,

COMÉDIE

EN UN ACTE ET EN VERS,

PAR

DE SÉGUR LE JEUNE,

Représentée, pour la première fois, le 25 janvier 1792.

ACTEURS.

LE BARON.

LA BARONNE.

LINDOR, cousin de la Baronne, jeune homme de vingt ans.

LISETTE, femme de chambre de la Baronne.

La scène est à Paris, chez le Baron.

LE RETOUR DU MARI,
COMÉDIE.

Le théâtre représente un salon. Quand la toile se lève, on voit la Baronne à un métier, et Lindor tenant un livre à la main, à côté d'elle.

SCÈNE PREMIÈRE.

LINDOR, LA BARONNE.

LINDOR, *jetant son livre.*

Laissons cela : pourquoi lirais-je davantage ?
Vous êtes si distraite....

LA BARONNE, *à part.*

Ah ! funeste voyage !...

LINDOR.

Cousine, vous pleurez, et détournez les yeux.

LA BARONNE.

Moi, Lindor !... moi pleurer !... allons donc, quelle idée !

LINDOR.

Vous avez des chagrins : je suis bien malheureux !

LA BARONNE.

C'est sur vos torts, hélas ! que ma peine est fondée.

LINDOR.

Ah ciel ! qu'ai-je donc fait ?...

LA BARONNE.

Mon malheur. Savez-vous
Que ce jour, en ces lieux, ramène mon époux ?

LINDOR.

Il revient ?...

LA BARONNE.

A l'instant ; en voici la nouvelle.
(*Elle lui donne une lettre.*)

De Ségur.

LINDOR.

« Enfin, ma chère amie, après six mois d'absence,
» je serai réuni jeudi à tout ce que j'aime. Le procès
» important qui m'avait conduit à Bordeaux, est ter-
» miné bien heureusement ; cette augmentation de
» fortune ne m'est précieuse que par l'espérance d'en
» faire l'hommage à une épouse adorée.... Et Lindor,
» comment se porte-t-il ? Avec quel plaisir je vais l'em-
» brasser ! Il y a bien long-temps que vous ne m'en
» avez parlé ; cependant, puisqu'il a trouvé un père en
» moi, n'a-t-il pas le droit de trouver en vous une amie ?
» Vous savez combien je l'aime.... »
Quelle position !... Grand Dieu !... qu'elle est cruelle !

LA BARONNE.

Je vais vous parler franchement,
Et pour nous décider nous n'avons qu'un moment.

LINDOR.

Je tremble. Eh bien ! que faut-il faire ?

LA BARONNE.

Il faut vous éloigner ; ce parti nécessaire....

LINDOR.

Moi, vous quitter !... Eh quoi !

LA BARONNE.

Vous pouvez m'accuser
D'inconséquence, de caprice :
Mais devez-vous vous refuser
A terminer notre supplice ?
Dès long-temps j'aurais dû réprimer votre amour,
Et ne pas attendre à ce jour,
Pour vous faire sentir combien il est coupable :
Abjurez, par honneur, un projet condamnable.
Le Baron revient aujourd'hui.
Respectez son bonheur ; vous tenez tout de lui....
C'est vous en dire assez.... Au bord du précipice,
Peut-être, en vous blâmant, je suis votre complice.
Je vous regretterai, mais j'aurai le pouvoir
De ne pas oublier mon époux, mon devoir ;
Déjà, depuis six mois, par pitié, par faiblesse,
J'écoute sans courroux votre aveugle tendresse ;

SCÈNE I.

Il faut y mettre un frein ; je sens, à mes remords,
Qu'on peut être coupable avant d'avoir des torts.
Lindor, séparons-nous.

LINDOR.

Eh ! le puis-je, cruelle ?

LA BARONNE.

Je le veux.

LINDOR.

A vous-même aujourd'hui j'en appelle :
Connaissez-vous le cœur que vous désespérez ?
Eh quoi ! pendant six mois, d'amour vous m'enivrez ;
Vous laissez le poison s'emparer de mon ame ;
Je me livre aux transports d'une première flamme ;
Ignorant le danger de contempler vos yeux,
Mon cœur, en soupirant, déjà se croit heureux ;
Trop sensible et sans art, la tendre confiance
Fait, par son doux attrait, naître mon espérance ;
Adorant vos vertus, respectant vos rigueurs,
Avec soumission je cache mes douleurs ;
Et vous me trahissez ! Vous voulez me contraindre
A m'éloigner d'ici ! J'ose à peine me plaindre.
Si je suis près de vous, c'est tout ce que je veux ;
Je sais ce que je dois à votre époux que j'aime ;
Mais si vous me fuyez.... je m'adresse à lui-même ;
Peut-être à me souffrir il forcera vos yeux :
Alors, pour son bonheur, je contraindrai mon ame
A cacher les dehors d'une brûlante flamme :
C'est tout ce que de moi vous pouvez exiger.

LA BARONNE.

Vous m'étonnez, Lindor ; j'ai mal su vous juger.
J'ai cru trouver en vous de la délicatesse ;
Oui, tout me rassurait, jusqu'à votre tendresse :
Elle devait vous rendre aussi soumis que doux ;
Mais je n'ai, je le vois, nul empire sur vous.
Méprisez mes avis, rendez-moi malheureuse.
Hélas ! votre amitié m'eût été précieuse,
Et par vos procédés il faut y renoncer ;
Suivez de vains projets ; je vous laisse à penser
S'ils doivent vous donner un moment d'espérance :

8   LE RETOUR DU MARI.
Je les redoute moins que votre obéissance :
Elle seule pouvait peut-être m'attendrir....
Je vous connais enfin ; et quelque déplaisir
Que j'éprouve à ne plus vous devoir mon estime,
Au moins vous trouverez mon courroux légitime.
J'aurais pu regretter un ami généreux ;
Mais vos soins pour mon cœur ne sont plus dangereux

LINDOR.

Cruelle ! voilà donc le prix de ma tendresse !
Loin de me plaindre, hélas ! vous voulez me haïr,
Me supposer des torts. Quelle coupable adresse
Vous porte à m'outrager, à vouloir m'avilir ?
Contre moi vous n'avez que de trop fortes armes :
Je n'y puis opposer que d'inutiles larmes....
Rien ne peut vous fléchir.

LA BARONNE.

Je ne me fâche plus ;
Je vous parle à présent sans humeur, sans colère ;
Abandonnez, Lindor, des desseins superflus.
Hélas ! si par vos soins vous aviez su me plaire,
Si mon trop faible cœur s'était laissé toucher,
Croyez que je saurais toujours vous le cacher ;
Que je me l'avoûrais avec peine à moi-même.

LINDOR.

Ah ! quelle cruauté ! faut-il que je vous aime !

LA BARONNE.

Ne me résistez plus.... Ce soir il faut partir.
Vous ne gagnerez rien à me désobéir,
Et vous ne voulez pas, sans doute, me déplaire.
Comme avec le Baron j'évite tout mystère,
Je vais faire porter dans votre appartement
La cassette qu'un jour, assez imprudemment,
Lisette me remit : elle est encor remplie
De lettres, de billets que j'ai reçus de vous ;
Les conserver serait manquer à mon époux....
Mais dirai-je à quel point votre amour m'humilie ?...
Lisette n'a pas craint même de m'offenser
En me parlant pour vous... elle a donc pu penser...
Tandis que du Baron les soins et l'obligeance,

En toute occasion passent mon espérance....
Il sait me rendre heureuse, et prévient tous mes goûts.
Voudrais-je les cacher? Il les devine tous....
Il m'aime avec excès, sans nulle jalousie :
Ah! dois-je par des tors empoisonner sa vie?

LINDOR.

Je sais combien l'on doit estimer votre époux ;
Mais puisqu'il me chérit, puisqu'il n'est pas jaloux,
Pourquoi donc m'éloigner avec tant d'injustice?
Ne peut-il être heureux que par ce sacrifice?

LA BARONNE.

Sans vouloir vous trahir, s'il soupçonnait jamais
    Que j'ai souffert vos coupables projets,
Que je vous écoutai, je ne pourrais le taire,
Et ma bouche ferait cet aveu nécessaire.
Lindor, aux préjugés il faut être soumis ;
On ne nous passe point de trop jeunes amis.
C'est peu de se conduire avec pudeur, décence,
On doit, pour le public, sauver toute apparence
Combien j'en citerais que l'on ose accuser,
A qui, sans injustice, on ne peut refuser
Toutes les qualités, la vertu, l'innocence,
Qu'on juge sans pitié sur une inconséquence!

LINDOR.

Ainsi, de vains propos régleront mon destin !
    Cruelle! en formant le dessein
De bannir de ces lieux celui qui vous adore,
Vous auriez dû songer qu'il est trop jeune encore
Pour aimer faiblement, pour contraindre son cœur
Au tourment d'étouffer une brûlante ardeur.
Un amant, à mon âge, aime-t-il sans délire?
Sur son ame enivrée a-t-il le moindre empire ?
Tous ceux que l'inconstance a déjà su blaser,
Calment leurs passions, savent les maîtriser.
Ignorant les regrets.... s'ils perdent leur maîtresse,
Ils vont porter ailleurs une feinte tendresse ;
Mais moi qui vous adore et ne vis plus qu'en vous,
Qui n'ai d'autre bonheur que d'être à vos genoux,
Que me resterait-il? Ah! soyez moins sévère;

Ne m'abandonnez pas, mon ange tutélaire.
Ah! faut-il me livrer à ces affreux tourmens?
Hélas! si jeune encor, je souffrirai long-temps.

LA BARONNE, à part.

Contre ses pleurs touchans que pourra mon courage?
D'un avenir affreux cet instant est l'image;
  Hélas! n'est-ce qu'en y cédant
Qu'on connaît le danger d'un si doux ascendant!...
 (à Lindor.)
  C'est vous, à present, que j'implore :
Au nom de votre amour, laissez-moi voir encore
Cette délicatesse et cette pureté
Qui faisait mon bonheur et ma tranquillité,
Qui me peignait si bien votre aimable innocence.
Vous lui devez, Lindor, toute ma confiance.
De grâce, rappelez cette tendre candeur.
  Hélas! quand on a votre cœur,
Du seul bonheur d'aimer on fait son bien suprême.

LINDOR.

Oui; mais, cousine, au moins, prononcez le mot j'aime.
Il suffit à mon cœur; je dis plus : à l'instant,
Fier d'un si doux aveu, je partirai content.
Quand on est sûr de plaire, on supporte l'absence;
L'objet que l'on chérit pense à notre constance;
Des regrets partagés sont encor des plaisirs,
Et, privé de bonheur, on vit de souvenirs.
Que le plus faible espoir double mon existence;
D'un mot fixez mon sort; qu'il soit la récompense
De l'amour le plus pur....
 (Il tombe aux genoux de la Baronne.)

LA BARONNE.

  Ah, Lindor!... Mais on vient...
De grâce, levez-vous....

SCÈNE II.

LA BARONNE, LISETTE, LINDOR.

LA BARONNE, à Lisette.
  Quelle est cette voiture?

LISETTE.

C'est monsieur le Baron.

LA BARONNE, *à Lindor.*

Qu'est-ce qui vous retient?

Venez le recevoir.

LINDOR, *à part.*

Allons, ma perte est sûre.

SCÈNE III.

LE BARON, LA BARONNE, LINDOR.

LE BARON. (*Il embrasse sa femme et Lindor.*)

Ah! quel doux moment pour mon cœur!
Peut-on payer trop cher de telles jouissances?
Si l'absence est cruelle, on lui doit un bonheur
Qui fait oublier ses souffrances.

LA BARONNE.

Cet ennuyeux procès a duré bien long-temps.

LE BARON.

C'est que j'avais affaire à de cruelles gens,
Qui de toujours plaider font leur bonheur suprême....
Mais tout est oublié près des objets que j'aime :
Je ne pense qu'à mon bonheur.
Lindor, qu'avez-vous donc? je vous trouve rêveur;
S'il faut même que je le dise,
Je ne puis cacher ma surprise :
Vous ne paraissez pas jouir de mon retour.

LINDOR.

Quoi! vous pourriez penser?... Ce mot me désespère....

LE BARON.

Ah! vous savez bien que ce jour
Vous rend un ami sûr, vous rend un second père;
Aimez-moi, mon enfant, c'est tout ce que je veux;
Je dirigeai votre jeunesse;
Ces soins me rendirent heureux,
Et je compte sur vous pour soigner ma vieillesse.

LINDOR.

Puis-je oublier vos soins et vos bienfaits?
Quels droits n'avez-vous pas sur ma reconnaissance?

Vous connaissez mon cœur ; le seul de mes regrets
Est de ne pouvoir pas concevoir l'espérance
De vous rendre jamais tout ce que je vous dois.
     (*à part.*)
Je pourrais le trahir !

          LE BARON.

                    Mais, encore une fois,
Quelque chagrin, Lindor, paraît troubler votre ame.
     (*à la Baronne.*)
Dites-moi, qu'a-t-il donc ? vous le savez, madame ?

          LA BARONNE.

Moi ! pourquoi, mieux que vous, lirais-je dans son cœur ?
Vous le jugeriez mal de douter du bonheur
                    (*à part.*)
Qu'il goûte en vous voyant... Quel embarras extrême !

          LE BARON.

     Allons, je dois être discret.
Il peut vouloir cacher quelque tourment secret :
L'amour a des rigueurs même pour la jeunesse ;
Son silence à mes yeux peint sa délicatesse ;
Mais son bonheur m'est cher : il le sait, il le voit ;
          Même à présent, il aperçoit
          Qu'auprès d'une épouse adorée,
          Mon ame, par elle enivrée,
Sent encor le besoin de s'occuper de lui.
          Lorsqu'en vous deux j'ai réuni
Mes désirs, mon espoir, mes plaisirs, ma tendresse,
L'air de l'indifférence et m'afflige et me blesse.
     (*à Lindor.*)
Allons, entrons chez moi ; je me fais un plaisir....

          LA BARONNE.

     Souffrez qu'un instant je vous quitte ;
Je vous suivrai bientôt.

          LE BARON.

               Ah ! revenez bien vîte.
(*Le Baron sort avec Lindor ; la Baronne reste seule.*)
     LINDOR, *à part, en sortant.*
Quel moment ! Ah ! je sens que je vais me trahir.

SCÈNE IV.

LA BARONNE.

O trop heureux retour ! il me sauve peut-être.
Du ciel, en cet instant, pour moi c'est un bienfait.
Oui, je sens qu'en mon cœur la force va renaître ;
Oui, je triompherai d'un aussi doux attrait.
Qu'il était dangereux ! C'est donc une imprudence
De trop compter sur soi ! Pleine de confiance,
Je recevais Lindor sans prévoir le danger :
Aujourd'hui je le fuis, je rougis d'y songer ;
Enfin, je n'ose pas descendre dans mon ame,
De peur d'y découvrir une coupable flamme.
　　(*elle sonne, un laquais vient.*)
　　　　Ah ! profitons de ce moment.
　　(*au laquais.*)
Si Lisette est ici, qu'elle vienne à l'instant.
　　　　　　　　(*le laquais sort.*)
Dans un cœur vertueux la sévère sagesse,
Sans risquer un combat, prévient une faiblesse.

SCÈNE V.

LISETTE, LA BARONNE.

LA BARONNE.

Lisette, allez chercher dans mon appartement
Les lettres de Lindor, ainsi que la cassette
Qu'un jour il m'envoya ; ce dépôt m'inquiète :
Vous le lui remettrez. Je veux absolument
Oublier à jamais ses soins et sa constance.
De me parler pour lui vous eûtes l'imprudence....
Je vous ai pardonné, mais c'est une leçon....

LISETTE.

Moi, désoler Lindor ! moi, madame ! non, non ;
Il est si malheureux ! Il trouvait tant de charmes
A penser qu'en vos mains ce gage resterait !
Mais en quoi peut-il donc exciter vos alarmes ?
Un traitement si dur le désespérerait.

LA BARONNE.

Lisette, jusqu'ici j'eus beaucoup d'indulgence;
Mais craignez de lasser enfin ma patience.
Sortez sans répliquer ; songez à m'obéir.

LISETTE.

D'un moment de bonté doit-on se repentir ?
Lindor, toujours soumis, discret, tendre et timide,
Ne prend auprès de vous que le respect pour guide.
Ah ! quel sera son désespoir !
Pour toute grâce il ne veut que vous voir.

LA BARONNE.

Lisette....

LISETTE.

En ce moment je sens que la prudence
Vous conseille en secret ce parti rigoureux ;
Mais vous plaindrez Lindor.... Que fera son absence ?
De plaindre à regretter un être malheureux,
Il n'est souvent qu'un pas... Et comment s'en défendre?
En condamnant quelqu'un, on daigne au moins l'en-
tendre.
Songez....

LA BARONNE.

C'en est trop, et je vois
Qu'il est bien dangereux d'écouter une fois
Ceux que notre bonté peut gâter dans la suite.
Quoi qu'il en soit, enfin, votre audace m'irrite.
En vain, depuis long-temps, je vous vis hasarder
Des conseils qui flattaient peut-être ma faiblesse ;
Plus prudente aujourd'hui, je ne puis vous garder :
Vous n'êtes plus à moi. Comptez sur la promesse
Que je vous fais ici de trouver le moyen
D'assurer votre sort. Oui, je vous veux du bien,
Et puis, de ce moment, oublier votre offense.

LISETTE.

Madame, j'avais cru.... J'attends votre indulgence.

LA BARONNE.

Pour la mieux mériter, remplissez mes projets,
En courant chez Lindor... Comptez sur mes bienfaits.

SCÈNE VI.

LISETTE.

Ah! tout ceci n'est qu'un caprice ;
A mes yeux, sans dépit, se peut-il qu'on rougisse
Il faut que l'on me chasse, ou tout me confier.
Mais pourquoi donc de moi si fort se méfier ?
J'ai trop lu dans son cœur, et j'en suis la victime
L'on peut être coupable, et tenir à l'estime.
En prenant les billets, faisons quelques efforts :
Essayons à ses yeux d'effacer tous mes torts.
Oui, je puis encore me défendre ;
En parlant de Lindor, on daignera m'entendre.
A me garder peut-être il pourra l'engager.
On vient ; allons savoir si mon sort peut changer.

SCÈNE VII.

LE BARON, *absorbé dans ses réflexions.*

Grands dieux ! comment cacher le trouble de mon ame.
Moi, jaloux, méfiant ! moi, soupçonner ma femme !...
O ma faible raison ! venez à mon secours :
Cet instant peut, hélas, empoisonner mes jours.
Chère épouse, jamais l'affreuse jalousie
Par ses tourmens secrets ne vint flétrir ma vie ;
Connaissant tes vertus, croyant lire en ton cœur,
Près de toi je goûtais un paisible bonheur.
Ah ! pourquoi donc en moi ce soupçon peut-il naître ?
Cruelle ! c'est ta faute, ou la mienne peut-être....
Reprenons, s'il se peut, notre sécurité ;
Oublions les tourmens qui m'ont trop agité :
J'aime mieux voir tromper ma tendre confiance,
Que d'avoir un instant soupçonné l'innocence.
La Baronne est honnête, et je devrais rougir
D'avoir pu l'accuser ; je dois me repentir....
Cependant, tout à l'heure, et même en ma présence,
J'ai cru, dans leurs regards, voir de l'intelligence ;
J'ai cru voir quelques pleurs s'échapper de leurs yeux.

Lindor me trahirait!... Que je suis malheureux!...
Quel moyen employer pour percer ce mystère?
Eh quoi! puis-je accabler celle que je révère?
Épier sa conduite?... Ah! quelle indignité!
D'un projet aussi bas je me sens révolté....
Si ma femme est coupable, ignorons sa faiblesse :
Souvent l'aveuglement vaut mieux qu'un jour qui blesse.

SCÈNE VIII.

LISETTE, LE BARON.

LISETTE, *à part, avec une cassette sous le bras, sans voir le Baron.*
(*elle l'aperçoit.*)
Je n'ai rien obtenu.... Ciel!

LE BARON.
Eh! que voulez-vous?

Quelle est cette cassette?

LISETTE.
Hélas! à vos genoux...

LE BARON.
Levez-vous, et parlez sans crainte.
Comment! vous vous troublez!

LISETTE, *à part.*
Que dire?

LE BARON.
Eh bien?

LISETTE.
J'allais...

Je ne puis achever....

LE BARON.
Pourquoi?

LISETTE.
Car si j'osais....

LE BARON.
Parlez donc.

LISETTE.
De frayeur je sens mon ame atteinte,
Et vous pouvez, monsieur, me perdre en ce moment.

.LE BARON.

Ciel !

LISETTE.

Chez monsieur Lindor on m'envoie à l'instant
Porter cette cassette, et de moi l'on attend
Un silence profond.... Faut-il encor vous dire ?...

LE BARON.

Mais parlez donc....

LISETTE.

Je n'ose vous instruire....
Peut-être il est de mon devoir....

LE BARON, *à part.*

Grands dieux ! qu'ai-je entendu ?... Cachons mon dé-
sespoir.
Quoiqu'elle m'ait trahi, défendons la cruelle :
Je dois la respecter, même étant infidelle.
  (*à Lisette.*)
J'étais instruit de tout. Allez sans répliquer
Où l'on vous envoyait. Je saurai démasquer
Votre coupable audace aux yeux de la Baronne ;
Mais de cet entretien ne parlez à personne....
Il peut en coûter cher de me désobéir.

LISETTE.

Pardonnez ; mais, monsieur....

LE BARON, *à part.*

Elle a pu me trahir !...

(*haut.*)
Sortez.

SCÈNE IX.

LE BARON. *Il tombe dans un fauteuil, accablé de
douleur.*

De mon malheur j'ai donc la preuve sûre.
La Baronne coupable !... Ah ! c'est une imposture.
J'aurais dû m'assurer.... Puis-je me repentir
De n'avoir écouté que ma délicatesse ?...
Avoir l'air du soupçon, eût été l'avilir.
A-t-elle tout trahi ? Ses devoirs, ma tendresse !...
Non, je la connais bien ; dans ses yeux inquiets,
  De Ségur.   2

A son premier abord j'aurais lu ses regrets.
Tout décèle à l'instant une ame criminelle;
Celle qui n'est que faible éprouve l'embarras
Que j'ai vu ce matin : oui, ma femme est fidelle;
Elle fuit le danger qu'elle voit sur ses pas.
Venons à son secours, il en est temps peut-être :
De son ame Lindor ne s'est pas rendu maître.
En la voyant sans cesse il a pu la charmer;
Mais celle à qui l'on plaît est encor loin d'aimer....
A quoi me décider? Quel parti dois-je prendre?...
Faisons venir Lindor : son ame est noble, tendre.
J'imagine un moyen qui doit me réussir,
Et qui de ses projets peut le faire rougir.

SCÈNE X.

LA BARONNE, LE BARON.

LA BARONNE.

Eh! pourquoi donc me fuir? Contre votre habitude,
Qui vous fait aujourd'hui chercher la solitude?
Vous arrivez à peine, et vous m'abandonnez.
Auriez-vous des chagrins?...

LE BARON.

                Moi! vous imaginez....
Que je suis malheureux! Eh quoi! pouvez-vous croire?..

LA BARONNE.

     Baron, à l'instant ma mémoire
Me rappelle qu'ici, me faisant vos adieux,
Vous me dites qu'à moi se bornaient tous vos vœux;
Que vous me regrettiez, et que votre espérance
Était de voir finir cette cruelle absence :
Vous voilà de retour : hélas! loin d'en jouir,
Ma présence pour vous est à peine un plaisir.

LE BARON.

(à part.)

Vous ne le croyez pas.... Je souffre le martyre.

(à la Baronne.)

Mais où donc est Lindor?...

SCÈNE X.

LA BARONNE.

Je ne sais.

LE BARON.

                          Je désire
Lui parler un moment : qu'il vienne....

LA BARONNE.

                          Mais, Baron,
Vous paraissez troublé : quelle en est la raison ?

LE BARON, *à part, sans écouter sa femme.*
Lindor est vertueux, je connais bien son ame ;
Il verra le danger d'une coupable flamme.

LA BARONNE.

    Quoi ?

LE BARON.

        Pardon, Lindor m'occupait.

LA BARONNE.
Un seul mot de ma bouche autrefois dissipait....

LE BARON.

Autrefois...

LA BARONNE.
        Parlez donc... Ah ! que voulez-vous dire ?

LE BARON.

Rien.

LA BARONNE.
    Je vois que sur vous je n'ai plus nul empire.

LE BARON.
Je ne changeai jamais ; vous connaissez mon cœur.

LA BARONNE.
Qui peut diminuer la douce confiance
Qui régnait entre nous ?

LE BARON.
                Elle fit mon bonheur.

LA BARONNE.
Vous parlez du passé... Se peut-il que l'absence ?...

LE BARON.
J'ignore si jamais elle put altérer
Un véritable amour ; moi, loin de ce que j'aime,
Aucun goût, nul objet ne pouvait m'attirer.
Vivant de mes regrets, je ne savais pas même

Si quelqu'autre que vous existait près de moi.
LA BARONNE, à part.
Où tendent ces discours? Doute-t-il de ma foi?
LE BARON.
Sans vous, ah! que ferais-je au monde?
Sur l'amour le plus vif tout mon espoir se fonde :
Mon âge et la sagesse ont borné mes désirs ;
J'ai cherché le bonheur, et non pas les plaisirs ;
Étudiant vos goûts et votre caractère,
Mon seul but fut toujours de chercher à vous plaire.
J'y parvins quelquefois ; et mes plus beaux momens
Sont ceux qui vous ont peint mon cœur, mes sentimens :
Vous êtes tout pour moi, ma femme, ma maîtresse :
Après le bonheur pur d'aimer avec ivresse,
Il en est un plus doux : c'est de compter toujours
Sur celle à qui le ciel a destiné nos jours.
De cette paix du cœur naît une jouissance
Que détruit à l'instant la moindre méfiance.
LA BARONNE, à part.
Il a lu dans mon ame : il faut tout avouer....
LE BARON.
A vous entièrement je sus me dévouer ;
De tous mes sentimens vous avez mille gages :
Si l'on brisait notre lien ,
En rassemblant tous les hommages,
Vous ne trouveriez pas un cœur tel que le mien.
LA BARONNE.
Ah! j'en connais le prix ; mais jugez de ma peine :
Si ma conduite, hélas! avait pu l'affliger,
Ma douleur ne serait pas vaine,
Et servirait à vous venger.
Près d'un époux que j'estime et que j'aime,
Je trouverais du charme à m'accuser moi-même.
Ayant abjuré mon erreur,
Je sens que cet aveu pourrait calmer mon cœur.
LE BARON.
Pouvez-vous m'inspirer la moindre méfiance?
LA BARONNE.
On peut avoir des torts, faute d'expérience.

SCÈNE X.

LE BARON, *à part.*

Son ame dans la mienne est prête à s'épancher....
Je la ferais rougir : il faut l'en empêcher.
N'écoutons que Lindor, Lindor seul est coupable.
(*à sa femme.*)
Pourquoi parler de torts ?... Ce mot inexplicable....
Baronne, laissons ces discours :
De nos heureux destins rien n'interrompt le cours,
Et mon sort est digne d'envie ;
Vous ferez à jamais le bonheur de ma vie.

LA BARONNE.

Si vous vouliez m'entendre...

LE BARON.

Eh quoi ! ces doux momens
Qui peuvent me prouver vos tendres sentimens,
Seront donc employés à prévoir mille peines,
Loin de le consacrer à resserrer nos chaînes ?
Tout doit vous assurer le plus doux avenir.

LA BARONNE.

Blâmeriez-vous le repentir
D'un cœur que la délicatesse
Porterait à vouloir avouer sa faiblesse ?

LE BARON.

Mais encore une fois....

LA BARONNE.

Jugez en ce moment
Du calme intérieur et du soulagement
Qu'une faute avouée apporte dans notre ame.

LE BARON, *à part.*

Tant de candeur en elle et me touche et m'enflamme.
(*à sa femme.*)
Eh ! pourquoi supposer que jamais votre cœur
Connaisse le danger d'une fatale erreur ?

LA BARONNE.

Notre timidité prouve notre faiblesse,
Et ce n'est qu'en tremblant que marche la sagesse.
Moi-même....

LE BARON.

Vous, des torts !... Je connais votre cœur.

Ma confiance en vous assure mon bonheur.

LA BARONNE.

De grâce, écoutez-moi.

(*Lindor paraît.*)

LE BARON.

Lindor vient; je désire

Le voir un seul instant.

LA BARONNE.

Eh bien! je me retire.

Vous verrai-je bientôt?

LE BARON.

Je ne veux qu'un moment,

Et je vous rejoindrai dans votre appartement.

SCÈNE XI.

LE BARON, LINDOR.

LINDOR.

N'est-il pas indiscret?...

LE BARON.

Non, Lindor, au contraire.

Vous savez qu'il n'est point de plaisir ni d'affaire

Que je ne sacrifie au bonheur de vous voir.

Ayant à vous parler, j'allais vous faire dire

De venir un moment.... Voulez-vous vous asseoir?

Ici, quand tout doit vous sourire,

Vous semblez mécontent, inquiet et rêveur;

Je dis plus : on croirait que quelque grand malheur

A détruit l'enjoûment fait pour votre jeunesse;

Il faut me confier d'où naît cette tristesse.

LINDOR.

Que ne puis-je vous obéir!

Vous peindre mon chagrin, ce serait l'adoucir.

J'ignore le sujet de ma mélancolie;

Mais depuis quelque temps je tiens moins à la vie.

LE BARON.

Vous n'êtes point dans l'âge où le vide du cœur

Peut jeter sur nos jours une triste langueur;

Ignorant les regrets, les chagrins, les alarmes,

Le présent, l'avenir, ont pour vous mille charmes,
Et le même moment qui nous coûte un soupir,
Plein d'attraits à vos yeux, vous prépare un plaisir :
Votre ame sans remords est contente et tranquille.

LINDOR, *à part.*

O ciel!...

LE BARON.

A mes avis jusqu'à présent docile,
Nulle faute n'a pu troubler votre bonheur :
J'ai su développer au fond de votre cœur
Le germe des vertus que le ciel y fit naître ;
Et de vos passions je vous crois assez maître,
Pour que, dans tous les temps, vous ayez sous les yeux
Les principes qui seuls peuvent vous rendre heureux.
Vous reçûtes du ciel un charmant caractère,
Un cœur sensible. pur, et le talent de plaire.
S'il est doux d'être aimé, qui jamais put jouir
Mieux que vous, cher Lindor, d'un aussi grand plaisir?
D'après un tableau si fidèle,
Comment puis-je expliquer?... Vous ne m'écoutez pas?

LINDOR.

Grands dieux! quel est mon embarras!

LE BARON.

Hélas! notre amitié servirait de modèle,
Si vous ne me cachiez....

LINDOR, *vivement.*

Je ne vous cache rien.

LE BARON.

Parlez-moi franchement ; est-il quelque moyen
De retrouver la confiance,
La douce intimité, la tendre intelligence
Qui régnait entre nous quand je quittai ces lieux ?
C'est là le plus cher de mes vœux.
Vous m'aviez bien promis que le temps ni l'absence
Ne vous changeraient pas.... Ah! Lindor! cependant
Vous semblez redouter d'être encor dépendant....
Que dis-je? vous craignez jusques à ma présence.
Permettez-moi d'avoir encor sur vous
Les droits que l'amitié....

LINDOR.

Vous les conservez tous.

LE BARON.

A quoi serviraient-ils, en perdant l'habitude
De me tout confier? Ah! vers l'ingratitude
C'est faire un premier pas.

LINDOR.

Vous me faites frémir.

LE BARON.

Rien de ce qui vous intéresse
Ne m'est indifférent; et, soit le repentir
Que peut causer une faiblesse,
Soit un bonheur nouveau, je dois tout partager.
Si vous connaissiez le danger
D'avoir pour son ami la moindre méfiance!
D'abord, pour le tromper on se fait violence;
Mais avec nous bientôt on sait taire un secret,
Et l'on lui cache tout, sans le moindre regret.

LINDOR.

Quand on est honnête et sensible,
Croyez-vous donc qu'il soit possible
D'oublier ce qu'on doit....

LE BARON.

Je vais vous le prouver.
Rarement pourrait-on trouver
Un cœur plus que le mien, loin de l'indifférence....

LINDOR.

Eh bien?

LE BARON.

J'osai manquer à la reconnaissance.

LINDOR.

Vous!

LE BARON.

Un malheur affreux éloigna mes parens
De mon pays natal. Vous savez qu'à six ans
J'allais finir mes jours privé du nécessaire,
Quand un noble étranger secourut ma misère:
Non-seulement il s'occupa
De former mon esprit, mon cœur, mon caractère;

SCÈNE XI.

Mais tout le bien que dissipa
· Pendant dix ans le faste de ma mère,
Fut réparé par lui. Se faisant mon tuteur,
Avec une bonté touchante et peu commune,
Il sut en peu de temps rétablir ma fortune :
A cet ami parfait je devais mon bonheur....

LINDOR.

Eh bien ?

LE BARON.

J'oubliai tout, et j'affligeai son cœur.
Sans réserve, écoutant des goûts trop pleins de charmes,
J'évitai ses conseils, je fis couler ses larmes ;
Rougissant de dépendre, au lieu de m'éclairer,
En fuyant la sagesse, on me vit m'égarer.
L'ingratitude fait un progrès bien rapide,
Lorsque la passion la conseille et la guide.
Faut-il vous avouer quel fut mon plus grand tort ?
Oui, je m'en sens capable, et je fais cet effort.
Mon bienfaiteur avait une femme adorable,
Charmante, sensible, estimable ;
Je le voyais heureux de sa fidélité,
Oubliant tous ses goûts, ayant même quitté
Le monde et son état, pour ne plus aimer qu'elle.
Pendant une absence cruelle,
J'osai....

LINDOR, avec chaleur.

Sentir pour elle une coupable ardeur.

LE BARON.

Même tout employer pour vaincre sa froideur.
En vain un ami véritable
Voulut me faire voir combien j'étais coupable :
Je n'écoutais plus rien qu'un criminel amour.
Ingrat ! me disait-il un jour,
Où va donc t'emporter une aveugle tendresse ?
Veux-tu que les remords te tourmentent sans cesse ?
Qui prétends-tu séduire en ces cruels instans ?
La femme de celui qui t'a soigné quinze ans,
Qui t'aima comme un fils, et te servit de père,
Qui peut-être apprendrait tes projets sans colère,

Gémirait sur ta faute, et la pardonnerait....

LINDOR.

Où suis-je?

LE BARON.

Sois-en sûr; son cœur préférerait
La perte de la vie à ton ingratitude.
Ah! crains de réussir; tu n'as pas l'habitude
Du mensonge, du crime; à peine satisfait,
Tu sentirais bientôt le plus cruel regret;
Méprisé du public, en horreur à toi-même....

LINDOR, *hors de lui.*

Laissez-moi, laissez-moi....

LE BARON.

Celle que ton cœur aime,
Ouvrant enfin les yeux, et voyant tous ses torts,
Par ses reproches vains aigrirait tes remords,
Tu n'aurais plus d'amis....

LINDOR, *se laissant aller dans un fauteuil.*

Ah! que je suis coupable!.

LE BARON, *à part, avec transport.*

Son ame est pure encor, le repentir l'accable,
Et son abattement me répond de son cœur.
Cette légère faute est un moment d'erreur.
Plus que jamais, ah! je sens que je l'aime.
Sortons pour un instant.... S'il revient à lui-même,
Ma présence pourrait doubler son embarras;
Je reviendrai bientôt me jeter dans ses bras.
(*Il entre dans un cabinet; Lindor reste un instant
seul sur la scène.*)

SCÈNE XII.

LA BARONNE *entre par le fond du théâtre sans
voir Lindor*; LINDOR, *toujours accablé, dans
une morne stupeur.*

LA BARONNE.

Ah! c'est trop résister au chagrin qui me presse;
Je veux voir mon époux, et calmer son tourment.

SCÈNE XII.

LINDOR, *revenant à lui, sans voir la Baronne.*

Dieux! puis-je vivre après un si cruel moment?

LA BARONNE, *approchant toujours.*

Il faut que mon cœur lui confesse....

LINDOR.

Je suis un monstre... Ah ciel! où fuir?... Je suis perdu.

LA BARONNE, *à Lindor.*

Où donc est le Baron? J'ai long-temps attendu....

LINDOR.

Le Baron.... le Baron.... Il a lu dans mon ame.
Il a su découvrir ma trop coupable flamme;
Un seul mot de sa bouche a livré pour jamais
Ce cœur faible et sensible aux plus cruels regrets.
J'ai trahi l'amitié: ma faute est sans excuse....
Même à voir mes remords son ame se refuse;
Il me fuit!... je ne puis tomber à ses genoux,
Obtenir mon pardon.... Mais, ciel! auprès de vous
J'ose rester encore!... Et mes yeux vous regardent!
Au plus grand des dangers, hélas! ils se hasardent!
Ne me haïssez pas.... fuyons.... c'est pour toujours.

LA BARONNE.

La plus vive amitié vous offre ses secours.

LINDOR.

Puis-je les accepter? Si vous pouviez connaître
Jusqu'où va mon délire!... Ah! je ne suis plus maître
D'un cœur qui n'est pas fait à ces cruels combats.
Si je ne vous fuyais.... me fixant sur vos pas,
Malgré moi, chaque instant aggraverait mon crime.
Que dis-je? En ce moment où, cherchant votre estime,
Je voudrais renoncer à l'amour, à l'espoir....
Ah! sans vous adorer.... non, je ne puis vous voir:
Je sens.... mais mon tourment pourra vous être utile.
(*Le Baron sort du cabinet dans ce moment, et reste
derrière les deux acteurs, sans qu'ils l'aperçoivent,
et les écoute.*)
Je vous laisse du moins innocente et tranquille;
Vous n'avez ni regrets, ni remords, ni malheur;
Le Baron seul a pu régner dans votre cœur:
Essayez d'obtenir au moins qu'il me pardonne....

Je suis assez puni.... Quel exemple je donne!
En le fuyant, je perds le bonheur le plus doux;
Mais je cède au devoir qui m'éloigne de vous.

(Il veut sortir.)

LE BARON, avançant avec précipitation.

Va, je t'en affranchis, et te rends mon estime.

LINDOR.

Le plus pur sentiment en ce moment m'anime;
　　Mais je saurai vous résister.
Je m'éloigne à jamais : rien ne peut m'arrêter.
S'il est des torts affreux que le temps seul efface,
Hélas! il se pourrait que j'obtinsse ma grâce!
Mais non, de moi perdez plutôt le souvenir,
Et ne vous rappelez que mon seul repentir.

(Il sort précipitamment.)

LE BARON.

Que sa douleur m'afflige! Arrêtons-le, madame.
(Il veut suivre Lindor; la Baronne l'arrête.)

LA BARONNE, le retenant.

Non, monsieur! le temps seul pourra calmer son cœur.
Un inutile effort déchirerait son ame;
Je ne veux m'occuper que de votre bonheur.
Vos rares procédés, leur touchante noblesse,
Dans mon ame à jamais doivent être gravés;
Ils augmentent encor vos droits sur ma tendresse;
De ce jour tous mes soins vous seront réservés.
Si les époux voulaient vous prendre pour modèle,
On chercherait en vain une femme infidèle.

FIN DU RETOUR DU MARI.